Frederick W. Winterbotham · Aktion Ultra

Frederick W. Winterbotham

Aktion Ultra

Ullstein

Titel der Originalausgabe
»The Ultra Secret«
erschienen bei Harper & Row, Publishers,
New York, Evanston, San Francisco, London
Verlag Ullstein GmbH, Frankfurt/M · Berlin · Wien

Aus dem Englischen von Günter Stiller

Printed in Germany 1976
ISBN 3 550 07335 6

Erste Auflage März 1976
Zweite Auflage April 1976

Für meine Frau Petrea
und unsere Tochter Sally,
ohne deren Beistand
dieses Buch nicht hätte
geschrieben werden können.

Inhalt

Einführung

In diesem Bericht geht es um folgendes: Wie im Zweiten Weltkrieg durch das Knacken einer angeblich »einbruchssicheren« deutschen Chiffriermaschine geheime Funksprüche der deutschen Führung entschlüsselt werden konnten und wie diese Informationen regelmäßig an den amerikanischen Präsidenten Roosevelt, an den britischen Premier Winston Churchill, an die alliierten Stabschefs und die wichtigsten Befehlshaber an der Front übermittelt wurden –, ohne daß die Deutschen davon jemals Wind bekamen.

Dieser Bericht enthüllt darüber hinaus den Inhalt der wichtigsten Funksprüche, was die alliierten Kommandeure mit diesen Informationen anfingen und welche entscheidende Rolle sie während des alliierten Siegeszuges gespielt haben.

Ich berichte auch darüber, was sich hinter den Kulissen von Bletchley Park bei London abspielte, wo ein Team brillanter Mathematiker und Dechiffrierer in den deutschen Code einbrach. Aus Sicherheitsgründen, aber auch einfach deshalb, weil ich selbst kein Kryptologe bin, mußte ich auf die Schilderung von Einzelheiten dieses »Beinahe-Wunders« jedoch verzichten.

Unglücklicherweise erhielt ich keinen Zugang zu den Regierungsarchiven und mußte mich daher bei der Niederschrift dieses Buches auf meine Erinnerung an die Ereignisse und an jene Hunderte von Funksprüchen verlassen, die ich in den Stahlkammern von Whitehall zurückgelassen habe. Sollten mir daher irgendwelche Fehler auf dem Gebiet der Chiffriertechnik unterlaufen sein, so hoffe ich, daß sie mir vergeben werden; immerhin würden sie in jedem Falle der Sicherheit der Kryptographie zugute kommen.

Es ist nicht meine Absicht, die Rolle zu verherrlichen, die ich während des Krieges gespielt habe. Ich hoffe vielmehr, einen notwendigen Beitrag zur Geschichte des zweiten Weltkrieges leisten zu können, einen Beitrag, der sich aus jenem Auftrag ergibt, der mir seinerzeit vom Chef des britischen Geheimdienstes erteilt worden war. Die Lorbeeren für das »Unternehmen ENIGMA« aber gebühren den Codebrechern von Bletchley.

F. W. W.

Vorwort

von Sir John Slessor, Marschall
der Royal Air Force

Wahrscheinlich werden sich einige Leser dieses Buches fragen, ob es klug ist, ausgerechnet jene Informationsquelle zu enttarnen, die General Eisenhower unmittelbar nach dem Ende des Zweiten Weltkrieges als einen entscheidenden Faktor des alliierten Sieges bezeichnet hat und von der er sagte, sie habe das Leben Tausender Engländer und Amerikaner gerettet. Ultra, während der letzten 34 Jahre nur verhältnismäßig wenigen Leuten bekannt, war in der Tat eine unschätzbar wertvolle Nachrichtenquelle des Geheimdienstes – wichtiger sogar als unser Einbruch in den deutschen Spionagering in Großbritannien, den Sir John Masterman, der führende Kopf jener Operation, in seinem fesselnden Buch *The Double Cross System* beschrieben hat.

Als 1939 die Lichter ausgingen, war Fred Winterbotham schon seit zehn Jahren dienstältester Vertreter des Luftwaffenstabes beim Secret Intelligence Service (SIS), dem Geheimdienst Englands. Zu Beginn des Krieges war er, in Zusammenarbeit mit Männern wie R. V. Jones und mit Denniston, Knox und den anderen Leuten aus den »Hinterzimmern« von Bletchley, hauptsächlich für die Überprüfung von Ultra verantwortlich, später aber vor allem für die Weitergabe der Ergebnisse. Ich glaube kaum, daß irgend jemand damals eine interessantere Arbeit gehabt hat als Fred Winterbotham, der ständig mit den höchsten Persönlichkeiten Amerikas und Englands zusammenkam, und zwar vom Premierminister an abwärts, um sie über das zu informieren, was hinter den feindlichen Linien vorging. Es wirft übrigens ein bezeichnendes Licht auf unsere Art und Weise, Orden und Ehren zu vergeben, wenn man sich vergegenwärtigt, daß genau dieser Mann nach dem Kriege seine Karriere im Rang eines Group Captains (Oberst) und mit einem CBE* auf einer einsamen Farm in Devon beenden mußte. An der Kunst, einen feindlichen Code zu brechen, hatte sich wenig geändert – wie Kahns Buch *The Codebreakers* und Roberta Wohlstetters Bericht *Pearl Harbour* zeigen. Mit der geheimen Entwendung der theoretisch nicht zu brechenden deutschen Chiffriermaschine ENIGMA durch Polen bekam diese Kunst jedoch völlig neue Dimensionen. Und mit Sicherheit hat in der ganzen Geschichte dieses von Staats wegen geförderten undurchsichtigen Handwerks keine Aktion bessere Resultate gezeitigt.

Zweifellos behinderte das bis Frühjahr 1974 geltende Verbot, Ultra überhaupt zu erwähnen, die gesamte militärische Geschichtsschreibung außerordentlich. Persönlich habe ich während der letzten 20 Jahre mehrfach versucht – und zwar auf allerhöchster Ebene –, dieses Verbot zu Fall zu bringen. Vergeblich! Ich bin mir jedoch sicher, daß die so lange hinausgezögerte Enttarnung von Ultra und seines beinahe sagenhaften Einflusses auf die alliierte Strategie – und manchmal sogar auf die alliierte Taktik – während des letzten großen konventionellen Krieges uns in einem etwaigen großen Krieg der Zukunft, der dann allerdings wohl atomar geführt werden würde, keineswegs gefährden würde.

Als Planungschef des Luftwaffenstabes war ich selbstverständlich von Anfang an in die Operation Ultra eingeweiht. Ich erinnere mich noch, wie sehr sich Archie Boyle (er war jahrelang Verbindungsmann zwischen dem Luftwaffenstab und dem Geheimdienst) während der Niederlage Frankreichs gesorgt hat, dieses Gottesgeschenk könnte in die Hand des Feindes fallen. Dank des tapferen und loyalen Oberst Joubert kam es jedoch nicht so weit.

Es ist bedauerlich, daß der Autor nicht in der Lage war, sich eingehender mit dem Einfluß von Ultra auf unsere Seekriegsführung zu beschäftigen, wobei man wissen sollte, daß es der Admiralität bezeichnenderweise erlaubt worden war, die Ultra-Informationen nach eigenem Gutdünken auszuwerten. Sie hat dabei allerdings nicht immer sehr glücklich operiert. Ich bin mir jedoch sicher, daß

* Commander of the British Empire; ein Allerweltsorden, der sogar an Schauspieler verliehen wird; Anm. d. Übers.

sich Ultra in der Schlacht um den Atlantik in Verbindung mit HF/DF* als ein echter »Kriegsgewinner« erwiesen hat. Als Befehlshaber des Coastal Command hatte ich es mir 1943 in bestimmten kritischen Situationen zur Gewohnheit gemacht, an den regelmäßigen Morgenkonferenzen über das »Zerhacker-Telefon« (sie werden in diesem Buch beschrieben) zwischen Roger Wynn in der Admiralität, Admiral Max Hortons Hauptquartier in Liverpool und meinem eigenen Gefechtsstand in Northwood teilzunehmen. Am Ende dieser Gespräche wußten wir im allgemeinen so gut wie alles über Standort und Pläne der deutschen U-Boote, die gerade im Atlantik standen.

Besonders interessant finde ich die Schlaglichter, die dieses Buch auf den Charakter und die Arbeitsweise einiger unserer großen Führer wie Churchill, Montgomery, George Patton und »Stuffy« Dowding** wirft. Vielleicht trübt es sogar die strahlende Erinnerung an einige dieser Männer, wenn man jetzt erfährt, daß sie möglicherweise nicht so erfolgreich agiert hätten, wären ihnen nicht viele Einzelheiten der gegnerischen Stärke und der Aufstellung, der Nachschublage und der Operationspläne des Feindes bekannt gewesen.

Das Wort »faszinierend« wird in Vorworten und Besprechungen neuer Bücher häufig übermäßig strapaziert; aber ich glaube, daß die Leser dieses Berichtes mit mir darin übereinstimmen werden, daß er genau dieses Urteil verdient hat.

9. April 1974 J. C. Slessor, MRAF

* High Frequency Direction Finder; britischer Kurzwellenpeiler, der sogar die Kurzsignale der deutschen U-Boote zu orten vermochte; Anm. d. Übers.

** Chef des britischen Fighter Command während der »Luftschlacht um England« 1940; Anm. d. Übers.

Einleitung

Auf Befehl des Premierministers schickte ich am 25. Mai 1945 einen Funkspruch an alle alliierten Befehlshaber und ihre Stäbe auf dem europäischen Kriegsschauplatz, die in der Vergangenheit jene Informationen erhalten hatten, die Winston Churchill einmal »meine geheimste Nachrichtenquelle« genannt hat. Ich befahl ihnen, nicht über diese Informationen zu plaudern und auch ihren Ursprung nicht preiszugeben, um zu verhindern, daß dadurch künftige Operationen des Geheimdienstes gestört oder daß unsere Feinde ihre Niederlage diesem Erfolg unseres Geheimdienstes ankreiden könnten. Nach dreißig Jahren hat sich jedoch vieles geändert. Die Arbeitsmethoden des Secret Service und seiner Codebrecher sind häufig beschrieben worden und waren den Regierungen und den Nachrichtendiensten in der ganzen Welt auch schon lange bekannt. Schließlich sind unsere früheren Kriegsgegner heute unsere Verbündeten. Es ist jedoch immer noch das Privileg des Siegers zu verschweigen, wie oder wie oft er in den Code des Gegners einbrechen konnte. In diesem Buch wird dieses Privileg aufrecht erhalten. Auf dem Höhepunkt der Kampfhandlungen sandte die deutsche Kriegsmaschine pro Tag gut und gern über 2000 Funksprüche in den Äther. Es ist daher anzunehmen, daß wir beträchtliche Erkenntnisse erlangen mußten, wenn es uns von Zeit zu Zeit gelang, eine gewisse Zahl dieser Funksprüche abzufangen und zu entziffern.

Die feindlichen Meldungen, die in diesem Buch erwähnt werden, spielten, wie ich glaube, für unsere Kriegsführung eine entscheidende Rolle. Sie stellen jedoch nur einen Bruchteil jener Funksprüche dar, die durch meine Hände gegangen sind, und lassen weder Rückschlüsse auf die Gesamtzahl der entschlüsselten Feindmeldungen zu, noch auf die Zeiträume, innerhalb derer wir fähig waren, den feindlichen Code zu brechen.

Ich scheue mich jedoch nicht zu behaupten, daß keine Beschreibung des Zweiten Weltkrieges vollständig sein kann, die nicht unsere Kenntnis der feindlichen Absichten in Rechnung zieht.

Winston Churchills Würdigung der »Operation Ultra« ist noch geheim. Der Dankesbrief von General Dwight D. Eisenhower an den Chef des englischen Secret Service ist jedoch in der Presidential Library in Abilene (Kansas) für jedermann einzusehen:

Lieber General Menzies, Juli 1945
ich hoffte, Bletchley Park einen Besuch abstatten zu können, um Ihnen, Sir Edward Travis und den Angehörigen des Stabes für die großartigen Dienste zu danken, die Sie der Sache der Alliierten erwiesen haben.

Ich bin mir der ungeheuren Arbeit und Leistung bewußt, die Sie für die Zusammenstellung jenes Informationsmaterials aufwenden mußten, mit dem Sie uns versorgt haben. Ich habe die vielen Rückschläge und Schwierigkeiten vor Augen, mit denen Sie zu kämpfen hatten und die Sie durch äußerste Anstrengungen immer wieder überwunden haben.

Die geheimen Feindinformationen, die Sie vor und während dieses Feldzuges übermittelt haben, sind für mich von unbezahlbarem Wert gewesen. Sie haben meine Aufgabe als Oberbefehlshaber enorm vereinfacht. Sie haben das Leben Tausender Engländer und Amerikaner gerettet und beträchtlich zu der schnellen Niederwerfung und der späteren Kapitulation des Feindes beigetragen.

Ich wäre daher sehr dankbar, wenn Sie jedem einzelnen der Männer, die an diesem Werk beteiligt waren, meine von Herzen kommende Bewunderung und meinen aufrichtigen Dank für ihren sehr entscheidenden Beitrag zur Kriegsführung der Alliierten übermitteln würden.

Ihr ergebener
Dwight D. Eisenhower

Die Ergebnisse dieser Geheimdienstoperation brachten mich und die höchsten alliierten Befehlshaber in die einmalige Situation, nicht nur die Zusammenstellung, Stärke und Aufstellung der feindlichen Streitkräfte genau zu kennen, sondern – von wenigen Ausnahmen abgesehen – sogar im voraus zu wissen, welche *Ziele* der Gegner in vielen Operationen und Schlachten des Zweiten Weltkrieges verfolgte.

Zweifellos werden sich auch künftig die Historiker weiter über den Wert solcher Geheimdienstinformationen streiten. Mir persönlich geht es in diesem Buch jedoch nur darum darzustellen, wie Feindnachrichten von höchstem Rang von einer erstklassigen Mannschaft von Männern und Frauen aufgefangen und ausgewertet wurden, wie sie auf sicheren Wegen an die Frontbefehlshaber weitergegeben und wie sie schließlich, nach meiner Überzeugung, eine lebenswichtige Rolle in unserem Kampf ums Überleben während der Jahre 1940 und 1941 und in unseren späteren siegreichen Schlachten spielten. Unsere Fähigkeit, während der wichtigsten Phasen des Krieges geheime Funksprüche der höchsten Befehlshaber des Feindes, einschließlich Hitlers selbst, zu entziffern, war ganz offensichtlich nicht nur von beispiellosem strategischem Wert. Sie machte es uns auch möglich zu erfahren, was der Gegner über unsere eigenen Operationen wußte und was nicht. Während ich einerseits glücklich war, die meisten alliierten Führer persönlich kennenzulernen, war es andererseits für mich manchmal auch bedrückend zu beobachten, wie diese so verschiedenen Persönlichkeiten mit unseren Informationen umgingen: Diejenigen, die engstirnig an orthodoxen Kampfmethoden klebten, schienen oft peinlich berührt zu sein, daß sie über die Absichten ihres Gegners im voraus unterrichtet waren; die anderen dagegen, die beweglicher dachten und handelten, waren bereit, jeden Vorteil aus ihren Kenntnissen herauszuschlagen.

Wenn alle britischen Geheimdokumente zu gegebener Zeit einmal veröffentlicht sind, dürfte die Geschichtsschreibung ihr Urteil über einige Generäle und andere führende Persönlichkeiten des Zweiten Weltkriegs ändern. Berücksichtigt werden muß aber auch dann noch der Umstand, daß sich die Frontbefehlshaber damals immer der Tatsache bewußt waren, daß die Ultra-Informationen gleichzeitig auch von den Stabschefs und den wichtigsten Ministern in der Heimat gelesen wurden. Dieses Wissen dürfte die Erklärung dafür sein, daß manche Befehlshaber zu vorsichtig vorgingen, während andere blitzschnell reagierten und mit dieser Methode gewöhnlich auch Erfolg hatten.

Viele der hier geschilderten Situationen sind zweifellos bizarr genug, um bei einigen Lesern Zweifel über ihre Glaubwürdigkeit aufkommen zu lassen. Ich hielt es daher für ratsam, mich vorzustellen und meinen Weg an die Spitze jener Organisation zu schildern, die das hier geschilderte brisante Geschäft betrieben hat.

In den Ersten Weltkrieg ging ich als siebzehnjähriger Soldat der Royal Gloucester Hussars Yeomanry. Im Jahr 1916 nahm man uns jedoch unsere geliebten Pferde weg und rüstete uns mit Fahrrädern aus oder gliederte uns in die Infanterie ein. Fliegen war für mich die einzige Alternative, und so wurde ich Jagd- und Aufklärungspilot im Königlichen Fliegerkorps und landete schließlich Anfang April 1917 bei der 29. Staffel in Frankreich. Leider unterlag ich am 13. Juli 1917 über Belgien in einem »dog fight« dem berühmten Richthofengeschwader und einem unglücklichen Zahlenverhältnis von zehn zu eins. Ich wurde gefangengenommen und verbrachte die nächsten 18 Monate in einem Kriegsgefangenenlager, wo ich mir die Zeit damit vertrieb, die deutsche Sprache zu erlernen. Nach dem Krieg reiste ich durch die Welt: Kanada, Australien, Sudan, Kenia und Rhodesien. Schließlich entschloß ich mich, nach London zurückzukehren und eine Stellung zu suchen.

Während der 20er Jahre hatte die Royal Air Force schwer um ihre Unabhängigkeit kämpfen müssen, aber 1929 hatte sie es geschafft und war als dritte Streitkraft des Landes anerkannt. Der Luftwaffenstab hatte seine eigene Geheimdienstabteilung aufgebaut und benötigte jetzt einen eigenen Vertreter im Secret Service. Im Dezember 1929 bekam ich diesen Posten; ich erhielt den Auftrag, geheime Informationen über den Aufbau der ausländischen Luftstreitkräfte zu sammeln.

Um 1933 hatte jedoch die Euphorie über das Aufkommen der Nationalsozialisten die meisten meiner Agenten in Deutschland stillgelegt. Die Aufrüstung Deutschlands hatte schon begonnen. So entschloß ich mich, selbst aktiv zu werden, und Protokoll und Tradition der Zentrale des Secret Service zu verletzen, indem ich nach Deutschland reiste.

Ein Jahr später war ich bereits in persönlichem Kontakt mit Hitler und Alfred Rosenberg, dem Chefideologen der NSDAP und Experten für auswärtige Angelegenheiten, mit Rudolf Heß, dem Stellvertreter Hitlers, Erich Koch und einigen hohen Offizieren des Heeres und der Luftwaffe. Sie alle hatten den dringenden Wunsch, Großbritannien aus ihren künftigen Expansionskriegen herauszuhalten, und glaubten, daß die Royal Air Force sowohl für Überredung als auch Drohungen anfällig sei. Von ihnen erfuhr ich vieles, was wir wissen wollten.

In meinen persönlichen Begegnungen mit Hitler wurde mir seine grundsätzliche Überzeugung klar, daß die einzige Hoffnung auf eine geordnetere Welt in der Herrschaft der drei Supermächte, des englischen Empire, der USA und des neuen Großdeutschen Reiches, zu sehen sei. Er versicherte mir, daß die Deutschen den Kommunismus durch die Unterwerfung Rußlands zerstören würden. Er lehnte den Versailler Vertrag grundsätzlich ab und informierte mich über Stärke und Aufbaupläne seiner großen neuen Luftwaffe.

Von General Walther von Reichenau, Hitlers Lieblingsgeneral, erfuhr ich bereits 1934 Einzelheiten deutscher Pläne gegen Rußland und Details der Strategie des »Blitzkrieges«, dem Einsatz starker Panzerspitzen, unterstützt von einer eigenen beweglichen Artillerie, den Stukas. Von dem Fliegergeneral Albert Kesselring erhielt ich Informationen über den Aufbau der deutschen Luftflotten und die Technik des Sturzkampfangriffes. Alle diese Pläne sollten in der Schlacht um Frankreich im Jahre 1940 Wirklichkeit werden.

Seit meinem Eintritt in den Secret Service im Jahr 1929 war mir eines klargeworden: Unter den Männern, die über die mit Teppichen ausgelegten Korridore in Whitehall, dem Zentrum der Macht, schritten, galt es als chic, ungläubig und herablassend über alle

Informationen zu lächeln, die vom Geheimdienst vorgelegt wurden. Es war niederschmetternd zu erleben, wie die Nachrichten über die deutsche Aufrüstung in London gelassen ignoriert wurden. Admiral Sir Hugh Sinclair, der meine Arbeit in Deutschland unterstützt hatte, beschwerte sich beim Premierminister, als er entdeckte, daß niemand etwas von meinen Erfahrungen wissen wollte. Im Jahr 1935 wurde ich schließlich vor einen Regierungsausschuß geladen, um meine Berichte zu erhärten. Sie wurden von dem Ausschuß akzeptiert. Als Premierminister Baldwin zurücktrat, wurde Lord Swinton Luftfahrtminister, und von da an bekam ich so viel Unterstützung wie nötig. Im Jahr 1938 wurde meine wahre Identität von den Deutschen jedoch entdeckt. Rosenberg persönlich warnte mich vor einer Rückkehr nach Deutschland. Er warnte mich auch noch einmal, zum letztenmal, wir sollten uns nicht auf die französische Armee verlassen.

Wie konnte ich die entstandene »Informationslücke« schließen? Mit Genehmigung des Luftwaffenstabes bestellte ich in Amerika über die Luftverkehrsgesellschaft British Civil Airlines ein Lockheed-Verkehrsflugzeug mit geheizter Kabine und begann Experimente auf dem Gebiet der Luftbildaufklärung anzustellen. Zu dieser Zeit war es unmöglich, Luftbilder aus Höhen über 2400 Meter zu schießen, weil sich Feuchtigkeit auf den Fotolinsen niederschlug. Angesichts unserer deutschen Gegenspieler waren Flüge in dieser Höhe jedoch selbstmörderisch geworden. So entwickelten wir eine Methode, Warmluft unter die Kameraoptiken zu blasen, die es möglich machte, Fotos aus einer Höhe bis zu 9000 Meter aufzunehmen, so daß wir bis zum September 1939 über Deutschland Aufklärungseinsätze fliegen konnten. Meine Lockheed wurde die Vorgängerin aller Spionage- und Aufklärungsflugzeuge, die während des Krieges und später die Mehrzahl der benötigten präzisen Luft-Boden-Aufnahmen beschafften.

Die Wissenschaft muß helfen: Die Geburt von Ultra

Im Ersten Weltkrieg, der hauptsächlich ein Stellungskrieg war, verschaffte man sich Feindnachrichten hauptsächlich durch im Tiefflug geschossene Luftbilder und durch gewaltsame Aufklärungsvorstöße. Beides war sehr gefährlich und kostete viel Blut und Material. Damals begann man aber auch schon damit, den Umfang des gegnerischen Funkverkehrs zu überwachen, der immerhin gewisse Rückschlüsse auf die Absichten des Gegners zuließ. Die Marine wiederum verschaffte sich wertvolle Erkenntnisse durch das Abhören und Entziffern von Funksignalen der deutschen Kriegsmarine – ein Triumph der britischen Dechiffrierer in dem berühmten Zimmer 40 der Admiralität.

Jetzt, gegen Ende des Jahres 1938, hatte die deutsche Spionageabwehr die meisten Feindagenten, die in Deutschland arbeiteten, ausgeschaltet. Tatsächlich hatten diese Spione meiner Abteilung wenig genutzt, aber ich hatte durch meine Reisen nach Deutschland und durch die Höhenaufklärungsflüge meines Spionageflugzeuges für einen gewissen Ausgleich sorgen können.

Anfang 1939 baute ich in der Luftwaffenabteilung des Secret Intelligence Service (SIS) die erste wissenschaftliche Aufklärungseinheit auf. Von Robert Watson-Watt, dem Schöpfer des britischen Radar-Systems, hatte ich gewisse Hinweise auf die Entwicklung deutscher Funkmeßgeräte und anderer technischer Hilfsmittel erhalten, die von der deutschen Luftwaffe wahrscheinlich benutzt wurden. Sir Henry Tizard, der wissenschaftliche Berater des Luftfahrtministeriums, und Robert Watson-Watt vermittelten mir daher einen jungen Wissenschaftler namens Dr. R. V. Jones, dem ich ein Büro in unmittelbarer Nähe meines Office am Broadway, nahe Victoria Station, besorgte und in der Kunst unterwies, zwischen zuverlässigen und unzuverlässigen Informationen zu unterscheiden. Jones erwies sich als eine sehr gute Wahl: Seine frühzeitigen Berichte über das deutsche Funkmeß-System, über ferngesteuerte Bomben, Versuche mit Düsentriebwerken und Hitlers »Vergeltungswaffen«, die V-1 und V-2, sollten später zu klassischen Beweisen für die lebenswichtige Rolle werden, die die Wissenschaft und die Wissenschaftler in unserer Feindaufklärung während des Krieges gespielt haben.

Zwei Stockwerke unter mir arbeiteten die Experten der von der Regierung eingerichteten Schule für Ver- und Entschlüsselungstechnik. Unsere »Hinterzimmer-Leute« stellten eine äußerst pflichtbewußte Mannschaft kluger Köpfe dar. Ihr Chef war Commander Alastair Denniston, der bereits während des ersten Weltkrieges als Dechiffrierer in Zimmer 40 der Admiralität gearbeitet hatte. Denniston war ein ruhiger, zurückhaltender Mann von etwa 50 Jahren. Körperlich war er etwas klein geraten, was man von seinem Verstand allerdings nicht sagen konnte. In meinen Gesprächen mit ihm erfuhr ich erstmals Näheres über die enormen Möglichkeiten, die sich aus einem Einbruch in den gegnerischen Funk-Code ergeben konnten. Im Gedächtnis ist mir vor allem der Hinweis Dennistons, daß es nur einen einzigen absolut sicheren Schlüssel gibt, nämlich den, der nur ein einziges Mal benutzt wird.

Denniston erklärte mir, daß es eine ganze Reihe von Methoden gebe, Funkmeldungen zu verschlüsseln. Im allgemeinen verwendete man Schlüsselbücher, die eine Unmenge von Zahlenreihen enthielten und nur im Besitz des Absenders und Empfängers der Meldungen waren. Verschiedene Typen von Chiffriermaschinen waren jedoch auch schon ausprobiert worden. Bisher hatte jede eigene Teilstreitkraft ihr eigenes Codebuch benutzt. Es enthielt viele Stich- und Fachwörter und alle militärischen Begriffe, die von dieser Teilstreitkraft im Dienst verwendet wurden. Jedem dieser Begriffe war eine Zahlenreihe zugeordnet. So konnten sich die Worte »An den kommandierenden Offizier« verschlüsselt als 5473 lesen, »die Division wird abmarschieren« wie 0842, »am Montag« wie 4593. Codebücher galten als nicht besonders sicher, weil sie verlorengehen oder gestohlen werden konnten, oder weil nach einer bestimmten Zeit die Bedeutung einzelner Zahlengruppen bekannt wurde.

Um zu verhindern, daß Funksprüche entschlüsselt werden konnten, mußten daher zusätzliche Ziffergruppen, die nur dem Absender und dem Empfänger bekannt waren, den im Codebuch festgelegten Zahlen hinzugefügt werden.

Zu diesem Zweck lagen bei den einzelnen Sende- und Empfangsstationen speziell vorbereitete Abreißblocks, deren einzelne Seiten wahllos mit vierstelligen Zahlengruppen gefüllt waren. Zu Beginn einer Meldung teilte der Absender per Funk die gewünschte Seite, Zahlenreihe und Zeile dem Empfänger mit: Die Zahlengruppe 1348 bedeutete dann Seite 13, Zahlenreihe vier, Zeile acht. Stellt man sich nun vor, daß die nächsten drei Zahlengruppen auf der gewünschten Seite 4431, 7628 und 5016 lauteten und zählt man diese zu den bereits erwähnten Zahlengruppen hinzu, dann versteht man die Bedeutung des Signals 1348. 9904. 8470. 9609: »An den kommandierenden Offizier, die Division wird am Montag abmarschieren.«

Die betreffende Seite dieses Schlüssel-Abreißblocks wurde nur ein einziges Mal verwendet und dann vernichtet. Diese Methode galt damals als absolut sicher. Hätte man dagegen (wie es im Ersten Weltkrieg lange üblich war) die einzelnen Schlüsselgruppen in einem »unzerstörbaren« Buch gesammelt und ständig benutzt, dann wäre der Gegner nach einiger Zeit auf die eine oder andere Weise mit Sicherheit hinter die Bedeutung der einzelnen Signale gekommen. Genau dies passierte während des Krieges unserem Marineschlüssel.

Bei Hochbetrieb im Funkverkehr stellte sich diese »Abreißblock-Schlüsselmethode« jedoch als sehr langwierig und schwerfällig heraus. Die Druckmaschinen in Deutschland wären auch kaum in der Lage gewesen, die benötigten »Abreißchiffrierblocks« auszustoßen. Wir konnten uns daher vorstellen, daß die Deutschen ein mechanisches Chiffriersystem einsetzen würden, mit dem schnell und leicht zu arbeiten war. Eine Chiffriermaschine würde dabei die Buchstaben eines Wortes fortlaufend verändern. Nur ein Empfänger, der das Schlüsselwort kannte, konnte dann seine Maschine so einstellen, daß sie die einzelnen Buchstaben richtig »zurückverändern« konnte.

Es war offensichtlich, daß die gewaltige deutsche »Blitzkrieg«-Maschine sich auf eine abhörsichere und schnelle drahtlose Nachrichtenorganisation stützen mußte; denn im Ernstfall würde das rechtzeitige Legen von Leitungen kaum möglich sein, und das geschilderte »Abreißblock«-System war den Erfordernissen eines schnellen Bewegungskrieges in keiner Weise gewachsen. Aufgrund dieser Überlegungen waren unsere Agenten in den europäischen Ländern bereits beauftragt worden herauszufinden, wie die neue deutsche Code-Maschine aussah.

Wir wurden bald fündig. Einem jungen polnischen Mechaniker, der im Jahr 1938 in einer ostdeutschen Fabrik arbeitete, war eine dort produzierte Maschine aufgefallen. Er hielt sie für ein geheimes Sendegerät. Der Pole, der die Deutschen nicht leiden konnte und außerdem ein sehr aufmerksamer Beobachter war, prägte sich die Einzelteile dieses geheimnisvollen Apparates sorgfältig ein. Später wurde seine Nationalität jedoch entdeckt, wie ich vermute, bei einer Sicherheitsüberprüfung durch die Gestapo. Der junge Mechaniker wurde gefeuert und nach Hause geschickt. In Warschau setzte er sich jedoch sofort mit einem unserer Leute in Verbindung. Da die Gestapo in Polen sehr aktiv war, rieten wir ihm, sich versteckt zu halten. Es war uns sehr bald klargeworden, daß es sich um eine sehr wichtige Sache handeln mußte, und unser Chef, Admiral Sinclair, entschied, daß nur wenige Mitglieder unserer Organisation eingeweiht werden sollten. Sein Stellvertreter, Oberst Stewart Menzies, übernahm den Fall.

Der junge Pole wurde überredet, Warschau zu verlassen. Mit Hilfe des polnischen Geheimdienstes und eines gefälschten Passes schlich er sich aus seinem Land. Er landete in Paris, wo ihm das Deuxième Bureau, der französische Geheimdienst, eine Werkstatt einrichtete. Unterstützt von einem zuverlässigen Zimmermann, begann er dort an einer Nachbildung des geheimen deutschen Geräts zu arbeiten.

Unsere »Hinterzimmer-Leute« in London verfügten selbstverständlich über Beschreibungen und Zeichnungen der verschiedenen Code-Maschinen, die in den letzten Jahren eingeführt worden waren. Nach kurzer Zeit identifizierten sie das Holzmodell als Nachbildung einer verbesserten Chiffriermaschine namens ENIGMA. Dieser Name stammte von den deutschen Herstellern dieses Geräts. An diese Code-Maschine mußten wir jetzt schnell herankommen! Während der Pole in Paris in Gewahrsam gehalten wurde, setzten wir uns mit unseren Geheimdienstfreunden in Polen in Verbindung, die ebenso scharf hinter einer ENIGMA her waren wie wir. Wir wußten, wo das Herstellungswerk lag, und kannten die Abschirmungsmethoden der Deutschen. Es war uns außerdem bekannt, daß in diesem Werk immer noch einige Polen arbeiteten, und zwar unter deutschen Namen. Der polnische Geheimdienst war jedoch der Ansicht, daß seine Erfolgschancen besser wären: Wir sollten das Geld bereitstellen und die Polen würden den Fall übernehmen! Wir hatten nichts dagegen, da sie Land und Leute besser kannten.

Denniston persönlich reiste nach Polen und brachte die heißersehnte Maschine im Triumphzug, aber unter größter Geheimhaltung, nach England: Eine vollständige fabrikneue, elektrische ENIGMA-Codemaschine, die bereits zu Tausenden hergestellt wurde und den gesamten geheimen Funkverkehr der deutschen Kriegsmaschine bewältigen sollte.

Es ist kaum möglich, die Konstruktion dieses Geräts in wenigen Worten zu beschreiben. Grob gesprochen, handelte es sich um ein kompliziertes System elektrisch angetriebener Zylinder, die alle Buchstaben des Alphabets trugen. Eine Art Schreibmaschine fütterte die einzelnen Buchstaben einer Meldung in die Maschine, wo sie von den sich drehenden Zylindern vertauscht, umgewandelt, verschlüsselt wurden. Wir schätzten, daß eine ganze Mannschaft von Spitzenmathematikern einen Monat oder länger zu arbeiten hätte, um alle Kombinationsmöglichkeiten aufzuspüren und eine einzige Schlüsselgruppe in Klarschrift zu übersetzen. Die Stellung der einzelnen Zylinder zueinander war das ganze Geheimnis. Aber dieses Geheimnis wurde selbstverständlich streng gehütet. Kein Wunder, daß die Deutschen ihren Code als absolut sicher betrachteten.

Im August 1938 zogen Denniston und seine Schule nach Bletchley Park, ein einsames Landhaus, das unser Chef als Kriegsquartier auserwählt hatte. Die ENIGMA-Maschine nahmen sie mit. Leider starb gegen Ende des Jahres, noch bevor Bletchley voll in Dienst gestellt werden konnte, unser Chef, Admiral Sinclair. Sein Tod führte zu schweren dienstlichen und personellen Komplikationen.

Im September 1939 wurde auch der gesamte Secret Intelligence Service nach Bletchley Park evakuiert. Das Haus lag 80 Kilometer nördlich London, nahe der Hauptstraße und der Eisenbahnlinie nach Nordwestengland. Bletchley war eine Kleinstadt ohne Reize. Woburn Park und Abbey, wo der Herzog von Bedford lebte, war nur acht Kilometer entfernt. Auf den weiten Grünflächen in Bletchley hatte man zahlreiche Holzhäuser errichtet. Im Haus Nr. 3 richteten mein kleiner Stab und ich unser Büro ein. Privat waren wir jedoch in Quartieren in der Nachbarschaft untergebracht. In meiner Unterkunft, dem großen Wohnhaus eines Traubenzucker-Fabrikanten, fand ich mehrere unserer Wissenschaftler, der »Hinterzimmer-Leute«, als Nachbarn wieder. Die meisten kannte ich noch von London her. Sie wußten so gut wie alles über Codes, und mittlerweile kannten sie sich auch schon ziemlich gut in Hitlers neuester ENIGMA-Codemaschine aus. ENIGMA, das alte griechische Wort für Rätsel, war genau der richtige Name für dieses Gerät.

Einer der Wissenschaftler, »Dilly« Knox, war inzwischen zum allgemein akzeptierten führenden Kopf der ENIGMA-Operation geworden. Knox war noch ziemlich jung, von großer, schlacksiger Figur, schwarzhaarig. Die Augen hinter den Brillengläsern schienen immer in weite Fernen zu blicken. Sein Schicksal glich dem Mitchells, des Konstrukteurs des »Spitfire«-Jagdflugzeuges, das in der Luftschlacht um England die Waagschale zu unseren Gunsten senken sollte: Er starb an den Strapazen ruheloser Arbeit im Augenblick des Triumphes. Auch Knox, der genau wußte, daß er ein kranker Mann war, forderte von sich das Letzte, als es galt, das Geheimnis einer weiterentwickelten ENIGMA-Maschine zu lüften. (Die Deutschen hatten zwischen 1940 und 1942 die Kombinationsmöglichkeiten ihrer Codemaschine noch gesteigert.) Knox starb, wie Mitchell, als sein Auftrag gerade erfüllt war.

J. H. Tiltman, ein ebenso brillanter Kopf, war von der Armee »ausgeliehen« worden. Er trug einen kurzen, scharf gestutzten militärischen Schnurrbart. Seine Schottenhosen in den Regimentsfarben wichen allerdings bald grünen Cordsamtbeinkleidern, die im Jahr 1939 schon beträchtlich aus der Mode waren.

Oliver Strachey war ein grauhaariger Individualist; hinter funkelnden Brillengläsern schienen seine Augen immer zu lächeln, als ob ihr Besitzer das Leben unendlich amüsant fände. Ihr Ausdruck änderte sich allerdings stets Samstag morgens, wenn unser Hauswirt an der Treppe stand, um uns die Miete abzunehmen. Oliver war äußerst musikalisch. Ich glaube, er spielte verschiedene Instrumente. Am glücklichsten war er allerdings, wenn er mit Benjamin Britten auf dem riesigen Klavier in unserer Londoner Wohnung vierhändig spielen durfte.

Auch »Josh« Cooper gehörte zu uns: Mit ihm hatte ich oft zu tun, da er hauptsächlich Luftwaffenangelegenheiten bearbeitete. Auch Cooper war ein glänzender Mathematiker.

Dick Pritchard, jung, groß, immer glatt rasiert, konnte jedes Thema mit dem gleichen witzigen Scharfsinn erörtern. Auch er war äußerst musikalisch. Es ist mir damals häufig aufgefallen, daß jene Gehirne, die die Kunst der Entschlüsselung fremder Botschaften so meisterhaft beherrschten, sehr häufig auch Meisterleistungen sowohl auf dem Gebiet der Mathematik wie der Musik vollbrachten. Mit diesen Köpfen Bridge zu spielen, war allerdings alles andere als ein Vergnügen.

Mit diesen Leuten wäre ich sehr gern noch länger in ländlicher Einsamkeit zusammengeblieben. Als sich im Winter 1939/40 jedoch herausstellte, daß der sogenannte »Sitzkrieg« andauern würde, zog ich mit meinem kleinen Stab wieder nach London um, um mit dem Luftfahrtministerium besser zusammenarbeiten zu können. Die professorale Atmosphäre von Bletchley sollte ich sehr vermissen.

Inzwischen gilt es nicht länger mehr als Geheimnis, daß die Wissenschaftler von Bletchley das Rätsel der ENIGMA-Maschine mit Hilfe der Elektronenphysik, einer damals noch neuen Wissenschaft, gelöst haben. Ich stamme nicht aus dem sogenannten Computer-Zeitalter, noch habe ich je versucht, diese Wissenschaft zu verstehen. Anfang 1940 jedoch wurde ich feierlich in eine Art Schrein geführt, in dem eine bronzefarbene Säule mit Zahlen aufgebaut war, die von einem runden bronzefarbenen Gesicht gekrönt wurde. Das Ganze sah wie das Standbild einer exotischen Gottheit aus, die als Orakel von Bletchley auserwählt worden war.

Natürlich fragten wir uns alle, ob unser großes Experiment glükken würde, ob es vor allem rechtzeitig Erfolg haben würde. Hitler hatte uns eine wertvolle Frist von sechs Monaten gegeben. Aber jetzt fühlten wir, daß es im kommenden Frühjahr ums Ganze gehen würde. Jeder Tag, der uns noch verblieb, mußte von jedem Zweig unserer Landesverteidigung bis zum letzten ausgenutzt werden. Alles, was wir für unsere Verteidigung tun konnten, war zwar zu gering und kam zu spät. Einen Trumpf jedoch hielten wir in der Hand: Genau jene Codemaschine, die die Deutschen in den kommenden Monaten benutzen mußten!

Gegen Ende Februar 1940 hatte die deutsche Luftwaffe offensichtlich genügend ENIGMA-Maschinen erhalten und ihre Funker soweit ausgebildet, daß sie dieses geheime Sendegerät bedienen konnten. Die ersten Funksignale, die wir auffingen, waren außerordentlich kurz; aber sie mußten bereits jene Dinge enthalten, auf die die bronzene Gottheit in Bletchley Park wartete. Menzies hatte bereits Befehl gegeben, daß ihm alle Erkenntnisse unserer Entschlüsselungs-Experten sofort zu melden seien. Gerade als die bittere Kälte des eisigen Winters der Aprilsonne wich, sprach das Orakel von Bletchley zum erstenmal: Menzies übergab mir vier schmale Papierstreifen. Auf jedem stand ein kurzer Funkspruch der deutschen Luftwaffe, der die Versetzung von Soldaten zu bestimmten Einheiten ankündigte. Diese entschlüsselten Nachrichten waren für unsere Feindaufklärung natürlich nur von geringem Wert, aber für unsere Wissenschaftler in Bletchley Park, für Menzies und für mich waren sie von schicksalhafter Bedeutung. Das Wunder war Wirklichkeit geworden! Es erhielt den Decknamen »Ultra«.

Für die breite Mehrheit der Menschen, die den Zweiten Weltkrieg nicht miterlebt haben und mit dem Wissen aufgewachsen sind, der alliierte Sieg über die Nazis sei unvermeidlich gewesen, wird der folgende Bericht mit Sicherheit eine Frage provozieren: Warum konnten wir, wenn wir schon so genau über die Stärke und die Absichten des Feindes informiert waren, diesen Krieg nicht viel schneller beenden?

Vielleicht ist es für unsere junge Generation tatsächlich schwierig, sich vorzustellen, daß wir im Jahr 1940 in Frankreich geschlagen worden waren; daß zwischen unserem Land und der totalen Niederlage lediglich die waffenlosen Überreste des aus Dünkirchen evakuierten britischen Heeres standen und eine Royal Air Force, die hilflos und schwach gegenüber der mächtigen Armada der deutschen Luftwaffe wirkte. Für uns, die wir die Hintergründe kannten, hing damals das Schicksal Großbritanniens allein davon ab, ob die Royal Air Force von der deutschen Luftwaffe ausgelöscht werden würde oder nicht. Hätten die deutschen Geschwader Erfolg gehabt, dann hätte kein Schiff unserer Kriegsmarine in den Gewässern des Ärmelkanals überleben können. Die entscheidende Rolle, die Ultra bei der Abwendung dieser drohenden Niederlage spielte, wird in den folgenden Kapiteln deutlich werden.

Eines steht fest: Eine noch so schlecht vorbereitete und durchgeführte Invasion der britischen Insel wäre angesichts der militärischen Macht, die die Deutschen durch die Luft und über die See gegen unsere nur schwach verteidigte Küste hätten schicken können, in jedem Fall erfolgreich gewesen. Zwei Jahre lang kämpften wir gegen die gewaltige deutsche Kriegsmaschinerie buchstäblich nur mit unserem Erfindungsgeist. Dieser Erfindungsgeist stand auch hinter der »Operation Ultra«, die Air Marshal Dowding den Schlüssel zu seiner Strategie lieferte und die Royal Air Force vor den gezielten k.o.-Schlägen Görings während der »Luftschlacht um

England« rettete. Ultra war es, das uns über die deutschen Vorbereitungen für das »Unternehmen Seelöwe«, die Invasion Großbritanniens, unterrichtete. Ultra war es auch, das später General Auchinleck in Nordafrika befähigte, Rommel und seinem Afrikakorps immer wieder auszuweichen und im richtigen Moment, wie ein schwer zu fassender Boxer, kraftvoll zurückzuschlagen. So brachte Auchinleck Rommel am Eingangstor nach Ägypten zum Stehen. Wäre ihm das nicht geglückt, wäre der gesamte Mittelmeerraum für England verloren gewesen – und mit ihm der Mittlere Osten, unsere Ölquellen, unsere Flottenbasen und die Verbindungswege nach Indien.

Selbst nach dem Sieg von El Alamein, als das Pendel bereits zögernd nach unserer Seite auszuschlagen begann, konnten uns Ultras Erkenntnisse über die Bewegungen, die Stärke und die wahrscheinlichen Pläne des Gegners immer noch nicht zu schnellen Siegen verhelfen: Wir hatten damals einfach nicht genügend Soldaten, Waffen und Nachschubquellen! Wir sollten uns nicht von Fernsehfilmen und der Propaganda verführen lassen, die den Krieg im nachhinein für uns zu einem einzigen Siegesepos gemacht haben. Der Zweite Weltkrieg ist in Wirklichkeit ein Kampf auf Messers Schneide gewesen. Und der Leser dieses Buches wird sich eher die Frage stellen müssen, ob wir ihn *ohne* Ultra gewonnen hätten oder nicht.

Anmerkung

Frühere polnische Offiziere, die jetzt in Großbritannien leben, haben nach Fertigstellung dieses Buches folgendes bekanntgegeben: Der polnische Geheimdienst habe mehrere ENIGMA-Schlüsselmaschinen bauen lassen, und zwar mit Hilfe von Informationen, die aus der in meinem Bericht erwähnten Fabrik in Deutschland herausgeschmuggelt worden seien. Wahrscheinlich sei eine dieser Maschinen Made in Poland an den britischen Geheimdienst geliefert worden.

Dazu möchte ich feststellen: Die Geschichte könnte sich so zugetragen haben, und sicherlich haben die polnischen Mathematiker und Techniker großes Können und großen Mut bewiesen; die Geschichte der ersten ENIGMA, die in alliierte Hände geriet, ist mir seinerzeit jedoch genau so geschildert worden, wie ich sie in diesem Kapitel wiedergegeben habe.

Schlacht um Frankreich

Im Jahr 1936 hatte Hitler das entmilitarisierte Rheinland besetzt, und seine Kalkulation, daß weder Frankreich noch England einschreiten würden, hatte sich als richtig erwiesen. Im Anschluß an seinen Einmarsch in Österreich und der Tschechoslowakei hatte er im September 1939 Polen den Krieg erklärt. Er hatte dabei die völlige Entblößung seiner Westfront in der ebenfalls richtigen Annahme in Kauf genommen, daß Frankreich und Großbritannien nicht angreifen würden.

Zwar waren wir in den 30er Jahren ausreichend mit Nachrichten über den Aufbau der deutschen Kriegsmaschine versorgt worden; erst im Hochsommer 1939 jedoch deuteten geheime Informationen aus vielen Quellen unmißverständlich darauf hin, daß die Deutschen Ende August ihren erwarteten Angriff auf Polen auslösen würden. Aus deutschen Dokumenten wissen wir heute darüber hinaus, daß Hitler seinen Generälen bereits am 27. September 1939 seine Absicht mitgeteilt hatte, im Herbst 1939 auch an der Westfront loszuschlagen. Er begründete diesen Plan damit, daß die französischen und britischen Armeen noch in keiner Weise kriegsbereit wären.

Als Angriffstag für seine große Westoffensive setzte Hitler damals den 12. November fest. Am 9. Oktober erließ er seine Weisung Nr. 6, die die einzelnen Angriffsbefehle enthielt. Aber es gab immer wieder Verzögerungen, und heute wissen wir auch, daß der ursprüngliche Plan für den Angriff im Westen (»Fall Gelb«), der einen frontalen Hauptangriff quer durch Belgien, Holland und Luxemburg vorsah, in den folgenden Wochen völlig umgestaltet worden ist.

Im Januar 1940 verloren zwei deutsche Stabsoffiziere während eines Kurierfluges die Orientierung und mußten hinter den alliierten Linien in Belgien notlanden. Sie hatten die neuesten Operationsbefehle bei sich, die der deutschen Heeresgruppe B für den »Fall Gelb« erteilt worden waren. Erst nach dem Krieg erfuhren wir, daß kurz nach diesem Zwischenfall ein bemerkenswerter Vorschlag Feldmarschalls Gerd von Rundstedt, des Befehlshabers der deutschen Heeresgruppe A, und seines Stabschefs, des Generals Erich von Manstein, von Hitler genehmigt worden war: Dieser Plan sah die Verlagerung des deutschen Angriffsschwerpunktes vom rechten auf den linken Flügel vor. Der blitzschnelle Vorstoß einer gewaltigen Panzerstreitmacht sollte mitten durch die Ardennen hindurch vorgetragen werden (die Deutschen wußten genau, daß der französische Generalstab dieses waldreiche Gebirge als »panzersicher« ansah) und die Maginot-Linie von Norden her umgehen. Anschließend sollten die deutschen Panzerdivisionen in einem »Sichelschnitt« zur Küste durchbrechen und die in Belgien eingeschlossenen alliierten Armeen ins Meer werfen.

Die Erbeutung der deutschen Angriffsbefehle in dem notgelandeten Kurierflugzeug war für die Alliierten der letzte Beweis, daß Hitler im Westen losschlagen wollte. Es ist heute allgemein bekannt, daß die Deutschen die Befehle für den endgültigen Angriffsplan nicht vor dem 24. Februar 1940 ausgaben. Dabei hielten sie jedoch immer noch die Möglichkeit offen, den Angriffsschwerpunkt an die belgische Front zurückzuverlegen, falls der Durchbruch durch die Ardennen scheitern sollte. Heute ist das alles bekannt, aber seinerzeit hatte der deutsche Generalstab niemanden in seine Karten blicken lassen.

Die Belgier wiederum hatten nach dem Flugzeugzwischenfall erwartet, daß die britisch-französischen Streitkräfte sofort zum Schutze ihres neutralen Landes einmarschieren würden. Aber da nichts geschah, begannen die Belgier zu fürchten, sie würden von uns im Stich gelassen werden. Sie übertrieben ihre Neutralität und weigerten sich schließlich sogar, den Engländern Informationen über ihre Einsatzflughäfen zu geben.

Anfang April wurden die Ultra-Informationen zahlreicher. Dennoch arbeitete die Bronzegöttin von Bletchley Park in der ersten Kriegsphase noch sehr unregelmäßig. Es war daher für uns reines Glück, daß wir aus einem deutschen Flugzeug, das vor der norwegischen Küste abgeschossen worden war, eine weitere ENIGMA-Chiffriermaschine mit allen Codes bergen konnten. Später erbeuteten wir ähnlich wertvolles Material von einer deutschen Panzernachrichteneinheit, die während des Frankreich-Feldzugs zu weit vorgestoßen war. Im Mai 1941 eroberte unsere Kriegsmarine sogar ein deutsches U-Boot, in dem ebenfalls eine ENIGMA und zahlreiche Schlüsselunterlagen gefunden wurden. Diese Beute erlaubte es uns, nicht nur in die Geheimnisse der ENIGMA noch tiefer einzudringen, sondern gab unseren Wissenschaftlern in Bletchley auch das Mittel in die Hand, die Bronzegöttin zu Höchstleistungen anzuspornen.

Bis Anfang 1942 flossen die Ultra-Informationen langsam, aber stetig. Dann allerdings drang eine ganze Schar neuentwickelter »Göttinnen«, die von Tausenden Fachleuten bedient wurden, in sämtliche Geheimnisse der ENIGMA ein und erlangten schließlich die vollständige Herrschaft über den deutschen Funkverkehr.

Jetzt, im April 1940, beschäftigten sich allerdings noch die meisten Ultra-Informationen mit reinen Nachschubfragen. Die Generalstäbe des deutschen Heeres und der Luftwaffe hielten sich sorgfältig über die Einsatzbereitschaft ihrer Einheiten auf dem laufenden. Ihre Funksprüche enthielten Angaben über das vorhandene Personal und die Ausrüstung: Flugzeuge, Panzer, Geschütze, Treibstoff. Über die gleichen Nachrichtenverbindungen wurden auch regelmäßig Anweisungen für die Lieferung von Nachschub, wie Munition, Ersatzteile und Personal, durchgegeben. Der Generalstab des Heeres und der Luftwaffe wußte damals vermutlich zu jeder Stunde genau, welche Kräfte er wo und wann zur Verfügung hatte.

Zu unserem Glück gingen viele dieser Nachschubmeldungen durch den Äther. Offensichtlich hatten die deutschen Quartiermeister den Befehl erhalten, soviel wie möglich sich des Funkverkehrs zu bedienen, um die wertvollen Telefonverbindungen für die Kampfeinheiten freizuhalten.

Durch die Entschlüsselung dieser Funkmeldungen konnten wir unseren Generalstäben jeweils präzise Unterlagen über die deutsche Schlachtordnung geben. Diese Aufstellung, die von den Geheimdienstorganisationen der einzelnen Teilstreitkräfte erarbeitet wurde, zeigte die Stärke, die Dislozierung und die Ausrüstung und Bewaffnung aller feindlichen Einheiten, die in bestimmte Operationen verwickelt waren. Alle unsere Operationspläne, die wir während des Krieges ausarbeiteten, basierten auf der jeweiligen Schlachtordnung des Gegners. Fast alle präzisen Informationen über den Gegner erhielten wir von Ultra.

Um diese Ultra-Nachrichten unter absoluter Geheimhaltung weitergeben zu können, hatten wir zunächst eine Spezialverbindungseinheit (Special Liaison Unit, abgekürzt SLU) im Hauptquartier des Oberbefehlshabers der britischen Expeditionsstreitkräfte (BEF) in Frankreich, Lord Gort, stationiert. Sie sollte gleichzeitig den Befehlshaber unserer BEF-Luftstreitkräfte, General Charles Blount, unterrichten. Eine weitere SLU hielt Generalleutnant Barratt, den Chef der britischen Advanced Air Striking Force in Wachines, auf dem laufenden.

Major Humphrey Plowden, ein alter Kollege aus London, wurde an der Spitze einer Funkeinheit und einiger Dechiffrierer im Feldwebelrang zu Lord Gort geschickt, während ich ein ähnliches Kommando unter Major »Tubby« Long (auch er ein alter Freund) auf den Fliegerhorst Meaux verlegte, wo sich Barratts RAF-Hauptquartier befand. Dieser Platz befand sich in unmittelbarer Nähe der Basis unserer »fliegenden Spionageeinheit«, die vor kurzem vom Luftfahrtministerium übernommen und zu einer regulären Einheit der Royal Air Force gemacht worden war. Mein altes treues Lockheed-Spionageflugzeug war in diesem Verband immer noch unermüdlich tätig.

Vom Flugplatz Meaux aus starteten im April 1940 auch »Spitfire«-Aufklärer, die aus einer Höhe von 9000 Metern jeden Flugplatz in Belgien fotografierten. Ihre blaßblaue Tarnfarbe machte sie dabei fast unsichtbar. Die Einsätze nach Belgien hinein blieben streng geheim bis zum Abschluß der gesamten Aktion, was eindeutige Rückschlüsse auf die miserable Zusammenarbeit zwischen Franzosen, Engländern und Belgiern zuläßt.

Während der 30er Jahre hielt ich auftragsgemäß Verbindung zum Geheimdienst in Paris. Georges Ronin von der französischen Luftwaffe stellte im Deuxième Bureau gewissermaßen mein französisches Gegenstück dar. Bei einem Besuch im April (es sollte mein letzter in Paris während des Krieges sein), hatte ich meinen alten Freund und Kollegen in tiefer Verzweiflung vorgefunden. Die Moral der französischen Armee sei schlecht, sagte er, und die Menschen seien davon überzeugt, von den Politikern verkauft zu werden. Viele Jahre lang hatte ich mit Georges im Geheimdienst eng gegen Deutschland zusammengearbeitet, und so hegte im Frühjahr 1940 keiner von uns Illusionen über die Lage der Alliierten. Georges ging im Mai 1940, als die Deutschen angriffen, wieder zur kämpfenden Truppe und flog Bombeneinsätze, bis die Munitions- und Treibstoffvorräte erschöpft waren. Nach der Niederlage Frankreichs stellte er sich auf meinen Vorschlag hin der Vichy-Regierung im von den Deutschen nicht besetzten Frankreich zur Verfügung. Er wurde Chef de Cabinet des französischen Luftfahrtministers und hielt über eine geheime Funkverbindunng mit mir Kontakt, bis wir uns am ersten Weihnachtsfeiertag des Jahres 1942 in Algier wieder persönlich treffen konnten. Georges hatte einen höllisch gefährlichen Job hinter sich!

Dennoch wurde er nach dem Kriege in Frankreich wegen »Kollaboration mit dem Feind« unter Anklage gestellt. Meine persönliche Intervention bei General De Gaulle hatte jedoch sofort Erfolg. Georges wurde rehabilitiert und erhielt seinen alten Dienstrang als General der Luftwaffe zurück. Er starb 1956.

Während meines Besuches in Paris im April 1940 beschloß ich, Air Marshal Barratt und meine Spezialverbindungseinheit im Hauptquartier der Advanced Air Striking Force bei Meaux, östlich Paris, zu besuchen. Unsere Beziehungen zu den französischen Dienststellen waren jedoch alles andere als gut. Die Franzosen eröffneten mir, daß die Genehmigung, durch das französische Operationsgebiet zu reisen, eine Woche auf sich warten lassen könnte, möglicherweise jedoch auch gar nicht erteilt werden würde. »Tubby« Long kam daher nach Paris, um mich in einem Citroën nach Meaux zu bringen. Unser letzter Ausweg war ein selbst hergestellter Marschbefehl, der auf einem hochoffiziell aussehenden Blatt Papier mit dem roten Siegel einer »VAT 69«-Whiskyflasche und einigen geheimnisvollen Unterschriften bestand. Er funktionierte hervorragend. Bis Mitte April hatten wir in unseren Bemühungen, hinter die Geheimnisse der ENIGMA zu kommen, mit einem führenden französischen Code-Experten, Oberst Philip Joubert, eng zusammengearbeitet. Joubert kannte wohl als einziger das Ausmaß unseres Erfolges. Er war ein brillanter und loyaler Offizier, und nach der Niederlage Frankreichs sollte kein Sterbenswörtchen über seine Lippen kommen.

Während der vergangenen Jahre hatten wir in zahllosen Geheimberichten an das Kriegs- und Luftfahrtministerium über die Bedeutung des Stukas für die deutschen Blitzkriegspläne berichtet. General von Reichenau hatte mir bereits im Jahr 1935 in Berlin ausführlich erklärt, wie ein Blitzkrieg gegen Rußland geführt werden müsse. Selbstverständlich waren wir uns beide damals darüber klar gewesen, daß ein solcher Krieg ebensogut gegen den Westen geführt werden könnte. Diese gezielten Hinweise waren ein Bestandteil der psychologischen Offensive der Nazis, mit der sie Großbritannien überreden und zwingen wollten, neutral zu bleiben. Vielleicht konnte sich tatsächlich keiner unserer hohen Militärs vorstellen, welch höllische Wirkung die Attacken herabheulender Sturzbomber haben könnten. Auf jeden Fall glaube ich, daß sich der französische und der britische Generalstab mit dieser völlig neuen Form der Kriegführung, die sich auf massierte Panzerverbände mit einer eigenen, wirkungsvollen, fliegenden Artillerie stützte, nie ernsthaft beschäftigt hat. Die alliierten Generalstäbler sollten den Blitzkrieg jedoch auf sehr schmerzliche Weise bald kennenlernen.

In den letzten zwei Aprilwochen des Jahres 1940 meldete Ultra deutsche Marschbefehle, und wir erhielten auf diese Weise zuletzt doch noch deutliche Hinweise, daß sich die deutschen Streitkräfte in ihre Bereitstellungsräume an der Westgrenze vorschoben. Zu dieser Zeit hatten wir allerdings noch keine Kenntnis davon, daß die Deutschen ihre Operationsbefehle für den »Fall Gelb« nach der Notlandung ihres Kurierflugzeuges hinter den alliierten Linien abgeändert hatten.

Die Panzermassen und die Stukastaffeln in den Aufmarschgebieten der Wehrmacht ließen jedoch nicht den geringsten Zweifel aufkommen, daß die Deutschen die Taktiken des »Blitzkrieges« anwenden würden. Andererseits mußten einen beim Anblick der in Organisation, Ausrüstung und Ausbildung völlig voneinander abweichenden Armeen der Niederländer, Belgier, Franzosen und Briten schwere Zweifel befallen: Wie sollten sie dem präzisen Zusammenspiel der deutschen Angriffe widerstehen können?

Mit großem Interesse entnahm ich einem entschlüsselten deutschen Funkspruch, daß General von Reichenau, mein alter Bekannter aus Berlin, die 6. Armee kommandierte. Dieser deutsche Verband versammelte sich gegenüber dem britischen Verteidigungssektor in Belgien.

Ultra enthüllte auch mit letzter Klarheit die Stärke der deutschen Luftstreitkräfte, die für den Angriff aufmarschiert waren: Die Luftflotte 2 unter dem Kommando Kesselrings, den ich ebenfalls aus Berlin gut kannte, und die Luftflotte 3 unter Sperrle verfügten über gut 1000 Jagdflugzeuge und knapp 400 Stukas; dazu kamen 1800 Mittelstreckenbomber sowie Transport- und Verbindungsflugzeuge. Die deutschen Luftstreitkräfte waren also doppelt so stark wie die französischen und britischen. Ich wußte, daß Kesselring seine Geschwader mit der gleichen Unbarmherzigkeit einsetzen würde, mit der er Karriere gemacht hatte. In den kommenden Luftschlachten würde es kein Mitleid und keine Gnade geben.

Die Spannung in den Büros von Whitehall wurde von Tag zu Tag spürbarer. Und auch in meinem Office erreichte die Erregung einen alarmierenden Pegelstand. Am 1. Mai, also acht Tage bevor die deutsche Invasion begann, berichtete der französische Militärattaché in der Schweiz seinem Generalstab, daß die Deutschen ihre Offensive zwischen dem 8. und dem 10. Mai eröffnen würden und daß der Hauptangriff in Richtung auf Sedan vorgetragen werden würde. Ich weiß nicht, ob diese Meldung jemals an die alliierten Oberbefehlshaber weitergegeben wurde oder ob sie in den Büros des Generalstabs verlorenging. Damals erfuhr ich jedenfalls kein Sterbenswörtchen von dieser entscheidenden Information. Und ich hatte schließlich ständig mit geheimen Informationen zu tun.

Über Ultra war wenig zu erfahren: Die Deutschen waren in dieser Phase nicht auf ihre Funkgeräte angewiesen, sondern benutzten ihre Feldtelefonleitungen. Außerdem hatten sie allen Grund, ihren Funkverkehr so normal wie eh und je erscheinen zu lassen. Eine plötzliche Verstärkung des Funkverkehrs mußte nämlich verräterisch wirken. Leider scheinen die Franzosen in jenen Tagen keine Aufklärungsflüge durchgeführt zu haben, obwohl man dies nach der Warnung ihres Militärattachés hätte erwarten können.

Schließlich entdeckte einer unser »Spitfire«-Aufklärer, der über dem französischen Verteidigungssektor operierte, die riesigen deutschen Panzermassen, die in der Eifel aufmarschiert waren. Das war am 8. Mai. Barratt erzählte mir, daß er einen Bombenangriff von britischen Stützpunkten aus gegen die deutschen Panzerbereitstellungen vorgeschlagen habe. Zu diesem Angriff ist es jedoch nicht gekommen, nicht zuletzt deshalb, weil wir keine Bomben besaßen, die einen Panzer vernichten konnten.

Trotz vieler Informationen schien sich das französische Oberkommando der deutschen Panzergefahr nicht bewußt geworden zu sein. Selbst als gepanzerte französische Patrouillen in den Wäldern der Ardennen schließlich auf die deutschen Panzerspitzen stießen, setzte der französische Generalstab keine Luftaufklärung ein. Es ist kaum zu glauben, daß der französische Oberkommandierende Gamelin sich so sehr darauf versteift hatte, die Deutschen könnten und würden nicht durch die Ardennen hindurch angreifen, daß er – als es dann anders kam – sich einfach weigerte, seine Meinung und seine Strategie zu revidieren. Mehr kann man darüber nicht sagen, ohne in die Gefahr zu geraten, General Gamelin des Verrats anzuklagen. Für den intelligenten Beobachter sieht es jedoch so aus, als hätte Gamelin den Deutschen absichtlich einen schnellen Sieg erlaubt und an der Nordfront Widerstand nur vorgetäuscht.

Am 10. Mai eröffneten die Deutschen ihren Großangriff und stießen durch die Niederlande und Belgien hindurch vor. Reichenau war außerordentlich erfolgreich, und ich konnte mir sein triumphierendes Gesicht gut vorstellen, während er seine Siegesberichte an seine Freunde und seinen Gönner Hitler niederschrieb. Er meldete die Vernichtung von 50 belgischen Kampfflugzeugen am Boden und die Einnahme von zwei Brücken über den Albert-Kanal, der als vorgeschobene Verteidigungslinie der Alliierten galt. Reichenaus Luftlandetruppen hatten auch Fort Eben Emael im Handstreich genommen, eine Schlüsselstellung, die den Forts der Maginotlinie außerordentlich ähnelte.

Es gab Berichte der deutschen 18. Armee über ihren Vormarsch in Holland. Die Luftflotte 2 zeigte sich äußerst zufrieden über die Zerstörung holländischer Kampfflugzeuge auf dem Flughafen Rotterdam. Die Maas war überschritten worden. Für die Niederländer sah es bereits sehr schlecht aus. An diesem Tage übernahm Winston Churchill die Führung Englands.

Dieser schicksalhafte 10. Mai erlebte, wie die deutsche Heeresgruppe B unter Generaloberst Bock die Alliierten in Belgien durch die Wucht ihres Angriffes zurückwarf; er sah aber auch das Antreten der Panzergruppe von Kleist in den Ardennen. Am 11. Mai waren die Alliierten bereits auf ihre vorbereitete Verteidigungslinie in Belgien zurückgefallen. Am 13. Mai meldete die deutsche Heeresgruppe B zwar eine erfolgreiche Panzerschlacht gegen französische Streitkräfte, aber die Deutschen hatten ihren angestrebten Durchbruch noch nicht erzielen können. Noch sah es so aus, als ob die alliierte Verteidigungslinie halten würde. Aber die Falle war schon gestellt.

Am 14. Mai entschlüsselte Ultra einen Funkspruch, in dem Generaloberst von Brauchitsch seinem Armeebefehlshaber von Reichenau befahl, seinen Angriff unter allen Umständen fortzusetzen. Am 15. Mai kam dann die Meldung, daß der massierte Panzervorstoß auf Sedan zum operativen Durchbruch geführt hatte.

Für uns, die wir mit übermüdeten Augen in unseren Londoner Büros saßen, war diese Unglücksbotschaft alles andere als eine

Überraschung. Aufgrund der Meldungen unserer Aufklärungsflugzeuge über die Stärke der deutschen Panzerverbände hatten wir geradezu auf sie gewartet. Der deutsche Durchbruch war so unwiderstehlich, daß der französische General Georges, der Oberbefehlshaber der alliierten Streitkräfte an der Nordfront, einen allgemeinen Rückzug befahl. Lord Gort, der kommandierende General der britischen Expeditionsstreitkräfte, erhielt den Rückzugsbefehl jedoch erst am folgenden Morgen, am 16. Mai. Dieser seltsame Vorfall bewog Churchill, noch am gleichen Tage nach Paris zu fliegen, um gegen den Geist des Rückzuges in den französischen Stäben Front zu machen. Bei seinen Gesprächen im französischen Generalstab hörte er jedoch so unerfreuliche Dinge, daß er sofort wieder nach London zurückkehrte.

Ein von Ultra entschlüsselter deutscher Funkspruch brachte uns noch mehr in Schwierigkeiten: Er befahl einem deutschen Panzerkorps, von der belgischen Front nach Süden abzuschwenken und die Ausweitung des Durchbruchs bei Sedan zu unterstützen. Dieses Manöver verminderte zwar den Druck auf die britische Verteidigungslinie in Belgien, aber für die alliierten Verteidiger bei Sedan war dies kein Trost.

Die Lage war nervenaufreibend, und sie wurde auch durch einen Funkspruch von General Halder, dem Chef des Generalstabs des deutschen Heeres, an General von Bock, der die deutsche Heeresgruppe gegenüber den britischen Verbänden kommandierte, nicht leichter: Dieser Befehl wies von Bock nämlich an, »Zurückhaltung« gegenüber den zurückweichenden alliierten Verbänden zu üben. Der Funkspruch verblüffte uns völlig.

Für einen Intelligence-Experten mußte es jetzt so aussehen, als ob die Deutschen die britischen Streitkräfte in Belgien nicht zerschlagen wollten. Tatsächlich hatten die Deutschen, wie sich bald herausstellen sollte, die Absicht, die Engländer zu umzingeln. Am 19. Mai überquerten sie die Schelde bei Antwerpen. Am gleichen Tag wurde General Gamelin seines Postens als Oberbefehlshaber der französischen Armee enthoben und durch General Maxime Weygand ersetzt.

Am Morgen des 23. Mai wurde dann ein entscheidender Befehl von Generaloberst von Brauchitsch im Oberkommando des Heeres von Ultra abgefangen und entschlüsselt. Brauchitsch, dem das ganze Ausmaß der Verwirrung in den alliierten Linien klargeworden war, befahl den beiden Heeresgruppen, »die Umfassungsoperation mit allen Kräften voranzutreiben«. Von Rundstedts Heeresgruppe sollte gegen Ostende einschwenken, während die Heeresgruppe B parallel zu ihrem Nachbarn ebenfalls nach Norden abdrehen sollte. So kam es hier zuletzt doch noch zur vollen Ausführung der »Sichelschnitt«-Operation, die Hitler vor drei Monaten genehmigt hatte.

Von Brauchitschs Funkspruch machte gleichzeitig aber auch Gort und Churchill klar, daß es höchste Zeit war, sich aus Frankreich zurückzuziehen. Von Rundstedt war zu unserem Glück nicht ganz so zuversichtlich wie Brauchitsch und wollte keine übertriebenen Risiken eingehen. Statt dessen stoppte er seinen Vormarsch und gruppierte seine Panzerdivisionen um. Vermutlich teilte er von Brauchitsch diesen Aufenthalt nicht sofort mit; denn am gleichen Tage noch befahl Brauchitsch, daß General Kluges 4. Armee Rundstedts Kommando entzogen und der nördlichen Heeresgruppe B unterstellt werden sollte. Für uns war dieser Funkspruch nicht sehr wichtig, da es sich offensichtlich lediglich um eine Entscheidung handelte, die die Zusammenarbeit der deutschen Streitkräfte bei der Einkreisung der britischen Verbände verbessern sollte. Das Ergebnis der beiden Befehle des Generalobersten von Brauchitsch, die wir entschlüsselt hatten, sollte jedoch außerordentlich dramatisch sein: Hitler hielt sich an diesem Tage nämlich in von Rundstedts Hauptquartier auf und erklärte nicht nur von Brauchitschs Befehl für die Unterstellung der 4. Armee unter das Kommando der Heeresgruppe B für ungültig; Hitler gab vielmehr selbst Befehl, alle deutschen Panzerverbände anzuhalten und auf der Stelle treten zu lassen, bis er einen neuen Vormarschbefehl erteilen würde.

Lord Gort berichtete mir später, daß der erste Funkspruch des Generalobersten von Brauchitsch ihn dazu bewogen hätte, seine Truppen so schnell wie möglich auf die Schiffe gehen zu lassen.

Gort wußte nur zu gut, daß niemand eine Besetzung der britischen Insel durch Hitler-Deutschland würde verhindern können, wenn sein Expeditionskorps vernichtet und gefangengenommen werden würde. Auch für Churchill wurden die Brauchitsch-Funksprüche zum Signal für eine Beschleunigung der »Operation Dynamo« –, der Evakuierung der britischen Truppen über See – und die Bereitstellung der vielen kleinen Schiffe, die nach Dünkirchen auslaufen sollten.

Es ist schwer zu erklären, warum Weygand in diesem kritischen Augenblick den Briten mitteilte, daß die aufgefrischte französische 7. Armee nach Norden angreifen würde, um die deutschen Panzerverbände abzuschneiden, und gleichzeitig um einen britischen Zangenangriff in südlicher Richtung bat. Die beste Erklärung ist vermutlich die, daß er keine Ahnung von der wahren Lage hatte. Es gibt allerdings Leute, die behaupten, daß Weygand auf diese Weise die Schuld für Frankreichs Niederlage den Briten anzulasten versuchte; zweifellos mußte er wissen, daß Lord Gort zu diesem späten Zeitpunkt unter keinen Umständen einen Angriff in Nord-Süd-Richtung riskieren konnte. Hätte Gort dennoch den Angriffsbefehl gegeben, dann wäre das britische Expeditionskorps mit Sicherheit umzingelt worden.

Rundstedt war ein kluger Kopf: Er hatte die belgischen und britischen Armeen gestellt, wo er wollte. Und er wußte genau, daß er die desorganisierte französische Armee später schlagen könnte. Er hatte, ohne an Hitlers Befehlen auch nur im geringsten zu zweifeln, von Brauchitschs geplanten Angriff zur Vernichtung der britischen Streitkräfte aufgehalten und statt dessen seine Panzer umgruppiert, um einem allerdings unwahrscheinlichen französischen Vorstoß in seine Südflanke begegnen zu können. Währenddessen wollte er die Engländer an der Kanalküste immer enger einschnüren. Gort wiederum wußte, daß die französischen Truppen Weygands utopischen Angriff überhaupt nicht durchführen konnten. Zahlreiche führende Persönlichkeiten in London, die nicht über die Ultra-Informationen verfügten, träumten jedoch immer noch von einem »Wunder an der Marne«, wie im Jahr 1914. Die Eingeweihten dagegen wußten ganz genau, was wir in der knappen, uns noch verbleibenden Zeit zu tun hatten.

Daß die deutschen Truppen unverständlicherweise auf die Ausnutzung ihrer taktischen Vorteile verzichteten, schien überhaupt nicht zu Hitlers Charakter zu passen. Hinter seinem Anhalte-Befehl mußte mehr stecken. Damals glaubte schon ich zu wissen, was der »kleine Gefreite« wollte; denn bei allen meinen Begegnungen mit Hitler hatte ich gespürt, daß sein verzweifeltes Verlangen nach Frieden mit England kein Bluff sein konnte. Ich wußte, daß er tatsächlich keinen Feind mehr fürchtete als die Engländer. Jetzt, da Frankreich praktisch schon erledigt war, suchte er offensichtlich im Westen Frieden, um jene Mission vorbereiten zu können, die von seiner Seele (falls er eine gehabt hat!) Besitz ergriffen hatte: die Vernichtung des kommunistischen Rußland. Ich war damals auch überzeugt, daß er die britischen Expeditionsstreitkräfte vorsätzlich entkommen ließ.

Soweit wir wissen, hat Hitler keine weiteren Vormarschbefehle für seine Tanks erteilt. Der Krieg gegen England war damals für einen Augenblick aus der militärischen in die politische Arena verlegt worden. Ich war mir sicher, daß Hitler keineswegs unsere Soldaten in Kriegsgefangenenlager stecken wollte, weil dies jenen Frieden mit England aufs schwerste gefährden konnte, von dem er annehmen mußte, daß er jetzt zu haben sein würde.

Auf jeden Fall war Lord Gort dadurch jene Atempause verschafft worden, die er benötigte, um die britischen Verbände schnell an den Strand von Dünkirchen zu schaffen. Ohne unsere große Leistung während der Tage von Dünkirchen antasten zu wollen, glaube ich jedoch, daß für unsere Schiffe dort nichts mehr zu holen gewesen wäre, wenn Hitler seiner siegestrunkenen Armee und Luftwaffe rechtzeitig den Angriffsbefehl erteilt hätte.

Ließ Hitler die Briten wirklich freiwillig entkommen, nachdem er sie um alle schweren Waffen gebracht hatte?

Heute ist bekannt, daß Hitler nach der Erteilung des Halte-Befehls für seine Panzer zu seinen Befehlshabern in Frankreich gesprochen hat. Nach Berichten eines Augenzeugen, eines deutschen Generals, gebrauchte Hitler dabei genau die gleichen Worte wie während unserer Gespräche im Jahr 1934: Daß es notwendig sei, die Zivilisation, die England geschaffen hätte, zu bewahren. Und daß er von England lediglich die Anerkennung der deutschen Vorherrschaft auf dem Kontinent verlange. Es sei sein Ziel, mit den Briten Frieden zu schließen, und zwar auf einer ehrenvollen Basis. Alle diese Forderungen Hitlers sind bekanntlich zurückgewiesen worden. Diesmal hatte er den Geist der Engländer völlig falsch eingeschätzt.

Zwischenspiel

Ich glaube, daß in dem Zeitraum zwischen dem Jahr 1934 und der Niederlage Frankreichs Geheimdienstinformationen sowohl von den Politikern als auch vom Generalstab kaum beachtet worden sind. Glücklicherweise hatte Ultra während des Frankreich-Feldzuges die erste Bewährungsprobe jedoch mit Glanz bestanden. Ultra hatte unsere Vermutung bestätigt, daß es in die Nachrichtenverbindungen zwischen Hitler und seinen Befehlshabern eindringen konnte. Einer der klugen Köpfe von Bletchley Park, der Hitlers Reden in den 30er Jahren immer wieder studiert hatte, beherrschte schließlich den Stil des Führers so gut, daß sich seine Übersetzungen wichtigster Funksprüche als außerordentlich genau herausstellten. Ich taufte seinen Arbeitsstab daher auf den Namen »Schatten-OKW«.

Während der Schlacht um Frankreich hatten sich die Leistungen von Ultra beträchtlich gesteigert. Bei den Deutschen galt offensichtlich die Regel, daß die Befehlshaber der Heeresgruppen und der Armeen täglich einen Lagebericht an das Oberkommando des Heeres (OKH) oder das Oberkommando der Wehrmacht (OKW) zu senden hatten. Häufig bestätigten diese Lagemeldungen unsere eigenen Informationen. Andererseits gaben sie unseren Frontbefehlshabern die Möglichkeit, ihre eigene Lagebeurteilung zu überprüfen. Als der Krieg weiter fortschritt, trugen sie darüber hinaus zu einer besseren Einschätzung der allgemeinen Situation durch den Premierminister und die Stabschefs in London bei.

Anfang August, als die »Luftschlacht um England« sich auszudehnen begann, ordnete Winston Churchill an, alle wichtigen Funksprüche der Deutschen sofort nach Downing Street 10 zu schicken. Offensichtlich hatten die Ultra-Informationen, die wir Churchill während des Frankreich-Feldzuges übermittelt hatten, ihn sehr beeindruckt. Churchill gab auch die Anweisung, auf jedem entschlüsselten Funkspruch Bedeutung und Art des Inhalts anzugeben. Diese Aufgabe wurde mir übertragen.

Zuerst mußte ich ein wirkungsvolles Übermittlungssystem zwischen Haus 3 in Bletchley Park, dem Arbeitsplatz unserer Entschlüsselungskünstler, und meinem Büro einrichten. Bisher waren mir die Ultra-Informationen per Kurier oder Telefon übermittelt worden. Jetzt richtete ich eine Fernschreibverbindung ein und konnte daher die dechiffrierten Funksprüche sofort erhalten. Ihre Bewertung und Kommentierung war jedoch wesentlich schwieriger. Es galt dabei zu bedenken, daß die Stabschefs nach Empfang der Funksprüche dem Premierminister selbst ihr Urteil vortragen würden. Dennoch ist es mir wohl gelungen, die Bedeutung und die Dringlichkeit dieser Geheiminformationen von meinem Standpunkt aus so zu bewerten, daß ich keinem Vorgesetzten auf die Füße trat. Der Premierminister lernte jedenfalls schnell, mit unseren Nachrichten umzugehen.

Wenn er in London war, schickte ich ihm die wichtigsten Funksprüche in einem roten Koffer direkt nach Downing Street 10. Auf dem Höhepunkt der »Luftschlacht um England« wurden sie in das unterirdische »Kriegszimmer« unter Storey's Gate geliefert. Hatten wir eine außerordentlich wichtige Meldung entschlüsselt, dann gab ich seinem Privatsekretär eine telefonische Vorwarnung. War in Bletchley Park Hochbetrieb, so schlief ich in meinem Büro und schickte ihm das während der Nacht eingegangene Material am Morgen, gegen 7.30 Uhr, direkt ins Schlafzimmer. Die Übergabe der Dokumente lag dabei gewöhnlich in den Händen von General Sir Hastings Ismay, der von mir ebenfalls bei Bedarf rechtzeitig alarmiert wurde. Ich hielt es jedenfalls für weise, dem guten Rat des verstorbenen Admirals Sir Hugh Sinclair zu folgen: »Königliche Hoheiten und Premierminister dürfen niemals überrascht werden!«

Churchill verbrachte die Wochenenden meistens auf seinem offiziellen Landsitz Chequers. Hatten wir wichtige Nachrichten zu bieten, dann rief ich ihn über das abhörsichere »Zerhacker«-Telefon an und las sie ihm vor. Beim erstenmal war ich noch ziemlich nervös, aber später wurden diese Gespräche auf höchster Ebene für mich zur Routine.

Zuerst meldete sich der Privatsekretär des Premierministers. Er kannte mich und teilte mir gewöhnlich mit, daß der Regierungschef sofort am Telefon sei. Nach einer kurzen Pause hörte ich dann ein schweres Atmen am anderen Ende der Leitung. Das war für mich das Signal, mich mit meinem Namen zu melden und die Meldungen vorzulesen.

Schwierig wurde mein Job immer an Samstagabenden; da pflegte sich Churchill (genau wie Hitler) nach dem Dinner bis gegen zwei Uhr einen Film anzusehen. Bei diesen Vorführungen entspannte er sich so prächtig, daß es nicht sehr klug gewesen wäre, ihn vor Schluß des Filmes zu stören.

Als der Krieg fortschritt, fingen wir häufig langatmige politische Botschaften Hitlers an seine Statthalter in dem immer weiträumiger werdenden Großdeutschen Reich ab. Ihr Wortlaut ärgerte Churchill meistens so sehr, daß ich immer wieder aufgefordert wurde, sie auch noch den Kabinettsmitgliedern vorzulesen, die gerade in Chequers waren. Manchmal schloß er das Gespräch auch mit einem kurzen »Danke schön« ab. Vor diesen Abschiedsworten durfte man jedenfalls auf keinen Fall auflegen; denn es passierte immer wieder, daß Churchill, nachdem er minutenlang wortlos über die Bedeutung der Meldungen nachgedacht hatte, noch Befehle an andere Dienststellen erteilen wollte. Seine wohlbekannte, rauhe Stimme blieb jedoch immer höflich und gelassen.

Auf dem Höhepunkt der »Luftschlacht um England« hatte Churchill alle militärischen Vorurteile, die auf seinen Erfahrungen aus dem ersten Weltkrieg beruhten, aufgegeben. Ob er mit den Ansichten seiner Stabschefs über die Kriegsführung übereinstimmte oder nicht, weiß ich nicht. Ich weiß jedoch, daß er mit Hilfe von Ultra jetzt den Krieg selbst zu führen begann, und zwar bis Ende des Jahres 1942.

Luftschlacht um England

Hitler haßte die See. Ich weiß nicht, warum. Vielleicht hatte er Angst vor der Seekrankheit, vielleicht war er auch wasserscheu. Ich erinnere mich noch an einen Besuch in Lübeck im Jahr 1936: Rosenberg lud mich damals ein, an einer kurzen Übung von zwei neuen Zerstörern der deutschen Kriegsmarine teilzunehmen. Er hatte damals Hitler zu vertreten, der irgendeine Ausrede gebraucht hatte, um nicht in See stechen zu müssen. Vielleicht war diese Abneigung gegen das Meer einer der Gründe, warum Hitler die Invasion der britischen Insel nie voll unterstützt hat. Auch die deutschen Generäle hatten nie Landungsoperationen über die offene See hinweg geübt. Sie hatten zwar gelernt, wie man Flüsse verteidigte und überquerte, aber das war eine völlig andere Sache. Als England im Juli 1940 nicht aufgab, mußte eine Invasion und die Besetzung der britischen Insel jedoch als die einzige Möglichkeit angesehen werden, Großbritannien auszuschalten und Deutschland dadurch in die Lage zu versetzen, alle Hilfsmittel für die Niederwerfung Rußlands auszuschöpfen. Nach dem Krieg sollten wir feststellen, daß Göring als einziger den Angriff auf Rußland begeistert unterstützt hatte; England, so hatte er argumentiert, könne allein durch den Einsatz der deutschen Luftwaffe in die Kapitulation gebombt werden. Damit wäre ein Landungsunternehmen über See überflüssig.

Während die Menschen in Großbritannien auf die deutsche Invasion warteten, hielten meine Geheimdienstkollegen und ich ein deutsches Landungsunternehmen für unwahrscheinlich, solange die Royal Air Force noch einsatzfähig war. Deutschland brauchte nämlich die totale Luftherrschaft zum Schutz seiner massierten Luftlandeunternehmen und der Landungsschiffe. Unsere Gegner benötigten sie aber auch, um sicherzustellen, daß kein britisches Kriegsschiff im Ärmelkanal operieren konnte.

Nach der Kapitulation Frankreichs fingen wir vorübergehend nur wenige deutsche Funksprüche auf. Sie behandelten meistens die Dislozierung von Stäben und Besatzungstruppen. Schon nach kurzer Zeit begann sich der Funkverkehr der deutschen Luftwaffe jedoch gewaltig zu verstärken, und wir fingen an, schwarz zu sehen. Mitte Juli entschlüsselte Ultra plötzlich jenen Funkspruch, auf den wir die ganze Zeit gewartet hatten. Er war offensichtlich unter größter Geheimhaltung vom Führerhauptquartier an die Oberbefehlshaber des deutschen Heeres, der Kriegsmarine und der Luftwaffe übermittelt worden. Göring hatte jedoch unvorsichtigerweise die wichtigsten Teile dieser Botschaft an die Kommandierenden Generale seiner Luftflotten funken lassen. In seinem Funkspruch führte er aus, daß England, trotz seiner hoffnungslosen militärischen Lage, offensichtlich nicht bereit sei, Frieden zu schließen. Hitler habe daher die Entscheidung gefällt, ein Landungsunternehmen gegen die britische Insel vorzubereiten und, wenn nötig, durchzuführen. Ziel dieser Operation sei die Ausschaltung Englands als Basis der Kriegsführung gegen Deutschland. Es müsse daher, falls erforderlich, vollständig besetzt werden. Das Landungsunternehmen habe den Decknamen »Seelöwe« erhalten.

Ich schickte den entschlüsselten Funkspruch sofort an den Premierminister. Die Deutschen hatten zum erstenmal das Wort »Seelöwe« benutzt, und die Entschlüsselung dieses Decknamens machte es uns in Zukunft viel leichter, alle Aktionen zu identifizieren, die mit dem Invasionsplan zusammenhingen. Mit Sicherheit hat dieser Funkspruch Churchill zu seiner berühmten Rede inspiriert, in der er Deutschland ankündigte, daß wir gegen seine Armeen an den Küsten und an jedem Punkt unseres Landes kämpfen würden.

In Deutschland war Göring der Mann der Stunde, und er verlor keine Zeit, seine Pläne durchzusetzen. Das führte dazu, daß er in seinen Funksprüchen immer ausführlicher wurde. Von ihm erfuhren wir, daß alle Einheiten der Luftflotten 2 und 3 entlang der Kanalküste versammelt waren. Die Luftflotte 5 war in Norwegen und Dänemark stationiert. Ultra vermittelte uns eine Übersicht über die deutsche Luftwaffenorganisation, aber natürlich auch viele

Details. Auf diese Weise erhielt das Luftfahrtministerium Einblick in die Aufstellung der deutschen Luftflotten, einschließlich der Flugplätze, auf denen ihre verschiedenen fliegenden Einheiten stationiert waren.

Als hilfreich erwiesen sich bei unseren Bemühungen aber auch die auf unterer Ebene gewechselten Funksprüche, die von den zahlreichen Staffeln abgeschickt wurden. Da die feindlichen Flughäfen ziemlich nahe waren, konnten wir ihre Sender anpeilen und dadurch die genaue Position der gegnerischen Fliegerhorste festlegen.

Ultra enthüllte uns darüber hinaus, daß die Deutschen fieberhaft versuchten, ihre Staffeln auf volle Stärke zu bringen. Da die Reparatur- und Wartungsdienste der Luftwaffe jedoch noch in sehr schlechtem Zustand waren, betrug die Zahl der einsatzbereiten Flugzeuge nur etwa 75 Prozent der Sollstärke. Daraus ergab sich, daß wir »auf dem Papier« zwar mit knapp 3000 deutschen Flugzeugen rechnen mußten, darunter etwa 1800 Bombern. Zur gleichen Zeit einsatzfähig würden jedoch nur drei Viertel dieser Streitmacht sein. Und wenn die Verluste den Ersatz übersteigen sollten, würde der Anteil der flugfähigen Maschinen noch weiter absinken.

Aufgrund vieler Geheiminformationen, einschließlich meiner persönlichen Gespräche mit Erich Koch, war anzunehmen, daß Hitler die Sowjetunion im Frühjahr 1941 angreifen würde. Um genügend Zeit für den Aufmarsch im Osten zu gewinnen, mußte er daher das »Unternehmen Seelöwe« spätestens Mitte September starten. Damit war er in Zeitnot.

Göring hatte den Besatzungen seiner Transportflugzeuge befohlen, Landungen auf schmalen Pisten zu üben, als Vorbereitung auf den Einsatz gegen England, wo die Truppentransporter auf Landstraßen niedergehen sollten. Das britische Luftfahrtministerium befahl daraufhin sofort die Produktion von Straßensperren, die an den langen, geraden Straßen in Südengland bereitgehalten wurden. Da es auch viele Gerüchte über deutsche Fallschirmspringer gab, die in wilden Verkleidungen in Frankreich eingesetzt worden sein sollten, hielten wir ein scharfes Auge auf alle Funksprüche der Luftwaffe.

Das Gros der deutschen Fallschirmjägerverbände begann, sich

auf den großen Flughäfen in Belgien und Holland zu versammeln. Darüber hinaus erfuhren wir, daß Hitler das deutsche Heer und die Luftwaffe beauftragt hatte, Flughäfen für die schnelle Beladung und Wartung von Transportflugzeugen einzurichten. Dies bestätigte unseren Verdacht, daß die Deutschen nicht nur Fallschirmjäger, sondern auch Versorgungsgüter und Waffen über eine Luftbrücke nach England schicken wollten.

Ende Juli begannen die abgefangenen Funksprüche Differenzen zwischen dem deutschen Heer und der Kriegsmarine über die Beschaffung von Landungsschiffen zu enthüllen. Aus den Ultra-Informationen konnten wir jedoch den Schluß ziehen, daß der Schwerpunkt nach wie vor auf Luftoperationen lag. Aufgrund vieler Indizien vermuteten wir, daß die Luftschlacht die Entscheidung bringen sollte. Das gab uns wieder Hoffnung. Ich glaube, alle, auch der Premierminister, fühlten, daß Hitler das »Unternehmen Seelöwe« wahrscheinlich aufgeben würde, wenn wir die Vernichtung der Royal Air Force durch Görings Luftflotten verhindern konnten.

Görings nächster wichtiger Funkspruch an die Luftwaffe vom 1. August 1940, in dem er die Auslöschung der britischen Luftstreitkräfte mit allen Kräften und in größtmöglicher Schnelligkeit befahl, unterstützten diese Meinung nur. Endlich hatte Göring seine ureigene Rolle gefunden. Jetzt mußten seine Träume, zum nächsten Führer eines mächtigen Großdeutschen Reiches aufzusteigen, Wirklichkeit werden. Seine Geschwader würden die Welt in Schrecken versetzen.

Im Gegensatz zu Hitler hatte er die Engländer nie bewundert oder gefürchtet. Jetzt würde er endlich die Chance erhalten, die Niederlage im ersten Weltkrieg, den er als Kommandeur des berühmten »Richthofengeschwaders« beendet hatte, auszumerzen.

Wir hatten inzwischen weitere Vorbereitungen getroffen: Haus 3 in Bletchley Park war sowohl durch RAF-Experten als auch durch zivile Übersetzer verstärkt worden. Man sollte sich an dieser Stelle noch einmal daran erinnern, daß über »ENIGMA« nur Funksprüche höchsten Dringlichkeitsgrades liefen. Haus 3 hatte daher nichts mit den zahllosen Funksprüchen untergeordneter Dienststellen zu tun, auch nicht mit dem Code des deutschen Geheimdienstes, der von dem deutschen Spionagenetz in Großbritannien benutzt wurde, dessen Funkgeräte jetzt immer aktiver wurden.

Im August tauchten Schwärme kleiner Schiffe an den feindlichen Küsten auf. Wenn eine Invasion über See der Luftschlacht folgen sollte, mußten die Deutschen selbstverständlich über eine große Zahl seetüchtiger Transportschiffe verfügen. Von Ultra erfuhren wir allerdings, daß die deutschen Streitkräfte offensichtlich nur unzulängliche Vorstellungen von den Erfordernissen einer großen amphibischen Operation besaßen. Die Kriegsmarine verließ sich auf die Lastkähne, die die Flüsse des Kontinents befuhren, von den großen Motorschiffen des Rheins bis hinab zu den kleineren Booten, die zu dreien und vieren von starken Schleppern über die französischen und belgischen Flüsse und Kanäle gezogen wurden. Sie hatte jedoch bald herausgefunden, daß es einfach nicht genügend Lastkähne gab. Und bald lieferte uns Ultra Informationen über eine verzweifelte Suchaktion nach Schiffen aller Typen in Deutschland, den Niederlanden, Belgien und Frankreich.

Als sich die Lastkähne in den Invasionshäfen versammelten, stellten die Deutschen aber auch fest, daß darunter nicht genügend Schiffe mit eigenem Antrieb waren. Ultra fing bald einen weiteren »Panik-Befehl« ab, der die Suche nach geeigneten Antriebsmaschinen einleitete. Schließlich mußten sich die Deutschen sogar mit Flugzeugmotoren behelfen.

Nach und nach enthüllte sich das ganze Bild einer überhasteten, unzureichenden Vorbereitung der geplanten Invasion. Man kann sich gut vorstellen, wie sehr diese Verwirrung in der deutschen Organisation, die sogar für die Engländer offensichtlich zu werden begann, das »Unternehmen Seelöwe« für Hitler in Frage gestellt haben muß. Von General Ismay erfuhr ich, daß auch Churchill bereits nicht mehr mit einer Invasion rechnete. Diesen Verdacht durfte er in der Öffentlichkeit natürlich nicht äußern. Bereits am 10. Juli hatte er das Kabinett jedoch unterrichtet, daß eine Invasion von See her höchst unwahrscheinlich sei, weil es als »waghalsig und selbstmörderisch angesehen werden muß, eine Armee in ein Seegebiet zu schicken, das von unseren starken Streitkräften kontrolliert wird«.

Churchills Lagebeurteilung war richtig, basierte jedoch auf falschen Überlegungen. Er glaubte, Hitlers Invasion müßte fehlschlagen, weil sie von der Royal Navy abgewehrt werden würde und nicht deshalb, weil sie von vornherein schlecht organisiert war. Churchill hatte nämlich noch nicht verstanden, daß Seestreitkräfte in engen Gewässern nicht gegen landgestützte feindliche Flugzeuge kämpfen konnten. Er und der Admiralsstab besaßen noch nicht die Erfahrungen von Kreta und Singapur, die uns diese Lektion erteilen und das Gesicht der Royal Navy völlig verändern sollten. Die Tage der Schlachtschiffe waren gezählt. Wäre die Royal Air Force in der Luftschlacht um England ausgeschaltet worden, dann hätte kein Schiff der Royal Navy – und wäre es auch noch so mutig geführt worden! – unter der Drohung deutscher Luftangriffe von den nahegelegenen Flugplätzen in Frankreich, Belgien und Holland mehr operieren können.

Bereits Anfang August hatte ich dem Direktor des RAF-Geheimdienstes vorgeschlagen, zur schnelleren Übermittlung der Ultra-Informationen eine kleine Spezialeinheit des Jagdfliegerkommandos direkt im Hauptquartier des Fighter Command in Stanmore zu stationieren. Air-Marshal Dowding würde dadurch die Ultra-Nachrichten auf direktem Weg, und nicht mehr auf dem Umweg über das Luftfahrtministerium, erhalten. In dem unterirdischen Operationsraum wurde ein Fernschreiber aufgestellt, der direkte Verbindung mit Haus 3 in Bletchley Park hielt. Außerdem weihte ich Air Vice Marshal Keith Park, den Befehlshaber der 11. Gruppe der RAF, und seine Leitoffiziere in das Geheimnis von Ultra ein. Sie mußten schließlich wissen, worüber Dowding sprach, wenn er über Ultra Meldungen über einen bevorstehenden feindlichen Luftangriff erhalten hatte. Die 11. Gruppe, die alle Jägerstaffeln in Südengland befehligte, sollte die Hauptlast der Luftschlacht tragen.

Schon früher hatte es zu meiner Aufgabe gehört, zu wissen, was unter Sir Robert Watson-Watts sorgfältiger Aufsicht in den geheimnisvollen Holzhäusern nahe der Küste bei Orfordness in Suffolk in den 30er Jahren geschah: Dort wurde an der Entwicklung von Radar gearbeitet. Selbstverständlich war es für uns lebenswichtig zu erfahren, ob die Deutschen ebenfalls mit Radar experimentierten oder ob sie über unsere Arbeiten im Bilde waren. Dies herauszufinden, war eine der ersten Aufgaben, die ich dem jungen Wissenschaftler R. V. Jones übertragen hatte. Den Aufbau eines komplizierten Luftabwehrsystems durch »Stuffy« Dowding, den Oberbefehlshaber unseres Jagdfliegerkommandos, und Jack Slessor, den Direktor der Planungsabteilung im Luftfahrtministerium, hatte ich ebenfalls sorgfältig beobachtet. Diese Organisation hatte die Aufgabe, alle Luftüberwachungssysteme zu koordinieren und ihre Ergebnisse auf die Lagetische im Operationsraum des Fighter Command und der Jagdfliegergruppen zu übertragen. Auf diese Weise sollten Geschwindigkeit, Kurs, Höhe und Stärke jedes feindlichen Verbandes, der sich im Anflug auf Großbritannien befand, dargestellt werden, und zwar noch bevor die feindlichen Geschwader die französische Küste überquerten. Aufgrund der Informationen sollten britische Jagdflieger die feindlichen Verbände aber auch über dem Ärmelkanal, also vor Erreichen der englischen Küste, abfangen können.

Die Informationen, die R. V. Jones zusammentrug, deuteten darauf hin, daß die Deutschen ein Radar mit kurzer Reichweite entwickelt hatten, das es ihnen ermöglichen konnte, unsere eigenen Radarstationen an der Küste zu Beginn der Luftschlacht auszuschalten. Es gab jedoch nicht den geringsten Hinweis, auch nicht über Ultra, daß sie wußten, mit welcher Reichweite und wie genau unser eigenes Radar arbeitete.

Für uns, die wir einen dreifach überlegenen Gegner erwarteten, war Radar der wichtigste Schlüssel zum Überleben. Danach kam Ultra.

Wir wußten inzwischen, daß die Luftflotte 2 von Absprunghäfen in Holland, Belgien und Nordfrankreich gegen unsere Südostküste operieren sollte. Ihr Befehlshaber war Generalfeldmarschall Kesselring. Sperrles Luftflotte 3 sollte von der Normandie und der Bretagne gegen die westliche Hälfte unserer Südküste eingesetzt werden. Die wesentlich schwächere Luftflotte 5 in Norwegen und Dänemark hatte den Auftrag, unsere Nordostküste anzugreifen. Das britische Jagdfliegerkommando konnte knapp 700 Flugzeuge einsetzen, obwohl wir die Kampfpause nach Dünkirchen voll ausgenutzt und unsere Verluste während der Schlacht um Frankreich mehr als ersetzt hatten.

Jetzt, Anfang August, begann die deutsche Funktätigkeit überzukochen: 100, 200 und sogar 300 Funksprüche pro Tag wurden abgegeben. Selbst wenn wir sie entschlüsseln konnten, mußte jeder einzelne erst einmal aufgefangen, übersetzt und bearbeitet werden. Glücklicherweise hatten wir zahlreiche Offiziere des weiblichen Hilfskorps der Luftwaffe ausfindig machen können, die gut deutsch sprachen. Sie wurden sofort in Haus 3 in Bletchley Park beschäftigt.

Am 8. August kündigte Göring in seinem Tagesbefehl das »Unternehmen Adler« an. Innerhalb einer Stunde war dieser Funkspruch in der Hand unserer Stabschefs und des Premierministers. Dowding war auf direktem Weg informiert worden. Churchill verlangte ein weiteres Exemplar der Meldung, das er wahrscheinlich in den königlichen Palast brachte. Der Text lautete: »Reichsmarschall Göring an alle Einheiten der Luftflotten 2, 3 und 5. Unternehmen Adler: Innerhalb weniger Tage werdet ihr die britische Luftwaffe vom Himmel fegen. Heil Hitler!«

Obwohl der Angriffsbefehl gegeben worden war, kam es an diesem Tag nicht zu den erwarteten Massenangriffen. Der Himmel hatte sich bewölkt, und es wurden lediglich begrenzte Angriffe größerer Formationen auf Schiffe und Flugplätze an der Küste durchgeführt.

Göring war offensichtlich an der französischen Küste erschienen, und als am 12. August über dem Ärmelkanal die Sicht besser wurde, griffen die Deutschen mehrere unserer Radarstationen und Fliegerhorste an. Zwar wurden einige unserer Radarstellungen getroffen, aber zu unserer Überraschung schafften sie es irgendwie, in Aktion zu bleiben. Obwohl Görings Befehle Air-Marshal Dowding nun nach kurzer Zeit erreichten, konnten die Ziele der deutschen Angriffe auch von Ultra nicht identifiziert werden. Offensichtlich wurden sie den deutschen Geschwadern erst bei ihren Flugbesprechungen bekanntgegeben. Dennoch halfen diese Informationen, die Stärke der deutschen Angriffe dieses Tages im voraus abzuschätzen.

Am 12. August erhielten wir erneut die Ankündigung, daß der 13. August der »Adlertag« sei, und daß die Luftflotte 2 am Morgen britische Flugplätze in Kent und entlang der Themse angreifen, während die Luftflotte 3 Fliegerhorste in Westengland bombardieren würde. Vielleicht hing das mit dem schlechten Wetter zusammen, vielleicht auch damit, daß Göring rechtzeitig an der Küste sein wollte, um den Anflug seiner Geschwader zu beobachten. Jedenfalls war das Ergebnis dieses Befehls für die Deutschen ein Chaos; denn während *wir* über Ultra diesen Befehl empfingen, kam er offensichtlich zu einigen von Görings Geschwadern nicht durch, und der geplante frühe Angriff erwies sich als eine halbe Sache. Dennoch war die Royal Air Force an diesem Tag voll damit beschäftigt, die deutschen Attacken abzuwehren.

Der nächste Tag verlief ruhiger, am Abend mußte Göring jedoch die Entscheidung getroffen haben, den geplanten Großangriff endlich am nächsten Morgen zu starten. Dieser große Schlag war am 11. August dem Wetter zum Opfer gefallen und am 13. August an einer chaotischen Befehlsgebung gescheitert. Jetzt hatte Göring offensichtlich den Befehl selbst übernommen und klargestellt, daß es keine weiteren Fehlschläge mehr geben dürfe. Ultra warnte uns rechtzeitig: Der große Schlag würde von den Luftflotten 2, 3 und 5 durchgeführt werden, wobei die einzelnen Angriffe so sorgfältig aufeinander abgestimmt wären, daß unsere Luftverteidigung den ganzen Tag über bis an die Grenze ihrer Leistungsfähigkeit beansprucht werden mußte. Nach den aufgefangenen und entschlüsselten Funksprüchen der Deutschen sollte sich der erste Angriff von 40 Bombern der Luftflotte 2, die von Jagdfliegern begleitet sein würden, gegen britische Luftstützpunkte in Kent richten. Kurz nach Mittag war ein stärkerer Bomberverband unter Jagdschutz über unseren Fliegerhorsten an der Nordküste zu erwarten. Auf die Meldung hin, daß die deutsche Luftflotte 5 von Norwegen und Dänemark aus angreifen würde, alarmierte Dowding sofort Trafford Leigh-Mallory und Richard Saul, die Befehlshaber der 12. und 13. Jagdgruppe an der Nordostküste. Darüber hinaus war aber eine Stunde später noch ein zweiter Angriff der Luftflotte 5 von Dänemark aus zu erwarten.

Dank der Vorwarnung durch Ultra und der guten Arbeit unserer weitreichenden Radaranlagen wurde die erste Angriffswelle der Luftflotte 5, die von norwegischen Stützpunkten gestartet war, bereits über See abgefangen. Zwar kamen einige deutsche Bomber durch, aber die aus rund 100 Flugzeugen bestehende Formation verlor 15 Maschinen. Aufgrund der langen Anflugstrecke hatten die Deutschen ihren Kampfflugzeugen keinen Jagdschutz mitgeben können.

Die zweite Angriffswelle der Luftflotte 5 wurde von der 12. Gruppe abgefangen. Zwar konnten die Deutschen auch diesmal einigen Schaden anrichten, aber sie mußten ihn mit dem Verlust von 8 Flugzeugen (von insgesamt 50 gestarteten Maschinen) bezahlen. Die Royal Air Force dagegen hatte kein einziges Flugzeug verloren. Nach diesem Rückschlag unterließ die Luftflotte 5 weitere Angriffe.

Am Nachmittag war wieder die Luftflotte 2 an der Reihe: Wie erwartet, erschienen ihre Verbände mit einstündigem Abstand über Essex und Kent. Zur Teestunde griff auch die Luftflotte 3 ein. Ein Großangriff von etwa 80 Bombern, die von Jagdflugzeugen eskortiert waren, traf Ziele an der Südküste, westlich von Portsmouth. Zuletzt bombardierte die Luftflotte 2, gegen 18.30 Uhr, nochmals Fliegerhorste in der Grafschaft Kent.

Das Ziel dieser massierten Luftattacken war offensichtlich: Göring wollte so viele Jagdflugzeuge der RAF wie möglich in Luftkämpfe verwickeln und sie dann mit einem Schlag erledigen. Wäre Dowding auf den Köder hereingefallen, unsere Verluste wären zweifellos höher ausgefallen, als es sich die Royal Air Force leisten konnte. Der Chef unseres Fighter Command befahl jedoch, gegen jede deutsche Formation nur eine verhältnismäßig kleine Zahl von »Hurricanes« und »Spitfires« einzusetzen. Mit dieser Taktik hoffte er, bei geringsten eigenen Verlusten den Deutschen größtmöglichen Abbruch tun zu können.

Gelegentlich nahm ich mir die Zeit, in dem unterirdischen Lageraum in Stanmore zu beobachten, wie schnell und präzise die Frauen des weiblichen Hilfskorps der RAF (WAAF) die deutschen Angriffe auf der großen Lagekarte markierten. Dabei fiel mir ein besonders hübsches Mädchen auf, das schwerer arbeitete als seine Kolleginnen. Es blickte kurz von seiner Arbeit auf, und ich sah direkt in ein Paar lachender brauner Augen. Sie wurde später meine Frau.

Das seit Jahren sorgfältig organisierte System des Fighter Command arbeitete mit der Präzision einer Zauberuhr. Während Geschwindigkeit, Höhe und Kurs der deutschen Formationen auf dem Lagetisch festgehalten wurden, überwachte Dowding von seiner höhergelegenen »Loge« aus die Situation und erteilte über Telefon mit ruhiger Stimme Befehle an die Lageoffiziere in den Hauptquartieren der einzelnen Gruppen. Die Zahl der deutschen Flugzeuge war so groß, daß die Mädchen an der Lagekarte lediglich mit statistischen Größen wie »80 plus« oder »100 plus« arbeiten konnten. Dabei handelte es sich jeweils um Zahlen, die von den Radarbeobachtern in den Frühwarnstationen geschätzt worden waren.

Erreichten die massierten deutschen Bomber- und Jagdverbände die Küste, dann war es Aufgabe unserer Luftbeobachter in ihren von Sandsackwällen geschützten Stellungen über der Steilküste, genauere Zahlenangaben durchzugeben.

Dowding operierte jetzt nur mit sehr schwachen eigenen Jagdfliegerformationen, die er starten ließ, sowie der Gegner die französische Küste überquerte. Manchmal wurden nur rund 20 »Spitfires« eingesetzt, um eine aus rund 100 Kampfflugzeugen und ihrem Jagdschutz bestehende deutsche Formation »aufzubrechen«.

Die Startbefehle wurden von den Gruppen-Hauptquartieren direkt an die Jagdfliegerstützpunkte weitergeleitet. Danach übernahmen die Einsatzoffiziere der einzelnen Luftverteidigungssektoren und setzten unsere Jäger mit Radarhilfe auf die einzelnen feindlichen Verbände an.

Göring versuchte, unsere Jagdwaffe mit einer doppelten Taktik auszuschalten: Zunächst sollten unsere Luftstützpunkte in Südengland durch Punktangriffe erledigt werden; darüber hinaus sollten die Engländer durch die massierten Einflüge gezwungen werden, alle verfügbaren Jagdflugzeuge in die Luft zu werfen, wo ihnen die Deutschen im Luftkampf schwere Verluste zuzufügen gedachten. Glücklicherweise verfügten wir jedoch nicht nur über eine große Zahl von Einsatzflughäfen, sondern hatten unsere Flugzeuge auch, weit entfernt von den gut sichtbaren Gebäuden, auf einer großen Fläche verteilt. Splittersichere Abstellplätze und eine gute Tarnung machten es der Luftwaffe außerordentlich schwer, einen Flugplatz völlig zu zerstören oder viele Flugzeuge am Boden zu vernichten. Bombenkrater in den Grasstartbahnen waren leicht zu reparieren, und Punktangriffe auf getarnte Flugzeuge wurden durch massiertes Flakfeuer unterbunden.

Göring antwortete auf diese Taktik mit dem Einsatz immer größerer Bomberformationen und immer schneller aufeinander folgenden Einflügen. Damit glaubte er, Dowdings gesamte Jagdwaffe doch noch zum Kampf stellen zu können. Er war darüber hinaus überzeugt, daß sich die Luftwaffe steigende Verlustzahlen eher leisten konnte als die RAF.

Von Ultra über diese deutsche Strategie rechtzeitig ins Bild gesetzt, ließ sich Dowding jedoch nicht aus der Reserve locken und fuhr damit fort, nur kleine Jagdfliegereinheiten einzusetzen und die deutschen Bomberstaffeln durch ständige Angriffe an präzisen Bombenabwürfen zu hindern. Da es die deutschen Jagdflieger nicht wagten, ihre Schützlinge zu verlassen und selbständig Jagd auf die britischen Gegner zu machen, gelang es unseren kleinen Verbänden und sogar einzelnen Jagdfliegern immer wieder, in überraschenden Attacken in die deutschen Bomberformationen einzudringen.

Zweifellos war es allein das Verdienst von Dowdings Taktik, daß wir die Offensive gegen unsere Luftstützpunkte überstanden. Als das Fighter Command aufgebaut wurde, hatte selbstverständlich niemand mit der Hilfe von Ultra rechnen können. Während der Luftschlacht erwies sich Ultra daher als eine zusätzliche Hilfe für unseren Jagdfliegerchef. Ultras Enthüllungen vermittelten ihm ein wertvolles Bild der deutschen Luftoffensive und der Angriffsstrategie Görings. Ultra gab uns auch Hinweise auf die tatsächlichen Verluste des Gegners, die anhand der über Funk durchgegebenen Anforderungen für Ersatzmaschinen und neue Besatzungen gut zu schätzen waren. Die Bedeutung des »Unternehmens Adler« war ohnehin sonnenklar: Bevor die Royal Air Force nicht ausgelöscht war, konnte das »Unternehmen Seelöwe« nicht gestartet werden! Aber die Royal Air Force kämpfte weiter.

Von Zeit zu Zeit besuchte ich den großen Einsatzluftstützpunkt Biggin Hill bei London, um einen Blick in die einzelnen Liegeplätze zu werfen und den Geruch und Lärm der startenden Flugzeuge aufzunehmen. Ich beobachtete, wie Wing Commander »Sailor« Malan, ein südafrikanisches Jäger-As der RAF, seine Spitfire-Staffel bei einem Alarmstart führte. Danach trat ich in den winzigen Lageraum des Luftverteidigungssektors und hörte, wie die »Engel« (britische Jagdflugzeuge) auf die »Banditen« (deutsche Maschinen) angesetzt wurden, die ihne im Verhältnis 10:1 überlegen waren. Dabei kehrten die Erinnerungen an meine Luftkämpfe über Frankreich im Jahr 1917 wieder.

Diesmal jedoch kämpften unsere Piloten zwei oder dreimal am Tag in gewaltigen Luftschlachten. Mir mußte dabei auffallen, daß die Leute in Biggin Hill höchst erstaunt waren über die äußerst genauen Vorwarnungen, die ihnen ihr Gruppenbefehlshaber Keith Park übermittelte. Keith Park mußte selbstverständlich über die Ultra-Geheimnisse schweigen; in ihren täglichen Einsätzen lernten unsere Jagdflieger jedoch sehr schnell, optimalen Nutzen aus diesen Frühwarnungen zu ziehen.

Auf dem Höhepunkt der Luftschlacht um England liefen die deutschen Vorbereitungen für das »Unternehmen Seelöwe« verstärkt weiter. Die von Ultra entschlüsselten deutschen Funksprüche deuteten jedoch nach wie vor auf den alten Mangel an Zusammenarbeit zwischen Heer und Kriegsmarine hin. Beide konnten sich offensichtlich nicht auf einen Plan für den Angriff über See einigen. Und die Befehlsstellen des deutschen Heeres stießen immer wieder auf neue schwache Stellen in der Bereitstellung von Schiffsraum. Für uns waren diese Ultra-Berichte außerordentlich ermutigend. Göring wiederum, der offensichtlich immer noch an den Erfolg seiner Luftwaffe glaubte, schien sich um die Angriffspläne des Heeres kaum zu kümmern. Darüber hinaus lieferte uns Ultra weitere wertvolle Informationen über die Bereitstellung deutscher Transportflugzeuge, über Truppenbewegungen an der Küste, den Verlust von Nachschubmaterial auf dem Eisenbahntransport, die Schwierigkeiten, die kleinen Landungsboote mit Maschinen auszurüsten und die Versuche der deutschen Kriegsmarine, die Landungsflotte durch die ständige Verlegung von Schiffen vor den Blitzangriffen britischer Bomber zu schützen.

Göring schien höchst unzufrieden zu sein. In einem von Ultra aufgefangenen Funkspruch forderte er von seinen Befehlshabern eine Erklärung, warum die Royal Air Force noch nicht ausgeschaltet worden sei und befahl sie zu einer Konferenz in sein Hauptquartier. Für mich gibt es nicht den geringsten Zweifel, daß er dabei seinen Kommandeuren und sich selbst immer wieder die Frage stellte, wieso die Royal Air Force noch so hart kämpfen konnte.

Gleichzeitig teilte er Hitler (und, per Ultra, auch uns) mit, daß die britische Jagdwaffe nur noch über etwa 300 einsatzfähige Maschinen verfüge. Mit dieser Schätzung lag der deutsche Nachrichtendienst jedoch hundertprozentig falsch: Dank der Anstrengungen unserer Reparaturwerkstätten und der Flugzeugwerke verfügten wir immer noch über die doppelte Zahl von Jägern.

Göring kämpfte zu dieser Zeit bereits um seinen Ruf. Er wußte, daß er in den Augen der deutschen Offiziere ein politischer Emporkömmling war, der keinerlei Generalstabsausbildung besaß und lediglich auf seine Erfahrungen als Jagdflieger im Ersten Weltkrieg zurückgreifen konnte.

Die grobe Unterschätzung der Stärke unserer Luftwaffe ließ ihn jedoch offensichtlich immer noch daran glauben, sein großes Ziel zu erreichen oder zumindest die Royal Air Force soweit schwächen zu können, daß »Seelöwe« planmäßig durchgeführt werden konnte.

Am frühen Morgen des 18. August warnte Ultra vor einer Wiederholung der Massenangriffe vom »Adlertag«. Dowding wurde sofort alarmiert. Die Royal Air Force stellte sich erneut zum Kampf und fügte der Luftwaffe einen der schwersten Rückschläge zu, die sie bisher erlitten hatte. Anschließend ließen die Angriffe wieder nach, und das Wetter wurde, zu unserem Glück, schlechter.

Jetzt mußte es auch Göring klargeworden sein, daß seine bisherige Strategie nicht die erwarteten Resultate gezeitigt hatte. Das britische Fighter Command hatte sich als zu clever erwiesen. Ultra fing nun einige Befehle von Göring auf, in denen er anordnete, daß »die Angriffsziele weiter ins feindliche Hinterland verlegt werden müssen, um die Royal Air Force endlich zum Kampf zu stellen«. Diese Funksprüche machten uns erneut klar, daß Görings Strategie mit der Möglichkeit stand und fiel, die gesamte britische Jagdwaffe zum Kampf zu zwingen und sie dabei zu vernichten.

Zu dieser Zeit kam es in der Führung der britischen Jagdflieger zu einer Auseinandersetzung über die nützlichste Einsatztaktik: Leigh-Mallory, der Befehlshaber der 12. Gruppe, hatte seinen Oberbefehlshaber Dowding wegen des Einsatzes nur kleiner Jagdfliegerverbände mehrfach kritisiert und den Start großer Verbände des Fighter Commands gefordert. Leigh-Mallory erhielt allerdings nicht die von Ultra entschlüsselten Einsatzbefehle Görings.

Die Deutschen schickten damals große Bomberformationen nach England, die höchst unbeweglich waren und von starken Formationen deutscher Jäger eskortiert wurden. Hätte Dowding, wie es sowohl Göring als auch Leigh-Mallory wünschten, selbst Großverbände eigener Jäger eingesetzt, dann hätten die Briten ebenfalls ihre Beweglichkeit eingebüßt. Außerdem wäre mit Sicherheit das für uns bisher so günstige Verlustverhältnis umgeschlagen.

Für mich gab es nicht den geringsten Zweifel, daß Dowdings Taktik erfolgreich war und daß seine Auswertung der Ultra-Informationen eine wichtige Rolle in unserem erfolgreichen Kampf spielte. Vom Standpunkt der Sicherheit aus war es aber unerläßlich, nur wenige Persönlichkeiten in das Geheimnis von Ultra einzuweihen.

Dowding und Keith Park gingen mit dem Ultra-Material jedenfalls höchst sorgfältig um und ließen nie ein Sterbenswörtchen verlauten, daß die unter höchster Geheimhaltungsstufe laufenden Startbefehle an die Befehlshaber der einzelnen Luftverteidigungssektoren auf abgefangenen deutschen Funksprüchen basierten.

Dowdings Strategie, ständig Reserven in der Hinterhand zu halten, um jedem deutschen Angriff sofort begegnen zu können, täuschte die Deutschen nicht nur über die tatsächliche Stärke des Fighter Command, sondern erschütterte nach und nach auch die Moral der Luftwaffe und zwang Göring schließlich, seine Taktik zu ändern und seine Bombenflugzeuge weiter nach England hineinzuschicken. Zwar muß Dowding erleichtert gewesen sein, daß unsere Einsatzflughäfen im Küstenbereich Atem schöpfen konnten. Sie hatten schwer gelitten. Die Bedrohung unserer Einsatzbasen im Inland und vor allem im Großraum London mußte ihm jedoch schwere Sorgen bereiten: Denn auf diesen Flughäfen lagen unsere lebenswichtigen Jägerleitstellen, die unsere Verbände alarmierten und auf den Gegner ansetzten. Sollte es den Deutschen gelingen, sie auszuschalten, dann würde es uns nicht mehr möglich sein, unsere Jagdflieger an den Gegner heranzuführen.

Für uns sprach allerdings die Tatsache, daß das Gros der deutschen Jagdflugzeuge aufgrund mangelnder Reichweite die Bomber nicht während des ganzen Fluges zu den nun weiter entfernten Angriffszielen und zurück begleiten konnten. Die Angriffe auf unsere rückwärtigen Fliegerhorste begannen am 24. August und hielten zwei Wochen lang mit äußerster Erbitterung an. Diesmal konnte uns Ultra das gegnerische Angriffsschema nicht enthüllen. Die über Funk geführten Angriffsabsprachen verschiedener deutscher Verbände gaben uns aber immer wieder Hinweise auf Stärke und Zeitplan der größeren Angriffe. Da die Flugzeit der deutschen Verbände sich vergrößert hatte, verschafften die Beobachtungsergebnisse unseres Radarsystems und des Luftbeobachterkorps unseren Jagdfliegern darüber hinaus genügend Zeit, den Feind vor Erreichen der Angriffsziele zu packen.

Trotz aller Bemühungen Dowdings schmolz die Stärke unseres

Krieg gegen Frankreich 1940.
r den anrückenden deutschen
ıppen weichen die britischen
peditionsstreitkräfte in einen
ückenkopf um Dünkirchen
rück. Von hier können etwa
5 000 britische und 110 000
nzösische Soldaten nach Eng-
d entkommen. – Britische
daten warten auf ihren Abtrans-
t.

Da nicht genügend Truppen-
nsporter zur Verfügung stehen,
rden auch Lastschiffe und Fisch-
ter zur Evakuierung heran-
ogen.

Landung des britischen Rest-
res in England.

Churchill beobachtet
ꞏn Luftkampf über Dover,
ꞏ940.

u. 6. Nach der Niederlage
ꞏankreichs scheitert Hitlers Ver-
ꞏch, England zum Frieden zu
ꞏwegen. Als die englische Be-
ꞏitschaft zur Verständigung aus-
ꞏeibt, beginnt die Luftschlacht
ꞏn England. – An der Küste und
ꞏ Londoner Hydepark werden
ꞏugabwehrgeschütze aufgestellt.

7. Sperrballone über Dover.

8. Britische Nachtjäger vor dem Start. Um die Augen an die Dunkelheit zu gewöhnen, tragen sie schwarze Brillen.

9. Eine deutsche Focke-Wulf FW 190 verfolgt eine englische Spitfire.

10. »Ultra« verhindert, daß die Luftwaffe die Herrschaft im Luftraum über der britischen Insel gewinnt. Die Voraussetzungen für eine deutsche Invasion sind damit vereitelt. Dennoch geht der Luftkrieg weiter. – Die Londoner Docks werden schwer getroffen.

11. Die City brennt. St. Paul's Cathedral im Flammenmeer.

12. Die Schächte der Untergrundbahn dienen der Bevölkerung der Hauptstadt als Luftschutzbunker.

13. u. 14. Über den Luftangriff auf Coventry ist Premierminister Churchill dank »Ultra« schon im voraus informiert. Er muß eine Evakuierung der Stadt untersagen, um das Geheimnis seiner Nachrichtenquelle nicht preiszugeben. Coventry wird zerstört.

15. u. 16. Der Balkanfeldzug endet mit einer Niederlage der Engländer. Nach der Eroberung des griechischen Festlandes nehmen deutsche Luftlandetruppen Ende Mai 1941 auch die Insel Kreta ein.

17. Deutsche Truppen dringen mit einem erbeuteten britischen Schützenpanzer in die kretische Hauptstadt Chania ein.

Jagdfliegerkommandos jedoch schnell dahin. Die Piloten, die immer wieder an den Himmel gejagt wurden, waren erschöpft. Unsere wichtigsten Leitstellen, wie die in Biggin Hill, wurden so schwer getroffen, daß sie zeitweise noch nicht einmal mehr eine einzige Jagdstaffel führen konnten. Deutsche Luftangriffe auf einige Flugzeugwerke in Südengland, die Jagdflugzeuge und Ersatzteile lieferten, brachten uns noch mehr in die Klemme. Aber die Royal Air Force hielt durch.

Am 30. oder 31. August muß Göring der Kragen geplatzt sein: Wieder einmal übernahm er persönlich die Führung seiner Luftflotten und verschaffte uns durch seine Funksprüche eine rechtzeitige Warnung vor neuen deutschen Massenangriffen. Die Situation der RAF war zu dieser Zeit verzweifelt. Wir wußten, daß uns eine Katastrophe bevorstand, wenn die Luftwaffe ihre Angriffswucht der letzten 14 Tage noch ein oder zwei Wochen durchhalten konnte.

Die deutsche Luftwaffe litt jedoch ebenfalls schwer. Laut Ultra konnte sie die verlorenen Flugzeuge nicht mehr ersetzen. Ihre Versorgungs- und Reparaturdienste waren einer Abnutzungsschlacht wie dieser einfach nicht gewachsen. Nach Görings früherer Meinung hätte die Luftschlacht um England innerhalb von 14 Tagen und mit verhältnismäßig geringen Verlusten entschieden sein müssen. Jetzt verfügten seine Geschwader jedoch nur noch über knapp 50 Prozent ihrer ursprünglichen Angriffsstärke. Die deutsche Luftwaffe war schwer angeschlagen und ihre Moral gesunken.

In dieser Situation beging Göring seinen schwersten Fehler! Hätte er seine Angriffe auf unsere Flugplätze in Südengland noch 14 Tage durchgehalten, dann hätte er unsere restlichen Jagdflugzeuge wahrscheinlich ausgeschaltet. Am 5. September, 11 Uhr, befahl er jedoch seinem Luftflottenbefehlshaber Kesselring, mit 300 Bombern die Londoner Docks anzugreifen. Die Angriffszeit wurde auf den späten Nachmittag gelegt. Stärkster Jagdschutz für die deutschen Kampfflugzeuge war vorgesehen. Dieser Angriff, so glaubte er, würde die letzten Jagdflugzeuge der Royal Air Force endlich an den Himmel bringen.

Görings Angriffsbefehl war, dank Ultra, innerhalb von Minuten in den Händen des Premierministers und des Befehlshabers des Jagdfliegerkommandos. Die Verlegung des Angriffsziels von unseren angeschlagenen Fliegerhorsten auf die Hauptstadt des Landes wurde leidenschaftlich diskutiert: Sollte dies der Todesstoß für England werden? Glaubte Göring wirklich, daß die RAF am Ende war? Oder wollte er nur für einen Angriff britischer Bomber auf Berlin Rache nehmen, der die Versprechungen des Reichsmarschalls, kein britisches Flugzeug werde jemals die deutsche Hauptstadt erreichen, Lügen gestraft hatte? Wollte er gleichzeitig die Royal Air Force erledigen und seinen geknickten Stolz wieder aufrichten? Strategisch gesehen, beging er jedenfalls einen gewaltigen Fehler.

Der Premierminister war offensichtlich entschlossen, den erwarteten Großangriff persönlich zu beobachten. In einem Telefongespräch bat er mich um die genaue Angriffszeit. Ich konnte ihm jedoch lediglich mitteilen, daß das Bombardement wahrscheinlich zwischen 16 und 17 Uhr stattfinden würde.

Der 5. September war ein klarer sonniger Tag. Churchill stand auf dem Dach des Luftfahrtministeriums in Whitehall, während ich, nicht weit von ihm entfernt, auf unserem Dienstgebäude Beobachtungsposten bezogen hatte. Die Nachmittagssonne beleuchtete die feindlichen Bomberwellen, als sie hoch über der Themse die Docks ansteuerten. Am hellen Tage gab es ein gewaltiges Feuerwerk.

Wir hatten unter strenger Geheimhaltung alle Feuerlöschboote und sämtliche Feuerwehren der Umgebung alarmiert. Aber trotz der RAF-Jäger, die hoch am Himmel ihre Kondensstreifen zogen, brachen die Deutschen durch und trafen uns schwer. Schwarze und weiße Qualmwolken erhoben sich über den Dockanlagen. Der dumpfe Donner der Bombeneinschläge erschütterte die Stadt. London litt zum erstenmal unter dem deutschen »Blitz«. Dies sollte der Todesstoß für uns sein, und Görings Hand führte ihn.

Immerhin war es für uns günstiger, wenn er selbst das Kommando führte; denn Göring hatte offensichtlich unbegrenztes Vertrauen in die Sicherheit der ENIGMA-Schlüsselmaschine, die er in verschwenderischem Maße benutzen ließ.

Als die deutschen Bomber abdrehten, und wir unsere Verluste zu zählen begannen, zog der ätzende Qualm der Bombeneinschläge und Großbrände langsam über London hinweg.

Die deutschen Angriffe auf die Londoner Docks hatten die letzten Jagdflugzeuge der RAF vor der Vernichtung bewahrt. Die Jägerleitstellen waren jedoch durch den Wechsel des Angriffszieles nur zum Teil gerettet worden. Einige der kleinen, aber wichtigen Einsatzzentralen hatte es böse erwischt. Zahlreiche WAAF-Helferinnen waren gefallen. Innerhalb weniger Stunden waren Notleitstellen jedoch bereits wieder im Einsatz.

Unternehmen »Seelöwe«

Es kennzeichnet die Briten, daß sich, anstelle aller Aufregung und des üblichen Theaters, eine tödliche Ruhe durchzusetzen beginnt, wenn die Situation wirklich ernst wird. Genau dieser Prozeß setzte jetzt ein. Mrs. Owen, ein weiblicher Offizier, der die WAAF-Helferinnen in meiner Nachrichtenzentrale befehligte, trat plötzlich sichtlich formeller und entschlossener auf, wenn sie mitten in der Nacht die dringendsten Funksprüche überbrachte. WAAF-Offizier Owen war eine ungewöhnlich tüchtige Frau, die nur eine offensichtliche Schwäche zeigte: Siamkatzen. Später schickte ich sie als Mitglied von Churchills Stab über den Atlantik, als der Premier sich mehrfach mit Roosevelt traf. Mrs. Owen bearbeitete für den Premier das eingehende Ultra-Material.

Zwar hatte Göring in der Luftschlacht um England bisher keine echte Luftüberlegenheit erringen können; wir fürchteten jedoch, er könnte seine Angriffe immer noch für erfolgreich genug ansehen, um Hitler grünes Licht für die geplante Invasion zu geben. Die deutsche Invasionsflotte jedenfalls schien einsatzbereiter denn je zu sein. Die täglichen Aufnahmen unserer »Spionageflugzeuge« zeigten, daß die an der belgischen und französischen Küste versammelten Landungsschiffe zu kleinen Armaden angewachsen waren. Unser fliegender Spionageverband war inzwischen offiziell in die RAF übernommen worden und trug die harmlose Bezeichnung einer »Foto-Aufklärungs-Einheit«.

Das Code-Wort für den Fall aller Fälle lautete »Cromwell«, und alle Kirchenglocken in Großbritannien sollten zu läuten beginnen, sobald die deutsche Invasionsflotte vor unserer Küste auftauchte. Am 7. September gab es den ersten Invasionsalarm. Das bedeutete, daß wir innerhalb von zwölf Stunden mit einem deutschen Landungsversuch zu rechnen hatten. Die Armee und die Home Guard erhielten höchste Alarmstufe. Auch die Hexenjagd auf angeblich gelandete Mitglieder der sogenannten »Fünften Kolonne« war schon in vollem Gange. Selbst Nonnen wagten sich aus gutem Grund nicht mehr auf die Straße. Haftladungen zur Bekämpfung feindlicher Panzerwagen wurden an die regulären Truppen und an die Home Guard ausgegeben. In dieser Nacht nahmen sich unsere Bomber wieder einmal die Bereitstellungen der deutschen Landungsschiffe vor, während die deutschen Bomber zur gleichen Zeit über London auftauchten. Es war der erste jener »Blitz«-Angriffe, die sich eindeutig gegen die Zivilbevölkerung richteten.

Am 9. September, vormittags 11 Uhr, fingen wir wieder einen Funkspruch von Göring ab, der einen Angriff von über 200 Bombern gegen London in den frühen Abendstunden anordnete. Diesmal kamen unsere Jäger schon sehr frühzeitig an die feindlichen Verbände heran, und nur wenige deutsche Bomber schafften den Durchbruch zu ihrem Angriffsziel. In der Nacht waren sie jedoch erneut über unserer Hauptstadt. Die deutschen Landungsschiffe lagen immer noch in ihren Häfen; wie viele von ihnen endlich ihre Maschinen erhalten hatten, konnten wir nicht in Erfahrung bringen. Am 10. September aber schickte uns der Himmel wie ein Geschenk Regen und dichte Wolken. Das schlechte Wetter dauerte vier Tage an.

Für uns Eingeweihte, die wir die Funksprüche der deutschen Streitkräfte abfingen, wurde es inzwischen immer wahrscheinlicher, daß die Zeit gegen das »Unternehmen Seelöwe« arbeitete. Görings Befehle, die Angriffe auf britischen Flughäfen abzubrechen und statt dessen London anzugreifen, hatte diesen Eindruck noch erheblich verstärkt. Ich war mir sicher, daß Churchill der gleichen Ansicht war; selbstverständlich konnte er es nicht wagen, darüber öffentlich zu sprechen und so den Kampfgeist der Nation zu dämpfen. Es war jedoch augenscheinlich, daß Hitler und seine Generale »Seelöwe« angesichts einer immer noch kampfbereiten RAF nicht starten konnten. Und Görings Versuche, in letzter Minute die Moral der britischen Zivilbevölkerung durch Bomben zu zerstören, erwiesen sich als ein Bumerang. Die Aussichten für eine Invasion schmolzen dahin.

Seit den deutschen Massenangriffen am sogenannten »Adlertag« war bereits ein ganzer Monat vergangen. Es war ein reiner Nervenkrieg gewesen. Natürlich hatten wir im stillen gehofft, daß irgendein deutscher General, vielleicht Göring selbst, Teile der deutschen Invasionspläne einmal über eine Funkverbindung laufen lassen würde, obwohl es für uns relativ leicht war, aus der Dislozierung der deutschen Absprunghäfen und Transportfliegerhorste auf die gewählten Landungszonen an der britischen Küste zu schließen. Eines war klar: Die Invasion mußte in den nächsten Tagen stattfinden, oder sie würde überhaupt nicht mehr durchgeführt werden können.

Am 14. September ließ der Regen nach, aber das Wetter erlaubte immer noch keinen größeren Angriff über See. Als der 15. September, ein Sonntag, heraufdämmerte, brach jedoch ein Tag mit idealem Flugwetter für die deutschen Bomber an: Am Himmel trieben Wolken dahin, die den Deutschen Schutz gewährten, ohne ihnen die Sicht auf die Angriffsziele zu nehmen. Wieder einmal kommandierte Göring selbst den Großangriff, von dem er wohl erneut glauben mochte, daß er alles entscheiden würde.

Gegen Mittag dröhnte Welle auf Welle deutscher Bomber in Richtung London. Diesmal warf Luftmarschall Dowding auch den letzten Jäger des Fighter Command in die Schlacht! Er zog alle Faktoren in Betracht: Die gesunkene Moral der deutschen Bomberbesatzungen, den Mangel an ausreichendem Jagdschutz für Görings Kampfflugzeuge, die verzweifelte Situation der Royal Air Force und das Wissen, daß das »Unternehmen Seelöwe« jetzt oder nie stattfinden würde. Die Schlußfolgerung lautete, daß er mit allem kämpfen mußte, was er noch hatte.

Die 11. Gruppe warf sich den Deutschen über der Küste entgegen, während die 12. Gruppe, die jetzt erstmals in großen Verbänden am Himmel erschien, die Deutschen kurz vor London übernahm. Die unerwartete Stärke der britischen Jagdwaffe gab der Luftwaffe den Rest! Den deutschen Besatzungen war von ihren Befehlshabern vor dem Angriff erzählt worden, die englischen Jäger seien erledigt; als jetzt die englischen Jagdstaffeln am Himmel erschienen, drehten die Deutschen ab und flohen.

Göring, den dieser Mißerfolg offenbar rasend gemacht hatte, befahl einen sofortigen zweiten Angriff. Sein Funkspruch wurde von uns sofort aufgefangen und entschlüsselt, und diesmal sollte die Geschwindigkeit, mit der Ultra den feindlichen Spruch entzifferte und an Dowding weitergab, Geschichte machen: Unsere Jagdflugzeuge wurden nach der Landung sofort aufgetankt, munitioniert und rechtzeitig wieder in die Luft gebracht, um die zweite deutsche Angriffswelle zu stellen. Auch diesmal ließen die Deutschen ihre Bomben verstreut fallen und ergriffen die Flucht. Es war ein großer Tag!

Damals gingen bereits Gerüchte um, die Admiräle unserer Flotte würden sich darauf vorbereiten, das Standbild Nelsons auf dem Trafalgar Square zu verteidigen, falls dieses durch die Statue des Luftmarschalls Dowding ersetzt werden sollte. Aber Dowding ist bis heute nicht die Ehre erwiesen worden, die ihm wirklich gebührt.

Wir wußten natürlich nicht, ob und wann die deutschen Luftangriffe wieder aufgenommen werden würden, oder ob die Invasion nach wie vor eine Bedrohung darstellte. Das Stichwort »Cromwell« – Invasionsalarm! – war in Großbritannien nach wie vor gültig. Dann erhielten wir jedoch eine sensationelle Nachricht:

Wie berichtet, spielte in den Invasionsvorbereitungen der Deutschen der Ausbau von Spezialflugplätzen in Belgien und Holland eine entscheidende Rolle, von denen aus Truppen und Nachschub nach Großbritannien geflogen werden sollte. Am Morgen des 17. September erhielt der Befehlshaber der deutschen Luftlandeverbände in Holland jedoch einen Funkspruch des Oberkommandos der Wehrmacht in Berlin, in dem ihm Hitlers Befehl mitgeteilt wurde, die Ladeeinrichtungen für die geplante deutsche »Luftbrücke« wieder abzubauen.

Es war nur ein sehr kurzer Funkspruch, aber seine Bedeutung war so offensichtlich, daß »Humph«, einer unserer Entschlüsselungskünstler in Bletchley Park, mir den Wortlaut sofort persönlich durchtelefonierte.

Hier handelte es sich um eine Information, die sorgfältig kommentiert werden mußte, damit der Premierminister ihre ganze Bedeutung sofort erfassen konnte. Ich stellte die einzig mögliche Schlußfolgerung aus dieser Nachricht daher an den Beginn meiner Meldung: Wenn die Verladeeinrichtungen auf den deutschen Absprunghäfen abgebaut wurden, konnte die Invasion nicht mehr stattfinden!

Ich schickte die Nachricht in dem üblichen roten Koffer sofort in Churchills unterirdischen Lageraum, zusammen mit einer Notiz für den persönlichen Sekretär des Premiers, John Martin, die geheime Information mit größter Schnelligkeit an den Premierminister weiterzuleiten.

Ich teilte den Inhalt des deutschen Funkspruchs auch Menzies mit. Kurz darauf rief der Ministerpräsident selbst General Stewart Menzies an und befahl ihm, an einer Konferenz des Generalstabs teilzunehmen, die für 18.30 Uhr einberufen worden war. Ich sollte ebenfalls dabei sein.

Göring war immer noch entschlossen, Großbritannien durch Bombenangriffe auf die Städte in die Knie zu zwingen. Auch an diesem Abend kündigte das Geheul der Sirenen neue nächtliche Luftangriffe an. Als wir in Stewarts Wagen zum »War room« in der Nähe von Storey's Gate fuhren, gab es bereits Bombeneinschläge und Flakfeuer. Ein feiner Regen ging nieder, und Menschen hasteten wie Gespenster durch die verdunkelten Straßen.

In Churchills Lageraum begrüßte Hastings Ismay die Generalstabschefs. Sie waren bereits von den Leitern ihrer Nachrichtendienste eingeweiht worden. Dann erschien Winston. Ich war tief beeindruckt von der offensichtlichen Wandlung, die in diesen Männern innerhalb weniger Stunden vorgegangen war. Es war, als hätte irgend jemand die Saiten der Violinen mitten in einem trostlosen, traurigen Konzert durchschnitten. Auf den Gesichtern der Männer vor mir lag zum erstenmal wieder ein vorsichtiges Lächeln.

Churchill verlas mit strahlendem Gesicht Görings entschlüsselten Funkspruch und bat dann Sir Cyril Newall, den Generalstabschef der RAF, um seinen Kommentar. Newall ließ keinen Zweifel daran, daß diese Meldung für ihn das Ende von »Seelöwe« bedeutete, zumindest für das Jahr 1940.

Churchill fragte daraufhin Menzies, ob es zusätzliche Nachrichten gäbe, die diesen Funkspruch bestätigen könnten. Menzies wandte sich an mich, aber ich mußte verneinen.

Dennoch wußten alle Anwesenden, daß der Abbau der Verladeeinrichtungen auf den holländischen und belgischen Flughäfen das Ende der tödlichen Bedrohung Großbritanniens bedeutete. Alle waren sich in der Beurteilung des Funkspruchs absolut einig.

Churchill steckte mit breitem Grinsen eine seiner mächtigen Zigarren an und schlug vor, ein bißchen an die frische Luft zu gehen. Als wir den Ausgang des unterirdischen Bunkers verließen, hatte der Luftangriff gerade seinen Höhepunkt erreicht. Gegenüber der Bunkertür war eine massive, etwa drei Meter hohe Betonschutzmauer errichtet worden, die wie ein halbgeöffneter Schirm aussah. Trotz aller Versuche Ismays und Sir John Dills, des Chefs des Empire-Generalstabs, den Premierminister zurückzuhalten, zog Winston uns um die Mauer herum ins Freie. Es war ein unglaublicher Anblick: Nebeneinander lehnten da die drei Generalstabschefs, ferner General Ismay, General Stewart Menzies und ich an der Betonmauer. Winston stand in seinem blauen »Sirenen-Anzug« vor uns, Stahlhelm auf dem Kopf, die Hände um den Stockknauf gelegt, das Kinn vorgeschoben, die übliche lange Zigarre im Mund – und unmittelbar jenseits des St. James' Parks wurde Carlton House Terrace wie von einem Feuerwerk beleuchtet: Im Süden die Einschläge der Bomben, untermalt von dem Rattern der Kanonen und dem Krachen der Flak-Granaten, während sich die großen Bäume im Park als schwarze Silhouetten gegen das Rotweiß der Brände abhoben. Es war eine geschichtliche Stunde – und durch den Lärm klangen die zornigen Worte Winston Churchills zu uns herüber: »Bei Gott, das werden wir ihnen heimzahlen!«

Die Drohung der Invasion war weggewischt. Aber der Bombenkrieg ging weiter: Nacht für Nacht schleuderte Göring im Winter 1940/41 den »Blitz«, das Werkzeug seiner Rache, gegen uns. Irgendwie mußte er schließlich sein Gesicht wahren. Er glaubte wohl immer noch daran, Großbritannien durch die Nachtangriffe auf London entscheidend schwächen zu können. Die Hauptstadt war auch in der Dunkelheit leicht zu finden. Die Themse diente den Angreifern als ein riesiger Kompaß und gleichgültig, wo sie ihre Bomben fallen ließen, sie trafen immer etwas. Über Ultra war über diese Nachtangriffe nichts zu erfahren, die während der restlichen Septembertage und auch im Oktober anhielten. Ab 18.30 Uhr begann man auf das Geheul der Sirenen, das wie der Schrei der Todesfee klang, zu warten.

Im November ließ Göring auch andere große Städte in England angreifen. Manchmal erhielten wir eine Vorwarnung. Aber die Deutschen bezeichneten die einzelnen Orte leider mit Codenamen, deren Bedeutung wir nicht kannten.

Am 14. November, gegen drei Uhr nachmittags, unterlief einem Deutschen jedoch ein Flüchtigkeitsfehler: Unverschlüsselt wurde der Name der britischen Stadt Coventry hinausgefunkt. Churchill war gerade in einer Konferenz, und ich informierte daher seinen persönlichen Sekretär. Ich wies ihn darauf hin, daß ich das Jagdfliegerkommando zwar unterrichtet hätte, daß der Premierminister aber selbst die Entscheidung zu treffen habe, was weiter geschehen solle. In jedem Fall würde es eine sehr schmerzliche Entscheidung sein.

Wir hatten noch vier oder fünf Stunden Frist, bevor der Angriff begann. Die feindlichen Flugzeuge würden unsere Küste auf jeden Fall nicht vor Einbruch der Dämmerung überfliegen. Ich bat den persönlichen Sekretär, mich anzurufen, nachdem Churchill seine Entscheidung gefällt hatte. Sollte Churchill sich nämlich für eine Evakuierung der Stadt Coventry entscheiden, würde ich schnelle Maßnahmen zum Schutz unserer geheimen Nachrichtenquelle ergreifen müssen. Denn selbstverständlich würde sofort in England der Verdacht aufkommen, daß wir eine Vorwarnung von dem geplanten Angriff auf Coventry erhalten haben mußten.

Während ich müde in meinem Büro saß und auf das Klingeln des Telefonapparates wartete, malte ich mir das Chaos aus, das ausbrechen mußte, wenn die Bevölkerung die Stadt auf schnellstem Wege zu verlassen versuchte. Noch ein anderer Gedanke quälte mich: Evakuierten wir, und der deutsche Angriff blieb danach aus, dann hätten wir unsere lebenswichtige Nachrichtenquelle ohne Not aufs Spiel gesetzt!

Ich nehme an, daß der Premierminister eine ganze Reihe Persönlichkeiten konsultierte, bevor er seine Entscheidung traf. In jedem Falle würde die Royal Air Force ausreichend Zeit haben, um ihre Gegenmaßnahmen vorzubereiten, zu denen auch die Störung und Ausschaltung aller deutschen Navigationshilfen gehörte.

Der Premierminister entschied sich jedoch gegen eine Evakuierung Coventrys. Er ließ lediglich die Streitkräfte, die Feuerwehr, die Krankenhäuser, die Polizei, die Luftschutzwarte und die Bedienungen der Scheinanlagen alarmieren. Es war eine jener schrecklichen Entscheidungen, wie sie von Zeit zu Zeit im Kriege auf höchster Ebene gefällt werden müssen. Churchill hatte zweifellos richtig entschieden. Persönlich war ich jedoch sehr froh, daß ich nicht der Mann war, der diese Entscheidung zu treffen hatte.

Später sollten wir noch eine weitere Vorwarnung vor einem Großangriff erhalten: Im Dezember 1941, als London zum zweitenmal in Flammen stand. Göring zögerte nicht, von seinen Bombern die Einäscherung der Hauptstadt zu verlangen. Im Falle Londons brauchte man eine Evakuierung allerdings nicht zu erwägen: Aber wir waren uns darüber im klaren, daß Großfeuer enormen Schaden an Gebäuden und Eigentum auslösen konnten. Erneut wurden alle Feuerwehreinheiten in weitem Umkreis alarmiert. Der Großangriff begann schon früh am Abend, und ich beobachtete versteinert, wie sich die mächtige Kuppel der St. Pauls-Kathedrale von einer Wand lodernder, gelber Flammen abhob.

Mit Luftmarschall Dowding traf ich mich in seinem Club zum Essen, nachdem er seinen Posten als Oberbefehlshaber des Jagdfliegerkommandos abgegeben hatte. Bereits vor Kriegsausbruch hatte Dowding diese Position länger innegehabt, als es in der Royal Air Force üblich war. Er war der Mann, der das Luftverteidigungssystem Großbritanniens aufgebaut hatte, jene Organisation, die aus den Frühwarnradaranlagen, den Jagdfliegerleitstellen und den Jagdflugzeugen bestand und so entscheidend zu unserem Sieg in der Luftschlacht um England beitrug. Kein Wunder, daß der RAF-Generalstabschef Cyril Newall sich dafür eingesetzt hatte, Dowding länger im Amt zu behalten und ihm damit die Chance zu geben, die entscheidende Luftschlacht zu kommandieren.

Während unseres Essens sprachen wir über die großen Luftkämpfe im August und September und die Rolle, die Ultra in jener Zeit gespielt hatte. Dowding erinnerte mich an die Stunde, als er den entschlüsselten Funkspruch erhalten hatte, der für den »Adlertag« sieben Großangriffe ankündigte. Er wies darauf hin, wie sehr diese Information Görings Taktik enthüllt und seine eigene bestätigt hatte.

Leigh-Mallory und andere Kommandeure der RAF hatten Dowding während der Luftschlacht mehrfach kritisiert, weil er den Einsatz starker Jagdfliegerformationen gegen die deutschen Verbände ablehnte. Im Oktober 1940 kam Leigh-Mallorys Kritik sogar auf einer Spitzenkonferenz zur Sprache, die auf sein Verlangen im Luftfahrtministerium einberufen wurde. Die Luftschlacht um England war zu dieser Zeit bereits entschieden; dennoch bestand Leigh-Mallory darauf, einen seiner jungen Jagdflieger gegen Dowding auftreten zu lassen und gleichzeitig Keith Park zu kritisieren, dessen 11. Gruppe in Südengland die Hauptlast des Kampfes getragen hatte. Ein hoher Offizier des Generalstabs der RAF (er wurde später Generalstabschef) kommentierte diese Auseinandersetzung mit den Worten: »Wenn ich Chef des Jagdfliegerkommandos gewesen wäre, und einer meiner Gruppen-Befehlshaber hätte meine Anweisungen nicht ausgeführt, ich hätte ihn zum Teufel gejagt!«

Für alle, die ihn kannten, war Dowding während dieser sechs kritischen Monate erschreckend gealtert. Die Tatsache, daß er zugesehen hatte, wie Leigh-Mallory seine Kritik bis in den Generalstab hinein vortrug, läßt darauf schließen, wie erschöpft er sich fühlte und wie sehr er bereits die Befehlsgewalt über seine Kommandeure verloren hatte. Sir Archibald Sinclair, der Luftfahrtminister, hatte Dowding am 13. Oktober eröffnet, daß er sein Kommando abgeben müsse. Feinfühlig hatte Sinclair dem Jagdfliegerchef gleichzeitig eine Reise in die USA angeboten, um dort für die Unterstützung Großbritanniens zu werben.

Als General Sir Edmund Ironside nach der Niederlage Frankreichs als Chef des Generalstabs abgelöst worden war, hatte ihm Churchill die Wahl zwischen dem Marschallstab und der Pairs-Würde gelassen. Ironside hatte sich zunächst für eine dieser beiden Ehren entschieden, dann jedoch seine Meinung geändert und schließlich sowohl den Marschallstab als auch die Erhebung in den hohen Adelsrang erhalten. Der Sieger der Luftschlacht um England ging bei seiner Ablösung jedoch leer aus. Es war eine traurige Geschichte, deren Hintergründe inzwischen allerdings publik gemacht worden sind.

Nicht veröffentlicht worden ist dagegen bis heute die Rolle von Ultra während der Luftschlacht um England. Mehrfach ist zu Recht behauptet worden, daß wir nach einer Niederlage in dieser Luftschlacht hätten kapitulieren müssen, genauso wie eine Niederlage in der »Schlacht um den Atlantik« für uns das Ende bedeutet hätte. Für viele von uns war es daher sehr beruhigend, daß Dowding auf unserer Seite diese Schlacht führte.

Während unseres gemeinsamen Essens war der alte Mann in keiner Weise verdrießlich gewesen. Man konnte noch nicht einmal einen Hauch von Bitterkeit spüren; Dowding schien einfach nicht zu verstehen, wie schlecht man ihn behandelt hatte. Diejenigen, die ihn kannten und ihn während der Luftschlacht in seinem unterirdischen Hauptquartier in Stanford erlebt hatten, konnten die Art und Weise, wie man dem Luftmarschall mitgespielt hatte, ebensowenig verstehen. Schließlich war *er* der Mann gewesen, der die Schlacht um England gewonnen und das Geheimnis von Ultra um jeden Preis gewahrt hatte.

Der Feldzug in Nordafrika

Für die Ultra-Experten waren die ersten Monate des Jahres 1941 entmutigend. Zwar gelang es uns, durch das Abhören und Entschlüsseln gegnerischer Funksprüche gewisse Informationen zu erlangen; dennoch vermochten die Alliierten den Vormarsch der starken Streitkräfte der Achse nicht zu stoppen. Immerhin verschaffte Ultra unserem Premierminister Churchill ein genaues Bild der deutschen Strategie und lieferte uns darüber hinaus Einzelheiten über die Vorbereitungen für den Angriff auf Rußland, bei dem offensichtlich auch ein Vorstoß auf die wertvollen Erdölfelder im Kaukasus vorgesehen war. Man kann wohl sagen, daß sich Churchill aufgrund dieser Informationen dazu entschloß, bis zum Letzten um unsere Positionen im Mittleren Osten zu kämpfen.

Der italienische Großangriff auf Ägypten wurde zurückgeschlagen: General R. N. O'Connors Sieg bei Sidi Barani, wo das Gros der italienischen Streitkräfte in Gefangenschaft geraten war, hatte unsere Moral schlagartig verbessert. Aber es gab beunruhigende Neuigkeiten aus Berlin. Ultra-Meldungen wiesen auf die Konzentration neuer deutscher Verbände in Südrumänien hin. Hitler hatte sowohl Rumänien als auch Bulgarien längst zu Vasallen des Großdeutschen Reiches gemacht; die Ergebnisse unserer Funkaufklärung hatten bisher jedoch lediglich auf die Konzentration deutscher Kräfte gegen die Sowjetunion in diesem Gebiet hingewiesen.

Inzwischen deuteten die Funksprüche, die zwischen dem deutschen Befehlshaber in Rumänien und Berlin gewechselt wurden, aber darauf hin, daß noch etwas anderes in der Luft lag! Die Antwort auf unsere bangen Fragen erhielten wir durch eine Weisung, in der Hitler dem Kommandierenden General der deutschen Truppen in Südrumänien befahl, einen Vorstoß über bulgarisches Gebiet nach Griechenland hinein vorzubereiten. Dabei handelte es sich übrigens um eine der wenigen Weisungen Hitlers, die wir uns während des Krieges beschaffen konnten.

Jetzt sah es jedenfalls so aus, als ob sich Hitler nicht mehr länger auf die Italiener verlassen wollte und statt dessen den Einsatz deutscher Kräfte zur Sicherung seiner Südflanke erwog. Aufgrund dieser Ultra-Information schickte Churchill sofort eine Abordnung nach Griechenland, um festzustellen, ob die Griechen gegen die Deutschen kämpfen würden. Sollten sie sich dazu entschließen, so würden wir sie unterstützen müssen, obwohl unsere Kräfte im Mittelmeerraum und Mittleren Osten bereits gefährlich überbeansprucht waren. Churchill drückte es so aus: »Wenn die Griechen sich aus freiem Willen zum Kampf bereitfinden, müssen wir ihnen beistehen!«

Die Chancen, einen deutschen Einbruch in Griechenland zu verhindern, waren jedoch offensichtlich sehr gering. Für General Sir Archibald Wavell, den Oberbefehlshaber unserer Streitkräfte im Mittleren Osten, bedeutete diese neue Bedrohung, daß er unsere Streitkräfte in der Cyrenaika weiter schwächen mußte. Es war eine politische Entscheidung, die uns teuer zu stehen kommen sollte.

Anfang Februar 1941 traf uns der zweite Schlag! Hitler, der über die schlechte Moral der Überreste der italienischen Afrikaarmee informiert war, hatte erkannt, daß er drastische Schritte unternehmen mußte, um Italien weiter im Krieg zu halten. Bereits im Dezember 1940 hatte er das X. Deutsche Fliegerkorps unter Feldmarschall Kesselring nach Sizilien geschickt, um die Italiener bei der Bekämpfung unseres Schiffsverkehrs im Mittelmeer zu unterstützen. Durch einen von Ultra abgefangenen Funkspruch an das Hauptquartier des X. Fliegerkorps erfuhren wir, daß jetzt General Rommel den Oberbefehl über eine für den afrikanischen Kriegsschauplatz bestimmte deutsche Armee erhalten werde.

Mitte Februar ließ uns Ultra wissen, daß Rommel in Tripolis eingetroffen war. Bisher hatten wir mit ihm nur einmal zu tun gehabt, und zwar während des Feldzugs in Frankreich im Jahr 1940, als unsere Verbände seine Panzerdivision während einer kurzen

8. General Rommel, der Kom-
ıandeur des Deutschen Afrika-
orps.

9. Die Schlacht um Nordafrika.
ach der Eroberung Tobruks am
0. Juni 1942 durch das Deutsche
frikakorps müssen die Engländer
ıch Ägypten zurückweichen. –
urzkampfbomber greifen die
afenanlagen von Tobruk an.

. Zerstörte englische Fahrzeuge
Tobruk.

21. Bei El Alamein werden die deutschen Verbände zum Stehen gebracht. Die 8. britische Armee unter General Montgomery geht zum Gegenangriff über. Die Informationen von »Ultra« ermöglichen den Alliierten einen optimalen Einsatz ihrer Kräfte. Die deutsche Niederlage in Nordafrika markiert den Wendepunkt im Kräfteverhältnis im Zweiten Weltkrieg.

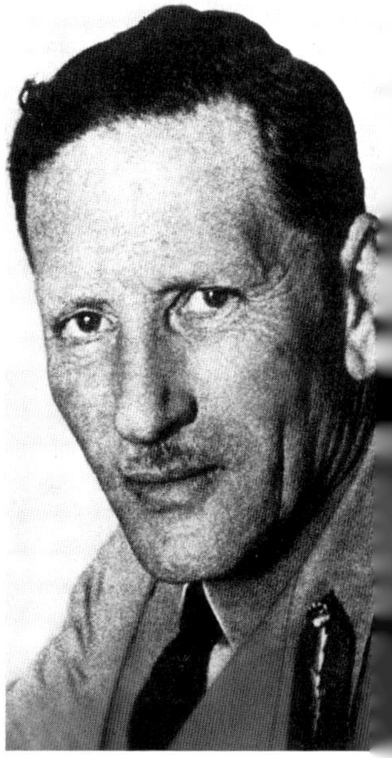

22. General Sir Claude Auchinleck, der britische Oberkommandierende im Mittleren Osten.

23. Britische Tanks beim Angriff

Schlacht schwer durcheinander gebracht hatten. Jetzt sollten wir Rommel besser kennenlernen. Churchill sowie General Wavell und die anderen Empfänger der Ultra-Nachrichten waren sich darüber im klaren, daß wir nun an zwei neuen Fronten gegen die deutsche Kriegsmaschine zu kämpfen hatten.

Der Premier fragte mich, bis wann mit der Ankunft der ersten deutschen Truppen in Nordafrika zu rechnen wäre. In meiner Antwort schickte ich ihm den Wortlaut der Funksprüche des Oberkommandos der Wehrmacht an Rommel, in denen dem Oberbefehlshaber des Deutschen Afrikakorps die geschätzten Ankunftszeiten seiner einzelnen Verbände in Tripolis mitgeteilt wurden: Die 5. Leichte Division sollte im April ankommen, die 15. Panzerdivision im Mai. Die Wüste würde also einen Panzerkrieg erleben.

Wenige Tage später erfuhr das OKW durch einen Funkspruch, daß Rommel den Befehl über die deutschen Verbände in Tripolis übernommen hatte. Ultra gab Wavell und O'Connor genaue Details über Aufbau und Stärke des Deutschen Afrikakorps. Diese Kenntnisse vor allem machten es uns möglich, die britischen und Empire-Streitkräfte kämpfend zurückzuziehen und eine katastrophale Niederlage zu verhindern.

Anfang März teilte uns Ultra mit, daß die 5. Leichte Division bereits einen Monat früher als erwartet in Afrika eingetroffen war. Auch die 15. Panzerdivision kam entsprechend früher an. Wavell sah sich nun zwei deutschen Panzerdivisionen gegenüber. Nachdem Rommel sein Afrikakorps organisiert hatte, schlug er sofort los und begann die Empire-Streitkräfte ebenso schnell zur ägyptischen Grenze zurückzujagen, wie sie Anfang des Jahres 1941 vorgestoßen waren.

Für unsere Mittelmeerflotte unter Admiral Sir Andrew Cunningham waren die deutschen Fliegerverbände auf Sizilien inzwischen zu einer gefährlichen Plage geworden. Zusätzlich zu ihren bisherigen Aufgaben mußte die Mittelmeerflotte jetzt auch noch unsere Geleitzüge und Nachschublinien nach Griechenland sichern. Im März veranlaßten die Deutschen die italienische Flotte, endlich einmal ihre Häfen zu verlassen und anzugreifen. Die Achse plante ein großes Unternehmen gegen die britischen Konvois – und zwar in einem Gebiet, in dem kaum mit dem Auftreten großer britischer Kriegsschiffe zu rechnen war. Glück für uns, daß die Einzelheiten des Operationsplanes per Funk an die Luftwaffe übermittelt wurden, die der italienischen Schlachtflotte die Luftsicherung stellen sollte. Wir fingen die Funksprüche ab und gaben sie rechtzeitig an Admiral Cunningham weiter.

Laut Ultra sah der deutsch-italienische Plan zwei Vorstöße der italienischen Flotte ins östliche Mittelmeer vor, je einen in die Seeräume nördlich und südlich der Insel Kreta. Das Unternehmen sollte am 27. März durchgeführt werden.

Inzwischen ist längst bekannt, wie Admiral Cunningham seinerzeit seinen Schiffen im Kriegshafen Alexandria befahl, Dampf aufzumachen, und wie er danach das Hafengebiet mit seinen Golfschlägern verließ, um feindliche Agenten irre zu führen. Später kehrte er heimlich zurück und führte seinen Flottenverband in der Abenddämmerung auf das Mittelmeer hinaus. Cunningham tat auch alles, um das Geheimnis von Ultra zu wahren: Trotz der Bedrohung durch die deutsche Luftwaffe schickte der Admiral lediglich ein Flugboot los, und nicht etwa Trägerflugzeuge, die den Feind über die Anwesenheit eines britischen Flugzeugträgers und eines Verbandes von Großkampfschiffen informiert hätten! Das Flugboot hatte den Auftrag, sich von den italienischen Schiffen entdecken zu lassen. Es wurde entdeckt, und die nervösen Italiener stoppten daraufhin prompt den geplanten Vorstoß in die Seeräume nördlich von Kreta; statt dessen wurden alle italienischen Schiffe zu einem Rendezvous südlich der Insel befohlen. Genau das hatte Cunningham gewollt. Die deutsche Luftwaffe war zwar über diese Planänderung informiert worden, aber die deutschen Flugzeuge erschienen nicht. In der folgenden Seeschlacht bei Matapan holte die britische Mittelmeerflotte, von Ultra vorzüglich informiert, die italienischen Schlachtschiffe und Kreuzer ein und jagte den feindlichen Verband schwer angeschlagen in seine Häfen zurück. Der britische Sieg bei Cap Matapan hielt die italienische Flotte für den Rest des Krieges von Mussolinis »Mare Nostrum« fern.

Anfang April fingen wir einen Funkspruch ab, in dem Feldmarschall Wilhelm List dem Führer meldete, daß der Aufmarsch gegen Griechenland abgeschlossen sei. Uns stellte sich jetzt die lebenswichtige Frage, ob die Jugoslawen die deutschen Truppen durch ihr Land marschieren lassen würden. Ein jugoslawischer »Passierschein« für die Wehrmacht würde die griechischen Verteidigungslinien jedenfalls so sehr ausdehnen, daß mit einem erfolgreichen Widerstand Athens nicht mehr gerechnet werden konnte. Prinz Paul von Jugoslawien, der nach der Ermordung seines Bruders die Regentschaft übernommen hatte, hatte bisher allerdings Widerstand gegen Hitlers Druck geleistet.

Nun ließ uns Ultra jedoch wissen, daß die Stunde der Entscheidung gekommen war: Hitler forderte freien Durchmarsch durch Jugoslawien! Paul weigerte sich und mußte zurücktreten. Über Ultra erfuhren wir dann auch, daß Teile der 2. deutschen Armee unter Generaloberst von Weichs den Befehl erhalten hatten, zur gleichen Zeit durch Jugoslawien vorzustoßen, zu der Lists Armee an der griechischen Nordfront antrat. Gegen diesen Zangenangriff gab es kein Mittel – auch Ultra konnte nicht mehr helfen. Für die Fachleute, die die gewaltige deutsche Übermacht an Panzern und Flugzeugen kannten, stand der Ausgang der Schlacht von vornherein fest. Churchill dagegen hatte sie aus politischen Gründen für unvermeidlich gehalten. Die Reste der Empire-Streitkräfte wurden von Griechenland nach Kreta evakuiert.

Die strategische Bedeutung dieser Insel war beträchtlich. Die Luftstützpunkte an der Nordostküste lagen so günstig, daß jeder Beherrscher der Insel große Teile des östlichen Mittelmeers bedrohen konnte. Kein Wunder, daß die Deutschen nach der schnellen Eroberung Griechenlands den Entschluß faßten, auch Kreta zu nehmen. Im Besitz der Luftstützpunkte in Griechenland und Kreta konnten sie jedenfalls jede Bedrohung der deutschen Südflanke in Rußland zurückschlagen.

Ich weiß nicht, wer damals – außer Churchill! – noch davon träumte, Kreta könnte gegen die Deutschen gehalten und, trotz der starken deutschen Luftstreitkräfte auf den griechischen Basen, von unserer Marine versorgt werden. Der alte Seehund in Whitehall hatte eben die Lektion noch nicht gelernt, daß Schiffe gegen Flugzeuge, die von nahegelegenen Basen operieren, keine Chance haben.

Dennoch: Als Ultra bekanntgab, daß ein deutsches Luftlandeunternehmen gegen Kreta bevorstand und uns darüber hinaus mit allen Einzelheiten des deutschen Invasionsplanes versorgte, hofften wir, den deutschen Fallschirmtruppen eine Schlappe beibringen zu können, selbst wenn wir später die Insel evakuieren mußten.

Ende April erfuhren wir wiederum durch Ultra, daß Einheiten des IX. Deutschen Fliegerkorps nach Griechenland verlegt wurden. Gleichzeitig hatte Göring die Versammlung von Transportflugzeugen und Lastenseglern in Bulgarien befohlen. Daraufhin flog General Wavell nach Kreta und ernannte General Sir Bernard Freyberg, einen Neuseeländer, zum Oberbefehlshaber der Insel. In meinen Kommentaren zu den abgefangenen deutschen Funksprüchen hatte ich den Premierminister darauf hingewiesen, daß die erwartete Luftlandeoperation unmittelbar bevorstand. Churchill hatte mir daraufhin befohlen, sicherzustellen, daß Freyberg sämtliche Informationen sogleich übermittelt bekam. General Kurt Student, der Befehlshaber der Fallschirmjäger- und Luftlandetruppen des XI. Fliegerkorps, bestand zu unserem Glück darauf, per Funk jeden deutschen Angriffsverband über jede Einzelheit der bevorstehenden Fallschirm- und Lastenseglerattacke zu informieren.

Auf diese Weise kam Freyberg in den Besitz detaillierter Angaben über die Pläne des Gegners. In einer ähnlich glücklichen Lage dürfte vor Freyberg kaum jemals ein militärischer Befehlshaber gewesen sein. Churchill ließ mich holen, und ich mußte ihm auf der neuen großen Karte der Insel Kreta im unterirdischen »War room« die deutschen Angriffspläne erläutern.

Der überfallartige Angriff* wurde, wie erwartet, am Morgen des 20. Mai 1941 eröffnet. Aufgrund der Ultra-Informationen lief das

* Der deutsche Deckname lautete »Merkur«, Anm. d. Übers.

Unternehmen für die Deutschen zunächst jedoch nicht sehr gut; sie konnten lediglich auf einem Flugplatz, Maleme, Fuß fassen. Leider startete Freyberg keinen Gegenangriff, so daß General Student seine Stellungen auf diesem Flugplatz verstärken und weitere Truppen einfliegen konnte. Freyberg mußte sich daraufhin zurückziehen. Die Nachricht, daß Cunninghams Kriegsschiffe auf einen Geleitzug mit für Kreta bestimmten deutschen Truppen gestoßen war, stellte nur einen schwachen Trost dar. Allerdings sollte keines der kleinen Boote, die den Konvoi gebildet hatten, jemals die Insel erreichen.

Für diesen Erfolg mußte die Royal Navy jedoch einen furchtbaren Preis bezahlen! In jenen Tagen mußten wir die blutige Lektion hinnehmen, daß Kriegsschiffe in Gewässern, die von starken Verbänden feindlicher Landflugzeuge beherrscht werden, nicht überleben können. Hätte Freyberg nach dem Abzug der britischen Flugzeuge die Flughäfen auf Kreta verminen oder nachhaltig zerstören lassen, dann wäre es den Deutschen allerdings nicht so leicht gefallen, sie sofort in Betrieb zu nehmen, und die Folgen der deutschen Invasion wären uns wahrscheinlich nicht so teuer gekommen.

Für die Experten unseres militärischen Geheimdienstes war die Schlacht um Kreta eine einzige Enttäuschung. Trotz der wertvollen Informationen, die Ultra geliefert hatte, mußte der »politische« Feldzug in Griechenland und Kreta unvermeidlich in einer Katastrophe enden. Immerhin hatten die Möglichkeiten des »Unternehmens Ultra« auf Churchill, die Stabschefs und die Befehlshaber im Mittleren Osten tiefen Eindruck gemacht. Churchill hatte während der Schlacht um Kreta jeden deutschen Funkspruch, der von uns entschlüsselt worden war, genau studiert – und die Erfolge von Ultra hatten seinen Appetit auf weitere Informationen aus dieser »Wunderquelle« noch verstärkt. Ungeduldig erwartete er die Zeit, in der wir aufgrund unserer wachsenden Stärke die Ultra-Informationen endlich würden voll ausnutzen können, während die Frontbefehlshaber darüber brüteten, auf welche Weise derartig präzise Vorwarnungen über die Absichten des Feindes die orthodoxen Regeln ihrer Kriegsführung beeinflussen würden. General Alexander teilte mir später in Tunesien mit: »Ultra hat die moderne Kriegsführung völlig verändert!«

Zurück nach Nordafrika: Der wichtige Hafen Tobruk wurde im April 1941 von den vordringenden deutschen Verbänden eingeschlossen. Die belagerte Hafenstadt ähnelte jetzt einer Gräte, die in Rommels Kehle steckte. Die australischen, polnischen und britischen Einheiten, die in Tobruk tapfer aushielten, stellten eine ständige Bedrohung der deutschen Nachschublinien dar. Während Churchill die Besatzung zum Aushalten aufforderte, wuchs in Rommel die Entschlossenheit, Tobruk endlich zu Fall zu bringen. Seine Funksprüche nach Rom und Berlin ließen daran nicht den geringsten Zweifel.

Aber Tobruk kämpfte weiter. Dem Oberkommando der Wehrmacht allerdings wurde Rommels Besessenheit, Stadt und Hafen zu nehmen, allmählich wohl zu gefährlich; denn Mitte Mai wurde der Oberbefehlshaber des Afrikakorps per Funkspruch vom OKW aufgefordert, die Belagerung Tobruks den Italienern zu überlassen und mit seinen eigenen Verbänden sofort auf Sollum und die ägyptische Grenze vorzugehen.

Obgleich durch diesen von uns entschlüsselten Funkspruch gewarnt, konnte Wavell das Afrikakorps nicht aufhalten. Eine Woche später hatte Rommel bereits den wichtigen Halfaya-Pass, das Tor nach Kairo, zurückerobert. Unmittelbar danach begann der deutsche Befehlshaber, obwohl er Verstärkung in Gestalt einiger Panzerverbände erhalten hatte, in zahlreichen Funksprüchen an Kesselring bitter über den Mangel an Nachschub zu klagen. Er verlangte mehr Waffen und Ausrüstung und kritisierte die Unfähigkeit der Italiener, die ihre Versorgungsschiffe – statt nach dem eroberten Bengasi – immer noch nach Tripolis dirigierten, das bereits 800 Kilometer hinter den vorgeschobenen Verbänden des Afrikakorps lag. Rommels Verbände litten bereits ständig an Treibstoffmangel.

Das OKW, das jetzt offensichtlich nur noch an den unmittelbar bevorstehenden Angriff gegen Rußland dachte, verweigerte Rommel jedoch weitere Verstärkungen und zog auch noch das Gros der deutschen Kampfgeschwader vom Mittelmeer ab.

An dieser Stelle sollte man sich noch einmal daran erinnern, daß Churchill in dieser Phase den Krieg praktisch eigenhändig führte. Ich glaube, daß er damals aufgrund der Ultra-Meldungen die Situation optimistischer eingeschätzt hat als die britischen Befehlshaber an der Front und daher auch den Befehl an Wavell abschickte, Tobruk sofort zu entsetzen. Unser Gegenangriff scheiterte jedoch, und Wavell wurde seines Kommandos enthoben. Unmittelbar nach dem Beginn des Unternehmens »Barbarossa« gegen die Sowjetunion übernahm General Auchinleck den Oberbefehl über unsere Truppen in Afrika.

Der deutsche Angriff auf Rußland war durch die Feldzüge in Jugoslawien und Griechenland um vier wertvolle Wochen verzögert worden. Bevor die Deutschen gegen Rußland losschlugen, waren wir durch unsere Ultra-Stationen über die Verschiebungen zahlreicher deutscher Heeres- und Luftwaffenverbände unterrichtet worden; dabei fielen auch die Namen zahlreicher deutscher Befehlshaber, die wir während der Schlacht um Frankreich kennengelernt hatten und denen wir später wieder begegnen sollten: von Bock, von Kluge, Guderian, von Reichenau, von Kleist, von Rundtstedt und viele andere deutsche Kommandeure versammelten nach und nach ihre Heeresgruppen, Armeen und Panzerdivisionen entlang des Bug, einem höchst unromantischen Startplatz für Hitlers Großoffensive, die die Welt verändern sollte.

Churchill fragte sich damals, wie viele dieser geheimen Informationen wir den Russen überlassen mußten. Er sprach mit General Menzies und schrieb danach einen Brief an Stalin, in dem er ihm mitteilte, daß unsere ausgezeichneten Informationen auf einen gewaltigen Aufmarsch deutscher Streitkräfte im Osten des Deutschen Reiches hinwiesen. Stalin gab jedoch keine Antwort.

Trotz Wavells Rückschlag fuhr Churchill damit fort, Rommels Klagen über seine Nachschubschwierigkeiten überzubewerten, obwohl ich in meinen Kommentaren die deutschen Versorgungsschwierigkeiten heruntergespielt hatte. Allmählich hatten wir nämlich begonnen, Rommel kennenzulernen und zu verstehen. Jetzt war Auchinleck an der Reihe, auf Befehl Churchills eine neue

Offensive gegen Rommel zu starten, der gerade in einem, von Ultra entschlüsselten, Funkspruch nach Berlin seinen geplanten Angriff zur Öffnung der Straße nach Kairo erläutert hatte.

Unglücklicherweise mußte Auchinlecks Offensive im Frühjahr 1942, die Rommels Angriff zuvorkommen sollte, um einen Monat verschoben werden, weil wir selbst unter einem Mangel an schweren Waffen und Ausrüstung litten. Bevor Auchinleck bereit war, schlug Rommel zu. Die vorzeitige Siegesmeldung des OKW im Juli, in der von einem entscheidenden Erfolg Rommels bei El Alamein die Rede war, mußte den deutschen Befehlshaber jedoch auf die Palme gebracht haben. In einem Funkspruch nach Rom und Berlin teilte er jedenfalls unverblümt mit, daß Auchinleck den deutschen Vormarsch gestoppt habe und daß sich der Gegner rasch verstärke.

Mitte Juli benachrichtigte Generalfeldmarschall Kesselring Rommel, daß er ihn in Begleitung des italienischen Oberbefehlshabers an der Front besuchen werde. Man konnte sich gut vorstellen, daß Rommel auf diesen Besuch damals gerne verzichtet hätte. Für uns war diese Visite ein Indiz dafür, daß die Achsenstreitkräfte in Afrika in Schwierigkeiten geraten waren. Rommel gab jedoch erst nach der Rückkehr Kesselrings nach Rom in einem Funkspruch an die Generalstäbe in Berlin und Rom zu, daß sein Vormarsch endgültig zum Stillstand gebracht worden war. Auchinleck hatte Rommel wie ein Leichtgewichtsboxer, dessen schnelle Schläge den Gegner immer wieder überraschen, ausmanövriert. Ultra, das den britischen Oberbefehlshaber über die Stärke und die Bewegungen Rommels auf dem laufenden hielt, hatte dabei eine entscheidende Rolle gespielt.

Rommels Funkspruch an seine Chefs in Berlin war, wie ich mich erinnere, sehr lang: Er berichtete über schwere deutsche Verluste und schob die Hauptschuld an der Niederlage den Italienern zu. Die deutschen Einheiten verfügten nur noch über knapp die Hälfte ihrer Soll-Stärke, der Ersatz war ungenügend und es fehlte an Treibstoff und anderem Nachschub. Rommel hoffte jedoch, seine Stellungen gegen einen britischen Angriff halten zu können.

Der Umschwung stand bevor. Ich bezweifle jedoch, daß das

Oberkommando der Wehrmacht Rommels Funksprüche ebenso sorgfältig las wie Churchill; denn das OKW war damals voll mit der Führung der Operationen in Rußland beschäftigt. Kesselring jedoch brachte es fertig, das Afrikakorps durch einige jener Fallschirmverbände zu verstärken, die in Kreta eingesetzt waren. Für uns war dies eine sehr wichtige Nachricht: Wir hatten nämlich Agentenberichte erhalten, die die Ankunft von Lastenseglern in Süditalien meldeten. Es gab jedoch keine Hinweise, ob und wann ein Luftlandeangriff auf Malta stattfinden würde. Auch über Ultra war über eine Operation gegen diese Insel nichts zu erfahren. Daher erschien uns die Verstärkung des Afrikakorps durch deutsche Fallschirmjägerverbände als ein wichtiges Indiz, daß der geplante Überfall auf Malta abgeblasen sein mußte.

Die mißliche Lage der deutschen Verbände, die durch die abgefangenen und entschlüsselten Funksprüche Rommels an das OKW enthüllt worden war, brachte Churchill wieder einmal zu der Annahme, Rommels Armee könnte jetzt vernichtet werden. Er übersah dabei meine Warnungen und auch die der Stabschefs, die annahmen, daß Rommel seine Klagen bewußt übertrieben hatte. Auchinleck erhielt den Befehl zum Angriff, obwohl seine Streitkräfte erschöpft waren und der britische Oberbefehlshaber die Ansicht vertrat, daß sein Gegenspieler keineswegs am Ende wäre. Auchinlecks Urteil sollte Churchill erst überzeugen, nachdem Rommel den britischen Angriff – trotz Mangels an Treibstoff und Munition – abgeschlagen hatte.

Churchill benötigte damals jedoch aus politischen und psychologischen Gründen unbedingt einen Sieg. Er fühlte sich von Auchinleck im Stich gelassen. Auf seiner Reise nach Moskau im Juli 1942, wo er Stalin treffen wollte, hielt Churchill in Ägypten eine Konferenz mit den führenden Militärs des Mittelost-Kriegsschauplatzes ab. Nach dieser Konferenz wurde Auchinleck abgesetzt. General Alexander erhielt seinen Posten als Oberbefehlshaber im Mittleren Osten, und Montgomery wurde aus England herangeholt, um das Kommando über die 8. Armee zu übernehmen.

Alamein

Auf seinem Rückweg von der Moskauer Konferenz, wo ihm Stalin vorgeworfen hatte, Großbritannien würde nicht mit vollem Einsatz kämpfen, machte Churchill Mitte August in Ägypten erneut Zwischenstation. Er wollte seine neuernannten Generäle Alexander und Montgomery treffen. »Monty« hatte seinen Wohnwagen dem Premierminister zur Verfügung gestellt und das Fahrzeug in der Nähe des Strandes geparkt, so daß Churchill sich in den warmen Fluten des Mittelmeers erfrischen konnte. Die Gespräche zwischen den drei Männern galten den nächsten Operationen gegen Rommel und sein Afrikakorps.

In dem Wohnwagen hing eine Karte, auf der die vollständige Schlachtordnung der deutschen Streitkräfte eingezeichnet war, ihre Truppenstärke, die Zahl ihrer Panzer, Geschütze und Flugzeuge und eine ziemlich genaue Schätzung ihrer Treibstoff- und Munitionsvorräte. All das war das Werk von Ultra.

Wir hatten es nicht gewagt, Churchill während seines Moskau-Besuches Aufklärungsergebnisse von Ultra zu übermitteln. Er verfügte damals noch nicht über eine SLU (Special Liaison Unit) in seinem Begleitstab, und ich wollte aus Sicherheitsgründen auch keinen anderen Code benutzen als unseren eigenen. Dies war während der Konferenz in Moskau jedoch nicht möglich.

Für den Premierminister muß es daher ein mehr als dramatischer Augenblick gewesen sein, als ihm Alexander einen von uns entschlüsselten langen und inhaltsreichen Funkspruch Rommels an Hitler vorlas. Dieser Funkspruch war uns während Churchills Aufenthalt in der Sowjetunion von Ultra übermittelt worden. In ihm hatte Rommel dem Führer alle Pläne für den entscheidenden Angriff gegen die britische 8. Armee entwickelt. Der klassischen deutschen Strategie entsprechend, schlug Rommel vor, überraschend durch die Quattara-Senke vorzustoßen, Montgomerys Südflanke zu umgehen, nach Norden einzuschwenken, die Stellungen der 8. Armee aufzurollen und die Briten schließlich ins Meer zu werfen. Uns war klar, daß dies Rommels entscheidender Versuch war, Kairo, Alexandria und den Suez-Kanal zu erreichen. Rommel hätte diesen Versuch allerdings ebensogut mit dem Wort »verzweifelt« umschreiben können. Denn er wußte genau, daß er angesichts seiner Versorgungsschwierigkeiten und seiner überlangen Nachschublinie einfach keinen Erfolg haben konnte. Aufgrund seiner Beschwerden an Kesselring versuchten die Versorgungsschiffe der Achse nun zwar, statt in Tripolis in Bengasi ihre Nachschubgüter zu löschen; aber damit wurden sie für die britische Kriegsmarine auch zu leichteren Zielen.

So wurde Churchill an jenem Augustmorgen in Montgomerys Caravan am Strand in alle Geheimnisse eingeweiht: In die Aufstellung der Einheiten, die Rommel für den großen Angriff ausgewählt hatte – und schließlich sogar in die »Stunde X«. Für die Ultra-Experten in London war es der größte Treffer seit der Luftschlacht um England; für die 8. Armee waren die Informationen lebenswichtig. Ich konnte mir genau vorstellen, wie Churchill diese Situation genoß.

Im Laufe des Krieges sollte ich immer mehr den Eindruck gewinnen, daß Montgomery Ultra nicht besonders schätzte, vor allem, weil er wußte, daß Churchill und die Stabschefs die gleichen Informationen erhielten. Laut Menzies war es sogar zu einem ausgewachsenen Krach gekommen, als er Montgomery in London erstmals in das Geheimnis von Ultra eingeweiht hatte. Montgomery hatte darauf bestanden, er müsse als einziger alle militärischen Geheiminformationen erhalten. Das war natürlich unmöglich, und Churchill machte ihm das auch mit Nachdruck klar. Das Ergebnis war, daß sich Montgomery künftig so verhielt, als gäbe es Ultra überhaupt nicht. Er sah ein, daß ihm Churchill stets als Aufpasser im Genick sitzen konnte, wie vor ihm auch schon Auchinleck und Wavell. Nichtsdestoweniger berief er seine Befehlshaber zu einer

Konferenz ein und berichtete ihnen von seinem sicheren Gefühl, daß Rommel die britische Südflanke umgehen wolle, bevor die 8. Armee selbst bei El Alamein zuschlagen könne.

Im Gegensatz zu Montgomery nutzte General Alexander Ultra bis zum Letzten aus und fragte darüber hinaus bei mir immer wieder an, ob ich »zwischen den Zeilen« der deutschen Funksprüche noch irgendwelche neuen Zusammenhänge entdeckt hätte. Er nützte auch häufig meine persönlichen Kenntnisse der Deutschen und ihrer Befehlshaber. Alexanders Verständnis der logistischen und operationellen Möglichkeiten des Gegners bildete das Fundament für Montgomerys Erfolg.

Einer der Gründe für Rommels Entscheidung, Ende August zum Angriff überzugehen, war wohl das Versprechen Kesselrings, per Lufttransport eine gewisse Menge Treibstoff zu liefern. Rommel hatte immer wieder darauf hingewiesen, daß der Transport von Treibstoff per Lastwagen nutzlos sei, da die Transportfahrzeuge während des Weges zur Front den größten Teil ihrer Treibstoffladung selbst verbrauchten. Aufgrund der Funksprüche Rommels glaube ich jedoch, daß die Transportflugzeuge mit dem Treibstoff nie angekommen sind; darüber hinaus wurde das einzige Nachschubschiff, das Rommel vor dem Angriff mit Treibstoff versorgen sollte, versenkt.

Dank Ultra verfügte Montgomery über reichlich Zeit, um seine Gegenmaßnahmen zu treffen. Als Churchill wieder in London eintraf, war er mehr denn je verblüfft über die Leistungen seiner »geheimsten Nachrichtenquelle«. Zu dieser Zeit hatte ich bereits nicht weniger als vier Spezialverbindungseinheiten (SLU) in Afrika und im Mittelmeerraum stationiert. Die Special Liaison Unit in Kairo versorgte General Alexander und den Oberbefehlshaber der Luftstreitkräfte im Mittleren Osten mit Nachrichten und informierte gleichzeitig, via Alexandria, die Admiräle Ramsay und Cunningham. Eine zweite SLU lag in der Nähe von Montgomerys Hauptquartier, eine dritte war Air Marshal Sir Arthur Coningham, dem Oberbefehlshaber unserer Wüstenluftwaffe, zugeteilt worden.

Auch auf Malta gab es eine starke SLU, die mit allen drei Teilstreitkräften zusammenarbeitete. Robert Gore-Brown führte diese Spezialverbindungseinheiten. Im August 1942 hielt er sich fast immer bei der SLU im Hauptquartier der 8. Armee auf.

Am 31. August, dem Tag also, den Rommel vorgeschlagen hatte, brach der deutsche Angriff los. Er verlief genau nach Rommels Plan, den wir längst kannten. Montgomery hatte ein tiefes Verteidigungssystem aufgebaut. Sein Schwerpunkt lag auf dem Höhenrücken von Alam Halfa, der wie ein geschwollener Daumen in die Wüste hineinragte. Obwohl die britischen Streitkräfte rechtzeitig vorgewarnt worden waren, entwickelte sich eine erbitterte Schlacht. Rommels Panzer gaben nicht so schnell auf; als sein Angriff jedoch erst einmal zum Stehen gebracht worden war, hatte der deutsche Oberbefehlshaber keinen anderen Ausweg mehr als den Rückzug. Dabei ließ Rommel – neben den von der 8. Armee abgeschossenen – auch eine ganze Anzahl intakter Panzer zurück, denen der Treibstoff ausgegangen war.

Angesichts der »guten Nase« Montgomerys machte sich bei uns damals überhaupt niemand mehr Gedanken darüber, wie die Schlacht ausgegangen wäre, wenn Rommels verzweifelter Angriff überraschend gekommen wäre.

Am 2. September mußte Rommel seine Niederlage eingestehen und seine Truppen auf ihre Ausgangspositionen zurückziehen. Sein Funkspruch an Hitler über die Gründe der Niederlage bewies, wie sehr sich Rommel im Stich gelassen fühlte. Angesichts des deutschen Feldzuges in Rußland war dies für uns allerdings keine Überraschung. Hitler dachte offensichtlich nur noch an die Ostfront und kümmerte sich nicht mehr viel um Europas »weichen Unterleib«, die Mittelmeerfront.

Rommels Funksprüche nach Berlin ließen auch darauf schließen, daß ihm jetzt die Versorgungsschwierigkeiten und die Erschöpfung seiner Truppen noch mehr zu schaffen machten. Diesmal schien das Afrikakorps wirklich in einer schlimmen Situation zu sein. Aufgrund dieser Lagebeurteilung begann Churchill, auf Montgomery Druck auszuüben, bereits Mitte September gegen Rommel loszuschlagen. Der General behauptete jedoch, er sei noch nicht angriffsbereit. Montgomery teilte Churchill mit, daß er weder mit der Ausbildung seiner Soldaten noch mit den neuen Tanks zufrieden wäre, die erst auf einen Wüstenkrieg eingestellt werden müßten. Daher wurde Montgomerys Angriff auf Ende Oktober verschoben. Rommel benützte diese Galgenfrist zur Vorbereitung auf den britischen Angriff, den er kommen sah. Montgomery dagegen war entschlossen, kein Risiko einzugehen; er wußte nur zu gut, daß vor ihm Wavell und Auchinleck zu Offensiven gezwungen worden waren, für die sie ihre Vorbereitungen noch nicht abgeschlossen hatten. Die Schlacht von El Alamein aber war eine Schlacht, die um jeden Preis gewonnen werden mußte. Jetzt kam zum ersten Mal Montgomerys Entschlossenheit zum Vorschein, jede Schlacht nur nach eigenen Bedingungen auszutragen. Er dachte nicht daran, Rommel anzupacken, bevor er nicht personell und materiell haushoch überlegen war. Er plante auch keinen Überraschungsangriff an den Flanken, sondern einen mächtigen Frontalangriff, der bis ins kleinste Detail geplant wurde. Montgomery blieb eben in allen Lagen vorsichtig.

Man kann allerdings auch argumentieren, daß diese Verschiebung des Angriffstermins es Rommel erst ermöglicht hat, die großen Minenfelder zu legen und seine durch Treibstoffmangel bewegungsunfähigen Panzer einzugraben; als der britische Angriff losbrach, verfügte er jedenfalls über eine hervorragende Verteidigungsstellung. Die Funksprüche an Hitler, in denen er seine Erfolgschancen aufzählte, waren dennoch nicht sehr optimistisch.

Montgomery wiederum unterschätzte Rommel keinesfalls. Er wußte genau, daß er auf die deutschen Stellungen so lange einstürmen mußte, bis er Rommels Positionen genügend »aufgeweicht« hatte, um zum Durchbruch anzusetzen.

Die zweite Schlacht von El Alamein begann am 23. Oktober 1942. Winston Churchill bat darum, mit Hilfe unseres »Schatten-OKW« in Bletchley die Schlacht aus deutscher Sicht verfolgen zu können. Nach achttägigen bösen Kämpfen erkannte Rommel die Zeichen an der Wand. Er unterrichtete Hitler. Am 2. November antwortete Hitler darauf mit seinem inzwischen berühmt gewordenen Funkspruch, in dem er Rommel wissen ließ: »In der Lage, in der Sie sich befinden, kann es keinen anderen Gedanken geben als auszuharren . . . Ihrer Truppe aber können Sie keinen anderen Weg zeigen als den zum Sieg oder zum Tod.«

Bei Alamein erlitten die Deutschen die erste schwere Niederlage des Krieges. Und bis zu diesem Zeitpunkt hatte Hitler auch niemals einen Funkspruch diesen Inhalts an die Front geschickt. In den nächsten Jahren sollten wir allerdings noch mehrere ähnliche Durchhaltebefehle Hitlers abfangen.

Der Funkspruch an Rommel wurde sofort entschlüsselt und befand sich nur wenige Minuten, nachdem er vom Führerhauptquartier ausgestrahlt worden war, in Montgomerys und Churchills Händen. Rommel dagegen war entweder Sand in die Entschlüsselungsmaschine geraten oder aber er kämpfte bewußt um Zeit: Anstatt den Funkspruch zu bestätigen, bat er um seine Wiederholung. Es war wahrscheinlich das einzige Mal, daß ein britischer Kommandeur einen Befehl des feindlichen Oberbefehlshabers erhielt, bevor der ihm gegenüberstehende Truppenführer des Gegners ihn in Händen hielt oder zumindest zugab, ihm empfangen zu haben. In jedem Fall war es ein tolles Stück Teamwork der Wissenschaftler in Bletchley.

Vorher jedoch hatte Rommel – ebenfalls am 2. November – eine Meldung an Hitler abgesetzt, in der er um die Genehmigung zum Rückzug bat. Den Rückzug hatte er sogar bereits eingeleitet, ohne erst auf Hitlers Antwort zu warten. Es wird behauptet, daß Rommel, als ihm am nächsten Tag der zum zweiten Mal übermittelte Wortlaut des Durchhaltebefehls überreicht wurde, zunächst geglaubt hätte, es würde sich dabei um Hitlers negative Antwort auf seine Bitte um die Genehmigung des Rückzugs handeln. Ob Rommel tatsächlich das *Original* des Hitler-Funkspruchs gesehen und um seine Wiederholung gebeten hat, um seine eigenen Rückzugsbefehle zu vertuschen, wird nie mehr zu klären sein. Am 3. November jedenfalls gab der deutsche Afrika-Befehlshaber, entsprechend den Wünschen seines Führers, seinen Truppen den Befehl, anzuhalten und weiterzukämpfen. Zu diesem Zeitpunkt waren die Italiener und viele deutsche Einheiten jedoch schon auf dem Rückzug und nicht mehr zu erreichen, und Rommel muß bald erkannt haben, daß sein Halt-Befehl keine Wirkung mehr haben würde.

In der Nacht vom 3. auf den 4. November setzte Montgomery zum Durchbruch an. Rommels Erfolge während des Afrika-Feldzuges waren schon fast zu einem Mythos geworden und hatten in viele Gebiete Afrikas und des Mittleren Ostens den Samen des Aufstandes gegen die Briten getragen. Dieser Mythos mußte jetzt unbedingt gebrochen werden, und ein erster britischer Sieg – in Zusammenarbeit mit den Amerikanern, die am anderen Ende des Mittelmeers auf afrikanischem Boden gelandet waren – erschien als Einleitung der endgültigen Niederlage der Achse lebenswichtig. Noch waren die Kämpfe zwischen den Panzerverbänden blutig und schwer; am 4. November jedoch entschlüsselten wir eine Meldung Rommels an Hitler, in der er seine Niederlage zugab.

Diese Nachricht erhielt ich morgens, und ich gab sie sofort per Telefon an Downing Street 10 durch. Rommels Funkspruch war tatsächlich die erste Nachricht unseres Sieges für Churchill, denn der vorsichtige Montgomery hatte sich in seinen Lagebeurteilungen bisher sehr zurückgehalten. Seine eigene Siegesmeldung traf erst am späten Nachmittag ein, zu einer Zeit also, zu der Montgomery Rommels Funkspruch längst erhalten haben mußte.

Zunächst hatte wohl niemand von uns erwartet, daß die Ultra-Informationen die laufende Schlacht sehr beeinflussen würden. Tatsächlich hatte Ultra jedoch eine entscheidende Änderung unseres Schlachtplans bewirkt, und zwar kurz vor dem Durchbruchsversuch. Montgomery hatte im Norden, unweit der Küste, durchstoßen wollen. Seine Stabschefs dagegen hatten ihn zu überreden versucht, den entscheidenden Angriff im Mittelabschnitt zu starten, wo schwächerer feindlicher Widerstand zu erwarten war. Diese Erwartung beruhte auf einer Meldung von Ultra, die die Verschiebung einer deutschen Division in den Nordabschnitt enthüllte und gleichzeitig Rommels Anweisungen wiedergab, im Mittelabschnitt die italienischen Verbände durch deutsche Kampfeinheiten abzustützen. Schließlich erfuhren wir durch Ultra auch von der Versenkung des deutschen Tankers auf dem Weg nach Bengasi, die den Schluß nahelegte, daß Rommel seine Panzer nicht mehr nach Süden abdrehen könnte. Die Bilanz all dieser Feindnachrichten brachte Montgomery dann dazu, seinen Plan zu ändern und den Hauptangriff im Mittelabschnitt, an der Nahtlinie zwischen den Deutschen und den Italienern, anzusetzen.

Heute ist es offensichtlich, daß sich Rommel etwa zur Zeit von Hitlers »Kämpfen oder Sterben«-Funkspruch von seinem Führer abzuwenden begann. Man kann ihn dafür nicht verurteilen; er war ein brillanter junger General, dem viel an seinen Soldaten lag. Er hatte bestimmt nicht die Absicht, bis zum letzten Mann zu kämpfen, wenn er die Möglichkeit sah, sein Afrikakorps zu retten und seine Soldaten lebend nach Hause zu bringen.

Nachdem der Rückzug aber erst einmal begonnen hatte, wurde er fast zur Flucht; der vorsichtige Montgomery setzte jedoch nicht mit aller Kraft nach, und so brachten es die deutschen Truppen fertig, der Falle zu entrinnen. Durch Ultra hatten wir erfahren, daß Rommels letzte Treibstoffreserven schnell zusammenschmolzen und daß er von Kesselring keine Hilfe zu erwarten hatte. Kesselring war selbst durch die alliierten Invasionstruppen, die am 8. November in Marokko, Algerien und Tunesien gelandet waren, in die Klemme geraten. Eine Warnung Hitlers am 7. November, daß eine alliierte Landung zwischen Tobruk und Bengasi zu erwarten sei, machte Rommels Lage noch verzweifelter. Bei dieser Vorwarnung handelte es sich allerdings um die Auswirkung eines in Alexandria ausgestreuten Täuschungsplanes, wonach alliierte Verbände angeblich den Versuch unternehmen würden, das Afrikakorps auf dem Rückzug abzuschneiden. Die Erfinder dieser »Geisterlandung« waren sogar soweit gegangen, im Hafen bereits Truppen und ihre Ausrüstung auf Schiffe verladen zu lassen. Wir wußten natürlich, daß Hitler in Ägypten ein ganzes Agentennest sitzen hatte. Wunschgemäß wurden die Gerüchte von unserer geplanten Landung dann auch sofort an das Führerhauptquartier weitergeleitet.

Montgomery stieß auf seinem Vormarsch nach Westen inzwischen auf dieselben Schwierigkeiten, die Rommel während seines Angriffs in entgegengesetzter Richtung so schwer zu schaffen gemacht hatten: Die Nachschublinien wurden immer länger. Vielleicht waren diese Versorgungsschwierigkeiten mit daran schuld, daß Montgomery die weichenden Achsentruppen nicht schärfer verfolgte und auch nicht den totalen Sieg errang, den manche von uns erwartet hatten. Zwar gab er der 2. neuseeländischen Division den Befehl, flankierend durch den südlichen Teil der Wüste vorzustoßen und den Versuch zu unternehmen, Rommels Verbände abzuschneiden; die Neuseeländer wurden unglücklicherweise jedoch von einer feindlichen Patrouille entdeckt und kamen nicht mehr dazu, ihre Operation erfolgreich abzuschließen.

Inzwischen mußte Rommels Rückzug Hitler stark beunruhigt haben; von Ultra abgefangene Funksprüche deuteten darauf hin, daß Hitler den Entschluß gefaßt hatte, selbst den Oberbefehl über den nordafrikanischen Kriegsschauplatz zu übernehmen, obwohl sein Hauptquartier im weit entfernten Ostpreußen lag. Wenn Hitler persönlich führte, erhielten wir aber über Ultra stets die Gelegenheit, die Entscheidungen und Befehle der deutschen Führungsspitze mitzulesen. Hitlers persönliche Führung trug darüber hinaus auch entscheidend zu dem Sieg der Alliierten bei. Das sollte später noch deutlicher werden. Hitlers Funksprüche ließen jedenfalls keinen Zweifel daran, daß Rommel von nun an tun mußte, was ihm befohlen wurde.

Immerhin war die Entfernung nach Tunis noch groß, und wir begannen daher einen Weg ausfindig zu machen, um jene Geleitzüge zu entdecken und zu versenken, die so verzweifelt versuchten, Rommels erschöpfte Armee mit Nachschub zu versorgen. Unsere Spezialverbindungseinheit auf Malta lag, durch dicke Felsen geschützt, unmittelbar neben den Hauptquartieren unserer Marine- und Luftstreitkräfte. Diese schwimmenden und fliegenden Einheiten auf der Insel aber hatten den Auftrag, den Rückzug Rommels nach Tunesien zu bekämpfen. Dabei gingen wir folgendermaßen vor:

Jedesmal, wenn in Neapel oder Tarent zwei oder drei Schiffe mit

Proviant, Treibstoff, Ersatzteilen und Munition beladen worden und im Geleitzug nach Nordafrika losgefahren waren, schickte Kesselring einen Funkspruch an Rommel, in dem er ihn über die Ladung, die Abfahrtszeit und den Kurs der Nachschubschiffe unterrichtete. Für Rommel waren diese Meldungen außerordentlich wichtig, denn er mußte schließlich wissen, wann und wo er mit den Nachschubgütern rechnen konnte. Für uns jedoch waren sie ein reines Geschenk!

Sowohl Admiral Cunningham als auch Air Vice Marshal Sir Keith Park, der Kommandeur unserer Luftstreitkräfte auf Malta, waren peinlich genau darauf bedacht, die Geheimhaltungsvorschriften für Ultra einzuhalten. Sie drangen stets darauf, daß jeder erwartete Achsen-Geleitzug von extra gestarteten alliierten Aufklärern überflogen wurde, bevor unsere Kriegsschiffe zum Angriff übergingen. Nachdem drei dieser Versorgungsgeleite von uns versenkt worden waren, kam dichter Nebel auf. Zu diesem Zeitpunkt hatte der nächste Konvoi gerade Neapel verlassen.

Natürlich konnten wir nun nicht erwarten, daß ein Aufklärungsflugzeug im Nebel einen Geleitzug finden oder – wie wir es uns wünschten – von den Schiffen aus gesehen werden würde. Malta hielt seine Streitkräfte daher in der Hoffnung auf eine Wetterbesserung so lange wie möglich zurück. Als der Geleitzug dicht vor der afrikanischen Küste stand, mußten wir jedoch losschlagen. Im Hinblick auf die Wahrung des Ultra-Geheimnisses erschien es als höchst unglücklich, daß die Flugzeuge der RAF und die Schiffe unserer Marine – und das in dichtestem Nebel! – zur gleichen Zeit und genau an der richtigen Stelle auftauchten und die feindlichen Versorger versenkten, allerdings nicht, bevor einer von ihnen diesen höchst verdächtigen Angriff über Funk gemeldet hatte.

Diesmal wurde Kesselring wirklich böse und schöpfte wohl auch Verdacht. Er informierte die deutsche Abwehr in Berlin über Funk und bat um eine Untersuchung aller verdächtigen Umstände der Versenkung der Versorgungskonvois, die auf ein Leck in den Reihen der Achse schließen ließen. Ich schickte sofort eine Kopie von Kesselrings abgefangenem Funkspruch an Admiral Cunningham auf Malta. Später erzählte er mir, daß er mit diesen Schwierigkeiten gerechnet hätte, jedoch kaum etwas gegen sie hätte unternehmen können. Wir waren jedoch beruhigt, als wir die Antwort der deutschen Abwehr an Kesselring lasen, in der Berlin mitteilte, daß keine Hinweise auf ein »Leck« gefunden worden seien.

Zur Vorsorge schickte ich jedoch sofort einen Funkspruch an einen erfundenen Geheimagenten in Neapel ab – und zwar in einem Code, den die Deutschen entschlüsseln konnten –, in dem ich dem »Spion« für seine hervorragenden Informationen dankte und gleichzeitig eine Erhöhung seiner Bezüge ankündigte. Ich kann mir vorstellen, daß daraufhin im Hafen von Neapel unruhige Zeiten anbrachen, aber wir konnten uns keine Schwäche leisten, und die deutsch-italienischen Geleitzüge kamen weiterhin nicht an ihren Bestimmungsorten an.

Später erfuhren wir, daß der italienische Hafenkommandant von Neapel, ein Admiral, seines Postens unter dem Verdacht enthoben worden war, uns Informationen geliefert zu haben. Damit hatten wir die Bestätigung, daß die Achsenpartner nicht auf die Idee gekommen waren, wir könnten ihre Funksprüche mitlesen.

Damals war Rommel auf seinem Rückzug an einem Punkt angelangt, an dem er bereits über den Hafen von Tunis versorgt werden konnte. Vorher jedoch sollte noch ein letzter Geleitzug zu einem Punkt an der nordafrikanischen Küste dampfen, wo Rommels Streitkräfte gerade konzentriert waren, und dort eine Ladung Benzinfässer über Bord werfen. Der Funkspruch mit dem Fahrplan dieses Geleits und Rommels Antwort, in der er darauf hinwies, daß der Konvoi unbedingt durchkommen müßte, erreichten mich an einem Samstag abend in meinem Büro. Wie üblich mußte ich bis Sonntag morgen, zwei Uhr, warten, bevor ich Churchill nach Beendigung seiner üblichen Filmvorführung anrufen konnte. Nachdem ich ihm die Nachrichten vorgelesen hatte, schwieg er eine ganze Minute. Ich wußte ziemlich genau, was jetzt in ihm vorging. Dann kam der übliche simple Befehl: Ich sollte mich mit dem Admiralstabschef in Verbindung setzen und sicherstellen, daß alles notwendige veranlaßt wurde, um den Geleitzug zu vernichten. Es war genau die Antwort, die ich erwartet hatte. Ich wußte, daß der Premierminister die Lage in Nordafrika ständig genau verfolgte und sich über die Vorsicht, mit der Montgomery seinen Gegner Rommel verfolgte, im klaren war. Jetzt eröffnete sich uns zumindest die Chance, Rommel um seinen Nachschub zu bringen und ihn damit zur Aufgabe eines großen Teils seiner schweren Ausrüstung vor dem endgültigen Rückzug nach Tunesien zu zwingen.

Ich habe über diesen Vorfall so ausführlich berichtet, weil er, wie ich glaube, Churchills Verhalten in bestimmten Situationen treffend illustriert. Sein Schlußsatz, den ich nun schon gewöhnt war, lautete: »Rufen Sie mich an, wenn Sie alles erledigt haben!« Der Admiralstabschef war hilfreich wie immer.

Wieder einmal lagen jedoch Nebelschwaden über dem Mittelmeer, und dieses Mal konnte der Aufklärer von Malta den Konvoi nicht finden. Offensichtlich hatten die Schiffe unterwegs ihren Kurs geändert. Der Pilot des RAF-Aufklärers kreuzte jedoch so lange, bis er die Schiffe plötzlich durch ein kleines Loch in der Nebelwand entdeckte. Sie liefen einen wesentlich anderen Kurs als ihm mitgeteilt worden war. Für ein einzelnes britisches Flugzeug war es buchstäblich selbstmörderisch, ein Funksignal abzusetzen, wenn es sich von Malta weit entfernt hatte; die Deutschen auf Sizilien konnten die Maschine nämlich mit Radar orten, und die feindlichen Jäger waren dann in der Lage, den Aufklärer abzufangen, bevor er sich nach Hause retten konnte. Dennoch gab der mutige Pilot sofort die Position des Geleitzuges durch. Er mußte diese Meldung mit seinem Leben bezahlen. Sein Funksignal wurde jedoch von unseren Kriegsschiffen, die bereits eine günstige Position bezogen hatten, empfangen, und der Geleitzug konnte noch rechtzeitig versenkt werden. Diesmal reagierte Rommel mit Galgenhumor: In einem Funkspruch an Kesselring bedankte er sich für die zwei oder drei Benzinfässer, die aus den Schiffswracks an die Küste getrieben worden waren.

Der Seekrieg und die Zusammenarbeit mit den Amerikanern

Ich möchte nicht den Eindruck erwecken, daß in den 20 Monaten zwischen Rommels Ankunft in der Cyrenaika im Februar 1941 und seinem überstürzten Rückzug im November 1942 Ultra und mich ausschließlich die Ereignisse auf dem nordafrikanischen Kriegsschauplatz beschäftigt hätten. Die Funkaufklärung spielte auch während des Seekriegs im Atlantik eine große Rolle. Zwar hatte ich mit diesem Kriegsschauplatz direkt nichts zu tun, da unsere Kriegsmarine darauf bestand, daß alle Ultra-Nachrichten, die den Seekrieg betrafen, sofort im deutschen Originaltext an den Geheimdienst der Admiralität (NID) weitergegeben werden mußten. Dennoch wurde ich damals Zeuge zahlreicher interessanter Ereignisse und Entwicklungen.

Unter den Eingeweihten herrscht Übereinstimmung, daß Ultra in der Schlacht um den Atlantik eine Schlüsselrolle gespielt hat. Nirgends war unser Abhörsystem von lebenswichtigerer Bedeutung als in dem Kampf zwischen den deutschen U-Booten und unseren Geleitzügen und ihren Begleitschiffen, die in den ersten Kriegsjahren Großbritanniens Überlebensfähigkeit zu sichern und darüber hinaus unsere Streitkräfte zu versorgen hatten.

Aufgrund der Arbeit von Ultra auf dem Seekriegsschauplatz konnten wir nicht nur die Befehle für die auf hoher See operierenden U-Boote mitlesen, sondern anhand der von den U-Booten abgesetzten Funksprüche auch die Positionen der deutschen Unterwasserkriegsschiffe ermitteln. Es bedarf keiner außergewöhnlichen Vorstellungskraft, um sich die Bedeutung dieser Informationen klarzumachen: Sie ermöglichten es unserem Marine-Geheimdienst, die alliierten Geleitzüge vor deutschen U-Boot-Konzentrationen zu warnen und versetzten unser Küstenkommando in die Lage, die U-Boote beim Auslaufen aus ihren Stützpunkten und beim Anlaufen ihrer Heimathäfen aus der Luft anzugreifen. Zweifellos verlief dieser Kampf gegen die U-Boote, zumindest bis Mitte 1942, erfolgreich. Aber unsere Versenkungserfolge wurden damals offensichtlich geheimgehalten, und so schien es, daß sich Ultra mehr auf die Fähigkeit unserer Admiralität auswirkte, durch rechtzeitige Kursänderungen die Geleitzüge um einzelne U-Boote oder ganze U-Boot-Gruppen herumzuleiten. Natürlich konnte die Royal Navy nicht alle Kriegsschiffe mit dem SLU-System ausstatten. Statt dessen gab sie alle Anweisungen, die sich auf Ultra-Informationen stützten, mittels eines eigenen Codes weiter, der in einem besonderen Schlüsselbuch zusammengefaßt war.

Ende 1942 begann die Zahl versenkter U-Boote zurückzugehen, und die deutschen U-Boot-Rudel richteten in den Geleitzügen so viel Zerstörung und Schrecken an, daß die Schlacht um den Atlantik im Frühjahr 1943 für uns in ein kritisches Stadium eintrat. Glücklicherweise besaß ein gewisser Commander Denning, der im Geheimdienst der Kriegsmarine das Ultra-Material bearbeitete, die richtige Spürnase, und ein überraschender Wechsel unseres Marine-Codes verbesserte unsere Situation bald wieder. Nach dem Krieg sollten dann die Tagebücher des Großadmirals Karl Dönitz enthüllen, daß die Deutschen während dieser kritischen Periode in unseren Marineschlüssel eingebrochen waren. Zwar müssen sie bei der Lektüre unserer Funksprüche von unserer genauen Kenntnis ihrer U-Boot-Positionen überrascht gewesen sein; glücklicherweise sind die Deutschen seinerzeit jedoch nicht auf die Idee gekommen, wir könnten das Geheimnis der ENIGMA gelüftet haben.

Einer der wahrscheinlich wertvollsten Beiträge Ultras zur Bekämpfung der U-Boote wurde, wie ich glaube, offenkundig, als es uns 1943 gelang, auf die Spur der deutschen Versorgungs-U-Boote im Atlantik zu kommen. Die gefährlichsten Gewässer für die U-Boote waren jene Seegebiete, die im Aktionsbereich unserer Zerstörer und der Flugzeuge des Küstenkommandos lagen. Sie aber mußten von den Deutschen nach dem Auslaufen oder beim Ansteuern ihrer Stützpunkte stets durchlaufen werden. Um dieser Gefahr zu entgehen und die Seeausdauer ihrer Tauchboote zu vergrößern, setzten die Deutschen Versorgungs-U-Boote ein, »Milchkühe« genannt, deren Positionen den nachschubbedürftigen Kampf-U-Booten über Funk mitgeteilt wurden. Im Jahr 1943 gelang es uns schließlich, durch den Einsatz von Ultra die Wege der »Milchkühe« zu verfolgen.

Zu jener Zeit bestand bereits eine enge Zusammenarbeit zwischen unserem Coastal Command und der entsprechenden amerikanischen Organisation, die hauptsächlich für die Sicherung der Konvoi-Routen im Südatlantik zuständig war. Mit typischem Enthusiasmus setzten sich die Amerikaner für die schlagartige Versenkung aller »Milchkühe« ein. Der Oberbefehlshaber des Küstenkommandos, Jack Slessor, überredete sie jedoch, dem deutschen U-Boot-Befehlshaber Dönitz ja keinen Anlaß zu geben, Verdacht zu schöpfen. Und so wurden die »Milchkühe« bewußt nacheinander und unter größter Geheimhaltung auf den Grund der Meere geschickt. Diese Operation ist wohl einer der schwersten Schläge gegen die deutsche U-Boot-Waffe gewesen.

Mitte 1943 wurde die Herrschaft der U-Boote im Atlantik endgültig gebrochen, und zwar aufgrund des Verlustes der »Milchkühe«, des Einsatzes neuer Radargeräte durch die alliierte Luftwaffe und zuletzt auch durch die Genehmigung, erkannte U-Boot-Positionen per Funk an alliierte U-Jagdflugzeuge übermitteln zu dürfen, was eine deutliche Lockerung der bisher so strengen Vorschriften zum Schutze des Ultra-Systems bedeutete. Auch die Ultra-Operationszentrale in Bletchley Park erhielt eine Belohnung in Gestalt eines geenterten und eingebrachten deutschen U-Bootes, dessen ENIGMA-Schlüsselmaschine und Schlüsselunterlagen intakt waren. Dieser Erfolg ersparte uns viel Arbeit und war darüber hinaus geeignet, einen etwaigen Verdacht der Deutschen, daß wir in ihren Code eingebrochen wären, auszuräumen.

Der Name Ultra ist mit einer ganzen Anzahl weiterer Episoden des Seekrieges eng verbunden. Einige von ihnen werden in anderen Kapiteln dieses Buches beschrieben. Die wahre Geschichte der

Seeschlachten im Atlantik und Pazifik während des Zweiten Weltkrieges muß jedoch erst noch geschrieben werden.

In den Jahren 1941 und 1942 hatte ich mich vor allem auch mit der Aufstellung von Spezialverbindungseinheiten bei unseren Verbänden im Pazifik und mit der Unterrichtung britischer und amerikanischer Generäle und ihrer Geheimdienststäbe über Bedeutung und Wert der Ultra-Informationen und die Notwendigkeit, dieses System streng geheim zu halten, zu befassen. Es ist mir nicht bekannt, zu welchem Zeitpunkt Churchill den US-Präsidenten Roosevelt über Ultra informiert hat; wahrscheinlich geschah dies aber anläßlich der ersten Konferenz der beiden Männer nach dem japanischen Angriff auf Pearl Harbour.

Im August 1942 zogen General Eisenhower und sein Stab in das alte Norfolk House am St. James' Square in London und richteten hier das Hauptquartier der alliierten Streitmacht ein, die in Nordafrika landen sollte. Nach der Ankunft der Amerikaner begann ich, eine völlig neue Organisation für die Übermittlung der Ultra-Nachrichten und zur Abschirmung dieses Systems einzurichten, die im Bedarfsfall alle alliierten Stäbe in Nordafrika und an jedem anderen Punkt des westlichen Kriegsschauplatzes versorgen konnte.

Zu diesem Zeitpunkt unterrichtete mich General Menzies auch von seinem Entschluß, mein »Schatten-OKW« in Haus 3 direkt der Generaldirektion in Bletchley zu unterstellen. Man wußte eben nie ganz genau, wie man mit Menzies dran war. Er versüßte mir die bittere Pille, indem er mich als seinen Stellvertreter bestätigte, mit dem Auftrag, das Ultra-System auf den einzelnen Operationsgebieten abzuschirmen und die Ultra-Nachrichten an den Premierminister zu übermitteln. Für mich war es sehr schmerzlich, Haus 3 in andere Hände zu geben, aber ich wußte, daß meine Nachfolger ihrer Aufgabe jetzt voll gewachsen waren.

Die Verteilung des Ultra-Materials an immer mehr Empfänger und die damit anwachsenden Sicherheitsprobleme erzwangen die Aufstellung und Ausbildung vieler neuer Spezialverbindungseinheiten. General Stewart Menzies hatte besonders darauf hingewiesen, daß ich in Zukunft alle Fronten zu besuchen und sicherzustellen hätte, daß Ultra, das größte Geheimnis der Alliierten, nicht gefährdet würde. Er versicherte mir, daß der Premierminister die Oberbefehlshaber persönlich informieren würde, daß ich in seinem Auftrag handelte. Das war ein deutlicher Hinweis, wie der Premierminister die Bedeutung von Ultra für unsere Kriegsführung beurteilte. Ich fühlte, daß es nun an der Zeit war, spezielle Geheimhaltungsvorschriften zu verfassen und sie mit Washington abzustimmen.

Während der Jahre 1940 und 1941 hatte ich mich zum erstenmal intensiv damit beschäftigt, Ultra gegen alle Gefahren abzuschirmen und zu verhindern, daß der Feind in unsere Funkverbindungen einbrach oder daß das schriftliche Ultra-Material in falsche Hände geriet. Inzwischen hatte ich aber auch erfahren, wie schnell das Geheimnis durch leichtfertigen Umgang mit Ultra-Material an der Front gefährdet werden konnte.

An dieser Stelle ist es angebracht, nochmals auf die wesentlichen Geheimhaltungsvorschriften einzugehen, die wir aufgrund unserer zweijährigen Erfahrungen entwickelt hatten: Zunächst wurde die Zahl der Personen, die Ultra-Informationen erhielten, bewußt klein gehalten. Kein Name konnte ohne meine Erlaubnis auf die Verteilerliste gesetzt werden. Die Chefs der Spezialverbindungseinheiten durften Ultra-Meldungen nur persönlich an jene Kommandeure oder Stabsoffiziere übergeben, die auf unserer Liste standen. Alle Meldungen mußten an den SLU-Offizier zurückgegeben werden, nachdem sie von den Empfängern gelesen und verstanden worden waren. Sie wurden dann sofort zerstört. Kein Ultra-Empfänger durfte eine Meldung weitergeben oder wiederholen. Jede militärische Aktion, die ein Frontbefehlshaber aufgrund einer Ultra-Information unternahm, durfte nur durch Befehle oder Weisungen ausgelöst werden, die weder einen Rückschluß auf Ultra zuließen, noch beim Gegner den Verdacht auslösen konnten, daß seine Funksprüche mitgelesen würden. Mußten jedoch Operationen durchgeführt werden, die beim Gegner Verdacht auslösen konnten (wie zum Beispiel die aufeinanderfolgenden Versenkungen der feindlichen Geleitzüge im Mittelmeer), dann hatten unsere Befehlshaber Täuschungsmanöver, wie den Einsatz von Aufklärungsflugzeugen, einzuleiten. Schließlich durfte sich auch kein Ultra-Empfänger in die Gefahr bringen, vom Feind gefangengenommen zu werden.

Ich hatte den Auftrag erhalten, alle alliierten Befehlshaber und ihre wichtigsten Stabsoffiziere über Ultra zu unterrichten, wenn sie ihre Kommandos im Vereinigten Königreich oder an einem anderen Punkt des europäischen Kriegsschauplatzes übernahmen. Bisher hatte ich mir immer vorgestellt, daß sich alle Generäle ähnlich seien und sich allenfalls in ihrer Ausbildung etwas unterschieden. Tatsächlich traf ich jedoch auf eine große Zahl sehr verschiedener Typen, die ich ganz unterschiedlich behandeln mußte. Ich mußte ihnen einhämmern, daß sie an der Front mit den Funksprüchen höchster Kommandostellen des Feindes versorgt werden würden, bei deren Ausnutzung sie jedoch scharfen Geheimhaltungsvorschriften zu folgen hätten. Vor allem dürften sie aufgrund derartiger Informationen nicht sofort aktiv werden, um den Gegner nicht mißtrauisch zu machen. Es gab natürlich große Diskussionen, ob dies überhaupt möglich sei, und später gerieten wir denn auch ein- oder zweimal in für Ultra höchst gefährliche Situationen. Einige Generäle zeigten sich auch skeptisch, bis ich ihnen ein paar Funksprüche Hitlers vorlegte.

Zwei Kommandeure ärgerten sich über die Vorschrift, daß sie sich nicht zu weit nach vorne wagen dürften, um der Gefahr der Gefangennahme zu entgehen. Sie fühlten sich dadurch in ihrer Bewegungsfreiheit eingeschränkt. Es handelte sich dabei um Generalmajor George Patton und Generalmajor Jimmy Doolittle. Patton hielt sich immer gerne in vorderster Linie auf, und Doolittle machte sich viel aus scharfen Bombereinsätzen. Glücklicherweise wurde es in dieser Hinsicht nur einmal gefährlich, als ein hoher Offizier der Royal Air Force an einem besonders riskanten Unternehmen gegen ein Ziel in Frankreich teilnahm. Er wurde prompt abgeschossen. Churchill mußte unterrichtet werden, und der Luftwaffenstab erlebte heiße Stunden. Schließlich gelang es der Untergrundbewegung in Frankreich, unseren Offizier in Sicherheit zu bringen.

Die ersten Amerikaner, die ich zu instruieren hatte, waren die Stabsoffiziere Eisenhowers. An einem Nachmittag im August wurden Menzies und ich in den großen Saal im ersten Stock des Norfolk House geleitet. Eisenhower erschien in Begleitung von Generalleutnant Mark Clark und seiner führenden Geheimdienstoffiziere. Eisenhower war kleiner, als ich ihn mir vorgestellt hatte, aber er strahlte jene angeborene Autorität aus, die ein erfolgreicher Führer haben muß. Er stellte Clark und drei Angehörige seines Geheimdienstes vor und entschuldigte sich dann mit den Worten, er und sein Stabschef, Generalmajor Walter Bedell Smith, seien bereits von dem Premierminister informiert worden.

Mark Clark war von Anfang an unruhig und unkonzentriert. Ich schilderte nicht nur die Quelle unserer Informationen, sondern lieferte, um Mark Clarks Interesse zu wecken, auch einige Beispiele für die Leistungsfähigkeit Ultras. Anschließend wollte ich ihm klarmachen, wie ihm unser Material übermittelt werden würde. Aber Mark Clark schien bereits meinen ersten Ausführungen nicht getraut zu haben und verabschiedete sich bereits nach einer Viertelstunde mit dem Hinweis, er und seine Offiziere hätten noch anderswo zu tun. Es war ein schlechter Start, und Menzies war besonders ärgerlich. Aber ich fühlte, daß Clarks Intelligence-Offiziere interessiert waren. Ich wollte mit ihnen später noch einmal reden.

Unmittelbar vor Beginn des Unternehmens »Torch« (die Landung alliierter Truppen in Nordafrika am 8. November 1942) eröffneten wir Ultra ein neues Wirkungsfeld, das für die strategischen Luftangriffe der Alliierten außerordentliche Bedeutung erlangen sollte. Dabei handelte es sich um den deutschen Wetterdienst. Die Wetterverhältnisse über Mittel- und Osteuropa sollten sich nämlich für die Planung unserer Langstreckenangriffe als höchst wichtig herausstellen. Daher wurden die Wetternachrichten von den Deutschen streng geheim gehalten. Wenn das Wetter von Westen kam, waren wir natürlich besser dran als der Gegner. Kam es jedoch aus anderen Richtungen, dann waren alle Wetternachrichten für uns von unschätzbarem Wert.

Als General Spaatz den Oberbefehl über die strategischen Luftstreitkräfte der Amerikaner in Europa übernahm, sollte er mich zur Instruktion seiner Verbandsführer einladen. Dabei ging es um die Vorbereitung von Bombenangriffen, die über große Distanzen, sogar bis nach Österreich, führten. Diese Einsatzbesprechungen fanden in einem alten Klassenzimmer der berühmten Wycombe Abbey Girls' School statt, in der das US-Hauptquartier untergebracht war. Sorgfältig lauschte ich stets den Ausführungen des Meteorologen, der über die Wetterverhältnisse auf dem Hin- und Rückflug berichtete. Keiner hat den Wetterfrosch jemals gefragt, wieso er darüber so gut Bescheid wissen konnte; wenn aber ein Flieger die Vorhersage in Frage stellte, dann pflegte mir Spaatz zuzuzwinkern und seelenruhig die Antwort zu geben: »Ich glaube, Sie können sich darauf verlassen!«

Unternehmen »Torch«

Noch vor dem 8. November 1942 flog ich nach Gibraltar, um Eisenhower vor seiner Abreise nach Algier über die neueste Entwicklung zu unterrichten. Es war ein erregender Augenblick. Eisenhowers Spezialverbindungseinheit befand sich in der unter Fels liegenden Operationszentrale. Der Raum war kühl und feucht. Ganz plötzlich waren alle Pläne Realität geworden: Ultra mußte sich während einer großen amphibischen Operation der Alliierten beweisen. Seltsamerweise war Ultra in den Tagen vor den Landungen an der nordafrikanischen Küste jedoch eher von »negativem« Wert.

Bereits vor einem Monat waren Funksprüche zwischen Kesselring und Berlin gewechselt worden, in denen Hinweise auf eine bevorstehende alliierte Landung im westlichen Mittelmeer ausgetauscht worden waren. Kesselring hatte zugegeben, daß ihm der Landungsraum nicht bekannt wäre. Anfang November hatte er aber in einem von Ultra entschlüsselten Funkspruch mitgeteilt, daß er dieses amphibische Unternehmen in Nordafrika oder auf Sizilien oder Sardinien erwarte. Für uns war das eine besonders wichtige Nachricht: Falls Kesselring nämlich sichere Hinweise auf unsere Pläne besaß, konnte er möglicherweise die französischen Streitkräfte in Algerien zum Widerstand gegen uns bewegen. In diesem Fall mußten wir zweifellos mit verheerenden Folgen rechnen.

Kesselring forderte von Hitler aber auch die Entsendung von Verstärkungen, die vorsichtshalber auf Sizilien und in Süditalien konzentriert werden sollten. Nachdem Hitler zweimal kurz und bündig abgelehnt hatte, befahl Kesselring, die Versammlung aller verfügbaren Verbände in Süditalien und ließ darüber hinaus jedes einsatzbereite Transportflugzeug heranziehen. Abgesehen von einer

Meldung an Berlin, in der Nähe der spanischen Küste seien Geleitzüge gesichtet worden, ließ er danach jedoch nichts mehr von sich hören. Eisenhower war in gehobener Stimmung! Dies war unsere erste Lektion in »non-Ultra«, d. h. weil keine gegnerischen Funksprüche über eine bestimmte alliierte Operation aufgefangen wurden, konnte daraus der Schluß gezogen werden, daß der Gegner ahnungslos war. Ultras Schweigen ließ uns jedenfalls auf eine völlige Überraschung des Feindes hoffen. Wir wußten, daß Kesselring ein Mann der Luftwaffe war. Wir hatten auch von Ultra erfahren, daß er in aller Stille seine Position als Befehlshaber im Mittelmeerraum immer stärker machte. Mit Sicherheit würde er keine Zeit verschwenden, sobald er Hinweise auf unsere Landeplätze erhalten hatte.

Traditionsgemäß lautete die deutsche militärische Doktrin damals: Warum sollte man an der Südküste des Mittelmeers landen, wenn das Angriffsziel Europa war?

Das war auch der Standpunkt der Amerikaner gewesen, die blindlings in Frankreich hatten eindringen wollen, bevor sie von Churchill überredet worden waren, es doch erst einmal mit einem Landungsunternehmen in Nordafrika zu versuchen. Meiner Ansicht nach war diese Doktrin auch der Grund dafür, daß Kesselring nichts tat außer abzuwarten. Während wir noch in Gibraltar waren, schlug Rommel in einem Funkspruch an Kesselring vor, das Afrikakorps wegen der Gefahr alliierter Landungen in Nordafrika schleunigst auf El Agheila an der tripolitanischen Grenze zurückzuziehen. Damit drohte die Möglichkeit, daß Kesselring, falls er Tunesien halten könnte, seine Verbände mit dem zurückweichenden Afrikakorps vereinigen würde.

Rommel hatte nicht lange gebraucht, um uns auf die Schliche zu kommen, und auch Kesselring reagierte schnell, als ihm unser Ziel erst einmal bekannt war. In einem Funkspruch an die deutsche Mission in Tunis verlangte er das sofortige Einverständnis der Franzosen mit der Übernahme der Flugplätze und Häfen von Tunis und Bizerta durch deutsche Streitkräfte. Unmittelbar nach dem Absetzen dieses Funkspruches traf ein Befehl Hitlers ein, der Kesselring die Erlaubnis erteilte, »diese Gebiete (d. h. den Raum Tunis-Bizerta) zu besetzen und weitere Verbände für die Entsendung nach Tunesien bereitzustellen«. Aber da ihm Hitler erst vor kurzem Verstärkungen abgeschlagen hatte, mußte Kesselring mit dem auskommen, was er hatte. Durch Ultra wußten wir, wie stark Kesselrings Streitmacht war; wir wußten jedoch nicht, wie schnell er seine Einheiten über eine Luftbrücke nach Nordafrika bringen konnte.

Unglücklicherweise war die politische und militärische Lage der Franzosen in Algerien, milde ausgedrückt, verworren. General Anderson, der die britische 1. Armee und amerikanische Verbände befehligte, traf mit seiner SLU einen Tag nach den Landungen in Algier ein. Am gleichen Abend lasen wir Hitlers abgefangenen Funkspruch an das deutsche Hauptquartier in Paris, in dem er die Besetzung des noch freien Teils von Frankreich anordnete. Dieser Funkspruch löste in London eine Kettenreaktion aus: Was wurde aus der französischen Kriegsflotte in Toulon? Natürlich fürchteten wir, sie könne in deutsche Hände fallen.

Unsere Regierung trat an die »freien Franzosen« unter de Gaulle in London heran, um festzustellen, ob die französische Flotte zum Auslaufen und zur Vereinigung mit unseren eigenen Seestreitkräften im Mittelmeer bewegt werden könne. Das Problem wurde jedoch von der französischen Regierung in Vichy selbst gelöst: Sie gab den Befehl zur Selbstversenkung ihrer Kriegsschiffe.

Auch Kesselring zögerte nicht mehr. Er jagte Blitzbefehle an die Luftwaffe und das Heer hinaus und ordnete den sofortigen Lufttransport von Truppen nach Tunesien und die Verlegung von Jagdstaffeln auf die Flughäfen von Tunis und Bizerta an. Bereits einen Tag nach den alliierten Landungen in Algerien konnte er dem Führerhauptquartier berichten, daß deutsche Flugzeuge in El Aouina bei Tunis gelandet seien und deutsche Alarmeinheiten abgesetzt hätten. Für General Anderson waren das böse Nachrichten, und Eisenhower sollte in den nächsten zwei Tagen erleben, wie die Deutschen per Luftbrücke von Italien aus ihre Verbände in Tunesien mit einer Geschwindigkeit verstärkten, mit der wir nie gerechnet hatten. Jetzt rächte es sich, daß sich die amerikanischen Stabschefs mit ihrer Forderung, bei Casablanca, Oran und Algier, also weiter im Westen, zu landen, durchgesetzt hatten. Die Briten dagegen hatten von Anfang an Landungen an der tunesischen Küste und östlich von Algier gefordert.

Eisenhower ging am 13. November in Algerien an Land. Ich war dort bereits am 10. November an Bord eines U-Boot-Jagdflugzeuges eingetroffen. Während des Fluges war mein Pilot plötzlich im Sturzflug auf einen schwarzen Gegenstand im Meer hinabgetaucht – der friedliche Tümmler unter uns muß wohl einen schweren Schock erlitten haben.

Nach der Londoner Kälte war das warme Klima von Algier eine Wohltat. Die purpurroten Bougainvilleas, der leuchtendblaue Bleiwurz und der rosarote Oleander waren noch in voller Blüte. Orangen gab es in Fülle. Ich habe mich mit unserem Stabsarzt nie darüber einigen können, ob diese Orangen oder die Gelbfieberinjektionen an den vielen Fällen von Gelbsucht unter unseren Soldaten schuld waren. Das St. George Hotel auf halber Höhe über der Stadt, in dem das Alliierte Hauptquartier eingerichtet worden war, glänzte weiß in der Sonne. Leider fand ich dort jedoch weder »Sindbad« Welsh, den Chef des britischen Teils des alliierten Stabes, noch General Anderson, den Befehlshaber der britischen 1. Armee. Beide waren schon wieder ausgezogen. Welsh spürte ich schließlich in seinem neuen Hauptquartier am Flugplatz Maison Blanche auf. Er berichtete, das King George sei so überfüllt, daß man dort einfach nicht arbeiten könne.

Anderson war schwieriger zu finden; er hatte sich in einem einsamen Bauernhaus zwischen farnbedeckten Hügeln, knapp 50 Kilometer östlich Algier, niedergelassen. Mit einem schiefen Lächeln machte er mir klar, daß er von hier aus ein Auge auf die einzige Eisenbahnverbindung halten könne, über die der Nachschub an die Front rollte. Aufgrund der Ultra-Nachrichten über Kesselrings schnellen Vormarsch in Tunesien setzte sich Anderson mit allen Kräften dafür ein, seine Verbände nach Osten vorzuschieben, bevor die Deutschen ihren Brückenkopf zu weit ausdehnen konnten. Am späten Abend lasen wir Kesselrings Funkspruch an den deutschen Luftwaffenstab in Tunis, der die Besetzung des Flugplatzes bei Bone durch ein deutsches Fallschirmjägerbataillon anordnete. Bone lag auf der Vormarschroute der Alliierten. Wir mußten diesen Flughafen unbedingt nehmen; denn in Nordafrika gab es nur wenige Landeplätze, und die Entfernungen zwischen ihnen waren groß.

Laut Kesselrings Befehl sollten die Deutschen den an der Küste liegenden Flugplatz bei Bone am 12. November, am folgenden Tag also, einnehmen. Daraufhin erteilte unser Hauptquartier einem schwachen Bataillon der britischen Fallschirmjäger die Order, den Flugplatz am Morgen des 12. November zu besetzen und den Deutschen zuvorzukommen. Die britischen Fallschirmjäger waren nicht gut ausgebildet, aber sie brannten auf den Einsatz und waren sofort verfügbar. Den Lufttransport sollten zweimotorige amerikanische »Dakotas« durchführen.

Trotz der späten Stunde wurde die Operation gründlich vorbereitet. Zusammen mit Andersons RAF-Verbindungsoffizier erhob ich mich schon vor der Morgendämmerung, um auf die neuesten Nachrichten über den Wettlauf gegen die Deutschen zu warten. Da sie nicht wissen konnten, daß wir eine ähnliche Operation vorbereiteten, mußten wir ihnen eigentlich zuvorkommen. Glücklicherweise verließen die deutschen Fallschirmjäger Tunis tatsächlich später als unsere Algier. Es war ein erregendes Rennen, und zum Schluß lagen die Alliierten mit Kopflänge vorn: Die deutschen Transporter erschienen über Bone, als die letzten britischen Fallschirmjäger landeten. Daraufhin drehten die Ju 52 ab.

In Andersons altem Bauernhaus genehmigten wir uns ein spätes, aber fröhliches Frühstück. Das »Wettrennen um Bone« hatte Anderson und seinen Stab offensichtlich überzeugt, daß Ultra für taktische wie auch für strategische Operationen von Wert sein konnte.

Per Anhalter reiste ich in einer Douglas »Dakota«, diesem berühmten »Schlachtroß«, nach Gibraltar zurück. In einem Flugboot ging es dann weiter nach Plymouth. In sechs Wochen wollte ich wieder Algier besuchen. In der Zwischenzeit sollte ich von London aus die Operationen in Nordafrika aus deutscher Perspektive verfolgen, und zwar mit Hilfe des Generalfeldmarschalls Kesselring.

Nach meiner Rückkehr bemerkte ich, daß Churchill nicht mehr ganz so ungeduldig wie früher immer neue Meldungen von Ultra verlangte. Nachdem Eisenhower als Oberbefehlshaber für das Unternehmen »Torch« (»Fackel«) akzeptiert worden war, konnte es sich Churchill jetzt leisten, sich ein wenig zu entspannen und die Führung des Krieges in Nordafrika, die bisher seine Hauptbeschäftigung dargestellt hatte, weitgehend anderen zu überlassen.

Von Ultra erfuhren wir, daß das OKW Kesselring nun doch bedeutende Verstärkungen zugesagt hatte, ein Versprechen, das aufgrund der Erfahrungen Rommels wohl mit einigen Zweifeln bedacht wurde. Nichtsdestoweniger konnte Kesselring Ende November melden, daß er etwa 15 000 Soldaten und rund 100 Panzer in Tunis abgesetzt hätte. Außerdem waren rund 8000 italienische Soldaten gelandet worden. Alles deutete darauf hin, daß die Deutschen nun stark genug waren, die Alliierten mit Hilfe des schwierigen Geländes aufzuhalten.

Ab Ende November informierte uns Ultra nicht nur über die Situation der deutschen Streitkräfte in Tunesien, die inzwischen von General Walther Nehring kommandiert wurden, sondern auch über Rommels Afrikakorps, das sich auf dem Rückzug aus der Cyrenaika befand. Laut Ultra hatte Hitler von seinem fernen Hauptquartier aus den Oberbefehl über das Afrikakorps übernommen und Rommel beauftragt, sich bei El Agheila zum Kampf zu stellen. Hitlers Funkspruch alarmierte Montgomery, der sofort die 2. neuseeländische Division einsetzte und Rommel abzuschneiden versuchte. Rommel mußte seine Verteidigungslinie aufgeben. Er informierte daraufhin Rom und Berlin und kündigte seine Absicht an, sich mit dem Afrikakorps auf eine Linie bei Homs in Tunesien zurückzuziehen. Wie Ultra enthüllte, befahl Hitler Rommel jedoch, anzuhalten und soweit östlich wie möglich eine Abwehrstellung zu beziehen. Rommel entschloß sich daraufhin, sich bei Buerat einzugraben. Per Funk teilte er Hitler diesen Plan mit. Montgomery wurde über Ultra sofort erneut von diesem Plan unterrichtet und schickte daraufhin seine 7. Panzerdivision durch die Wüste vor, um Rommels Stellung von Westen her zu flankieren.

An Weihnachten gingen bereits Anforderungen für die Aufstellung neuer Spezialverbindungseinheiten bei den vorgeschobenen Stäben in Tunesien ein. Bevor ich die Ultra-Verteilerliste vergrößerte, entschloß ich mich jedoch, die Lage an Ort und Stelle selbst zu erkunden. Mehr Ultra-Empfänger bedeuteten eine Vergrößerung des Sicherheitsrisikos, die begründet werden mußte. Im Alliierten Hauptquartier hatte es einige Personalveränderungen gegeben: Tedder war aus Kairo eingetroffen und hatte das Oberkommando über alle Luftstreitkräfte der Alliierten übernommen. Er unterstützte auch Eisenhower in seinen Bemühungen, die Zusammenarbeit zwischen den interalliierten Stäben zu verbessern. Für mich war das eine gute Nachricht. Tedder war ein alter Freund, mit dem ich schon während der 30er Jahre zusammengearbeitet hatte. Ich betrachtete ihn als einen starken Verbündeten in der Führungsspitze, der die Geheimnisse von Ultra sorgfältig abschirmen würde.

Eisenhower und Tedder waren vom gleichen ruhigen Temperament. Sie verstanden sich gut, und es konnte daher nicht überraschen, daß Eisenhower nach der Konferenz von Casablanca Tedder zu seinem Stellvertreter bei der Planung und Durchführung der Invasion in Frankreich im Jahre 1944 erwählte.

Tedder wollte mich gleich nach meiner Ankunft sehen. In seinem Büro traf ich auch den amerikanischen Fliegergeneral Spaatz, der von mir sofort die Lieferung des Ultra-Materials in sein vorgeschobenes Hauptquartier verlangte. Bei der Planung seiner Bombenangriffe gegen zahllose Ziele, wie zum Beispiel neu eingetroffene deutsche Flugzeuge auf den Feldflughäfen hinter der Kampflinie, machte Spaatz von Ultra umfassenden Gebrauch. Auf seiner Zielliste standen aber auch Objekte, die von Ultra erstmals identifiziert worden waren. Tedder erzählte mir auch, daß Generalmajor Patton nun in Algier sei und von mir über Ultra informiert werden wolle. Patton war mit seinem Landungsverband direkt nach Casablanca gedampft, so daß ich ihn vor dem Angriff nicht hatte instruieren können. Ich hatte viel über seinen vergoldeten Stahlhelm und seine 45er Colts gehört und war daher ein bißchen nervös, als ich bei ihm vorsprach. Alle Sorgen waren jedoch überflüssig; Patton begrüßte mich mit einem breiten Grinsen und fragte: »Nun, junger Mann, was gibt es Neues?«

Die Vorstellung, in Zukunft die Funkgespräche des Gegners mitlesen zu können, entzückte ihn; als ich allerdings auf die Sicherheitsvorschriften zu sprechen kam, unterbrach er mich schon nach wenigen Minuten:

»Wissen Sie, junger Mann, das erzählen Sie besser meinen Geheimdienstlern. Mit diesen Dingen beschäftige ich mich nicht sehr. Ich bin nur am Kampf interessiert!«

Es war eine sehr präzise Selbstdarstellung. Auch meine Vorstellungen über die Beachtung seiner persönlichen Sicherheit schmeckten ihm überhaupt nicht. Ich begegnete ihm in den nächsten Jahren noch oft; er lächelte stets, aber für Zwang war er nie zu haben. Ich mußte mich eben darauf verlassen, daß Tedder ein wachsames Auge auf ihn warf.

George Lawson, ein alter Kollege, der als RAF-Verbindungsoffizier in General Andersons Hauptquartier Dienst tat, bat mich, ihn und einen anderen alten Freund, Generalleutnant Allfrey, den Kommandierenden General des V. britischen Korps, zu treffen. Beide wünschten, da ihre Dienststellen von Algier weit entfernt waren, die Ultra-Nachrichten direkt von Bletchley übermittelt zu bekommen. Lawson war der festen Überzeugung, daß auf dem tunesischen Kriegsschauplatz viel mehr deutsche Jäger und Jagdbomber operierten, als Ultra ausgemacht hatte. Ich überzeugte ihn jedoch, daß jedes Flugzeug täglich drei oder sogar vier Einsätze fliegen könne, da der Achse mehrere voll ausgerüstete Feldflugplätze zur Verfügung standen. Lawson dagegen mußte um jeden Behelfsflugplatz in dem gebirgigen Gelände verzweifelt kämpfen.

Die deutsche Luftwaffe war zu dieser Zeit den Alliierten überlegen, und die Kämpfe um den Besitz der bereits bestehenden Fliegerhorste außerhalb der Verteidigungszone von Tunis wurden mit äußerster Erbitterung ausgefochten. Bei Spaatz' Versuch, durch den Einsatz von Jagdbombern die Benutzung dieser Absprunghäfen deutscherseits zu verhindern, spielte Ultra eine entscheidende Rolle. Auch Allfrey war über die Stellungen und die Stärke der deutschen Verbände, die die schwierigen Gebirgspässe besetzt hielten, bestens im Bild. Es war ein guter Test für die Anpassungsfähigkeit des Ultra-Nachrichtensystems und der SLU's an die Anforderungen unserer kämpfenden Einheiten. Während künftiger Operationen sollte ich dieses Manöver jedoch nicht mehr wiederholen: Es war zu riskant!

Bei meiner Rückkehr nach Algier hörte ich zu meiner großen Freude, daß mein alter Freund Georges Ronin vom Deuxième Bureau in Paris (s. das Kapitel: Die Schlacht um Frankreich) während des Einmarsches der Deutschen in das unbesetzte Frankreich entkommen war. Er hatte ein kleines Zivilflugzeug gekapert und war mit seinem früheren Chef nach Algier geflogen. General Stewart Menzies kam auf diese Nachricht hin sofort aus London angereist, um sein früheres französisches »Gegenstück« zu treffen und, wenn möglich, einen neuen französischen Geheimdienst in Algier einzurichten. Oberst Rivet und Georges Ronin gaben Menzies und mir auf dem sonnigen Dach eines kleinen Hauses in Algier ein exzellentes Essen. Zusammen mit dem Kaffee erhielten wir die Nachricht, daß der französische Admiral Darlan in seinem nur wenige hundert Meter entfernten Haus erschossen worden war. Rivet und Ronin machten sich überhaupt nichts daraus.

Im Januar 1943 machte sich Churchill auf den Weg zur Konferenz von Casablanca. Für mich bedeutete das die Entsendung einer Spezialverbindungseinheit von Algier zum Konferenzort, um eine ständige Unterrichtung des Premierministers sicherzustellen. Während Churchills Aufenthalt in Casablanca fingen wir Rommels Funkspruch ab, in dem er dem OKW mitteilte, daß er die Buerat-Linie habe aufgeben müssen und sich auf dem Rückzug nach Homs befinde. Diesmal gab ihm die 8. Armee jedoch nicht mehr die Möglichkeit, sich wieder einzugraben. Kurz darauf meldete Rommel an Hitler, daß er sich auf die Mareth-Linie in Tunesien zurückziehe.

General Alexander traf aus Ägypten ein und erhielt im Februar den Oberbefehl über die britische 1. Armee und die amerikanischen Streitkräfte, sowie über die von Osten her auf Tunesien vorstoßende 8. Armee. Aus diesen Verbänden bildete er die 18. Heeresgruppe. Im Februar begannen die Amerikaner, das Afrikakorps sowohl aus der Westflanke als auch im Rücken zu bedrohen. Der Ring der alliierten Armeen wurde enger.

Anfang Februar bereits hatten sich die zwei deutschen Armeen in Nordafrika, nämlich das Afrikakorps und die im nördlichen Tunesien stehenden Streitkräfte unter Generaloberst Klaus Jürgen von Arnim, mit der von General Giovanni Messe befehligten 1. italienischen Armee zu der Heeresgruppe Afrika unter dem Befehl Rommels vereinigt. Ultra bestätigte diese Veränderung der Befehlsverhältnisse. Wir bemerkten auch, daß die Funksprüche zwischen Kesselring und Rommel immer unfreundlicher wurden. Kesselring versuchte nach wie vor, zwischen Rommel und den Italienern, die Rommel die Räumung von Tripolis ankreideten, sowie Hitler zu vermitteln, der Rommel immer wieder zum Aushalten antrieb. Von Arnim, dem Rommels Ernennung zum Oberbefehlshaber offensichtlich gar nicht schmeckte, hatte mit dem »Wüstenfuchs« ebenfalls Meinungsverschiedenheiten. Kesselring handelte jedoch sehr sorgfältig und taktvoll, wobei er darauf achtete, daß die wichtigen Entscheidungen von ihm selbst gefällt wurden.

Unglücklicherweise gab Ultra keine Vorwarnung auf Rommels Angriff gegen die vorstoßenden Amerikaner am 20. Februar 1943 im Gebiet des Kasserine-Passes. Das Ergebnis war, daß Bradleys Verbände schwere Verluste erlitten. Ich hatte die alliierten Befehlshaber immer gewarnt, daß Ultra nicht unfehlbar sei und daß daher auf ausreichende Luftaufklärung nicht verzichtet werden könne. Wegen des Versagens von Ultra und aufgrund der absoluten Geheimhaltung, mit der Rommel persönlich den Angriff vorbereitet hatte und durchführte, glaubten wir damals, auf schwere Differenzen zwischen den Befehlshabern der Achse in Tunesien schließen zu können. Der erste Hinweis von Ultra auf diese Operation bestand aus einem eher nichtssagenden Funkspruch Rommels an das OKW, in dem er mitteilte, daß er aufgrund des ständigen Drucks der freifranzösischen Division in südwestlicher Richtung sich jetzt mit allen Streitkräften auf die Mareth-Linie zurückziehen müsse.

Fast gleichzeitig wiederholte Kesselring in einem Funkspruch an Rommel Hitlers Befehle, daß die Mareth-Linie um jeden Preis gehalten werden müsse; es gäbe keinen Rückzug. Bei der Mareth-Linie, die von den Franzosen gebaut worden war, handelte es sich um eine gut befestigte, starke Verteidigungsstellung. Jetzt fingen wir einen der wahrscheinlich detailliertesten Berichte ab, die Rommel je über Funk abgesetzt hat. Vielleicht wollte er damit Hitler beruhigen; tatsächlich lieferte er uns mit diesem Funkspruch den ganzen Aufriß der Mareth-Linie sowie die Verteidigungsposition jeder seiner Einheiten. Dadurch erfuhr Montgomery in allen Einzelheiten, womit er zu rechnen hatte. Aus welchen Gründen auch immer die 8. Armee unfähig gewesen war, das Afrikakorps in offenem Gelände zu stellen und zu umzingeln, war nun gleichgültig. Als Resultat dieses Versagens stand Montgomery jedenfalls einer wohlbefestigten Verteidigungsposition gegenüber.

Kesselrings Aufforderung an Rommel, seine Verteidigungsposition um jeden Preis zu halten, folgte der Befehl Hitlers, einen Verzögerungsangriff gegen die aufmarschierte 8. Armee durchzuführen. Gleichgültig, wie Kesselring die Situation auch beurteilte, er mußte nun alle Befehle von Hitler weiterleiten. Hitlers Angriffsbefehl löste eine bittere Antwort des tiefenttäuschten Rommel an Kesselring aus.

Rommel kannte die Stärke seiner Gegner zu gut, um sich nicht über die Nutzlosigkeit einer derartigen Operation im klaren zu sein. Er teilte Kesselring mit, daß ein Angriff gegen die 8. Armee nur zu einer geringen Verzögerung des britischen Aufmarsches führen könne, und schlug, da der alliierte Großangriff auf die Mareth-Linie ohnehin erwartet werden müsse, einen weiteren Rückzug vor, um die gesamte Heeresgruppe in einem engeren Verteidigungsring um Tunis zu konzentrieren. Kesselring antwortete sofort, daß Rommels Vorschlag abgelehnt worden sei.

Diesmal mußte man mit Rommel einfach Mitleid haben. In der Wüste hatte er sich als ein glänzender Kämpfer gezeigt; dreimal hatte er Montgomerys Bemühungen, seine Panzerarmee einzukreisen, zunichte gemacht; er hatte ständig unter Mangel an Nachschub und Ausrüstung gelitten. Jetzt mußte er den Anfang vom Ende des Afrikafeldzuges vor sich sehen. Es war auch offensichtlich, daß Hitler mit der sich ständig verschlechternden militärischen Situation in Rußland so sehr beschäftigt war, daß er die Übersicht über die Lage in Tunesien verloren hatte.

Es stimmt, daß zu dieser Zeit, wie wir auch von Ultra erfuhren, endlich mehr Nachschub für die deutsch-italienischen Truppen in Tunesien eintraf; Anfang März deutete jedoch vieles darauf hin, daß die Achsen-Streitkräfte ihr Pulver verschossen hatten. Churchill witterte den kommenden Todesstoß, und prompt traf, wieder einmal, der politisch begründete Befehl ein, mehr Ultra-Material zu liefern.

Ich glaube, daß Rommel damals den Befehlen Hitlers folgen zu müssen glaubte. Er bereitete jedenfalls eine Offensive vor, in der Ultra wieder eine führende Rolle spielen sollte. Ultras Informationen unterrichteten Montgomery über die genaue Stärke der Achsen-Kräfte, die die 8. Armee durch einen Angriff bei Medenine, knapp 25 Kilometer südwestlich der Mareth-Linie, fesseln sollten. Rommel hatte drei deutsche Panzerdivisionen und zwei italienische Divisionen zusammengefaßt. Wichtiger für uns war jedoch, daß er uns unfreiwillig genaue Hinweise auf den Bereitstellungsraum seiner Panzerverbände gegeben hatte. Sein Angriff am 6. März scheiterte. Montgomery hatte zuviel gewußt, und die 8. Armee schlug die deutschen Panzer durch konzentriertes Pak-Feuer zurück.

Für Rommel bedeutete es das Ende. Schon vor dem Angriff hatte er mit Kesselring hitzige Funksprüche ausgetauscht; jetzt meldete er sich krank und kehrte nach Deutschland zurück. Ultra informierte uns nicht über seine Abreise. Ich glaube, Rommel wollte Hitler in dieser persönlichen Angelegenheit nicht durch einen gewöhnlichen Funkspruch unterrichten. Wahrscheinlich schickte er seine Abmeldung mittels eines Flugzeugs nach Berlin. Wir erfuhren erst durch die Ernennung von Arnims zum Oberbefehlshaber, daß Rommel Afrika verlassen hatte. Es war ein trauriges Ende des Kapitels, das Rommel in Afrika geschrieben hatte.

Nachdem Montgomery Rommels Angriff auf Medenine abgeschlagen hatte, wandte er sich richtigerweise mit seinen Hauptkräften der Mareth-Linie zu, deren schwächste Punkte ihm gut bekannt waren. Wieder einmal schaffte es das Afrikakorps jedoch zu entkommen, diesmal aus der Mareth-Linie. Zu Ostern meldete von Arnim seinem Vorgesetzten Kesselring, daß er daran zweifle, noch länger Widerstand leisten zu können und schlug gleichzeitig sehr kühn einen Gegenangriff gegen die von Westen vorstoßenden alliierten Truppen vor. In Hitlers Ohren mag dieser Vorschlag gut geklungen haben, aber die Tatsachen sahen anders aus: Für den letzten deutschen Panzerangriff des Tunesien-Feldzuges stand nur noch eine gemischte Panzerdivision zur Verfügung.

Anfang Mai reiste ich wieder nach Algier. Der Fall von Tunis stand unmittelbar bevor, und ich wollte feststellen, welche Spezialverbindungseinheiten für den nächsten Sprung hinüber nach Sizilien einsatzfähig waren. In Constantine besuchte ich die dort stationierte starke SLU. Seit meinem letzten Besuch im Dezember 1942 hatten wir einen großen Teil unseres Funkverkehrs auf die Typex-Schlüsselmaschine umgestellt. Die SLU in Algerien arbeitete hauptsächlich für die Luftstreitkräfte in Nordwestafrika, das XII. US-Luftunterstützungskommando, das später in Northwest African Tactical Air Force umbenannt wurde, die taktischen Luftstreitkräfte im Mittelmeerraum sowie für die 18. Heeresgruppe. Ich traf auf eine fleißige und jetzt auch noch siegreiche Mannschaft. Ich erfuhr auch viel von den Improvisationskünsten, die die SLU hatte entwickeln müssen. Ersatzteile und Ausrüstung stellten immer ein Problem dar: Sergeant Reynolds berichtete, daß er die Typex-Schlüsselmaschinen erst der französischen Stromstärke von 120 Volt und danach den amerikanischen 110 Volt-Aggregaten habe anpassen müssen. Schließlich hätte die SLU sogar alte deutsche Geräte verwenden müssen.

Ein interessanter Zwischenfall bewies, wie leicht die Sicherheit von Ultra gefährdet werden konnte: Einmal hatte die SLU eine

Vorwarnung auf einen feindlichen Luftangriff auf Constantine erhalten. Natürlich griffen die diensthabenden Männer der Einheit daraufhin zu ihren Stahlhelmen. Als kurze Zeit später der Luftangriff begann, schöpften andere Soldaten im Hauptquartier sofort Verdacht. Die Benutzung von Stahlhelmen nach einer Ultra-Warnung mußte danach untersagt werden.

Laut Ultra bereitete Kesselring das OKW in Berlin jetzt auf die bevorstehende Kapitulation vor. Aus Berlin und Tunis gingen böse Nachrichten auf ihn nieder. Aber Kesselring bat bereits um Hilfe und um Instruktionen, um dem nächsten Angriff der Alliierten, wo immer er auch stattfinden würde, begegnen zu können.

Das Ende in Tunesien kam nach dem letzten alliierten Angriff am 6. Mai. Ultra gelang es, unseren Luftstreitkräften in Nordafrika die Einsatzbefehle für die Geschwader deutscher Ju 52-und Me 323-Transportflugzeuge zu übermitteln, die die Evakuierung der deutschen Truppen aus Tunesien durchführten. Unsere SLU berichtete mir, wie schwer sie zu kämpfen hätte, um die alliierten Flieger von zu schnellen und daher verdächtigen Aktionen zurückzuhalten; dennoch wurden in der Folgezeit die meisten deutschen Transporter abgeschossen. Die »Hermes«, der letzte deutsche Zerstörer im Mittelmeer, erlitt das gleiche Schicksal, ebenso ein deutsch-italienischer Geleitzug, der von Belino aus in See ging. Einige hohe Offiziere schafften es jedoch, auf einem Lazarettschiff der Gefangennahme zu entgehen.

Danach schwieg Ultra, bis Kesselring am 13. Mai in kargen Worten den Verlust Tunesiens und der Heeresgruppe Afrika seinen Vorgesetzten in Berlin nochmals bestätigte.

Die Landung auf Sizilien

Im Mai 1943 besuchte ich Algier, Kairo, Alexandria und Malta und überprüfte die Einsatzbereitschaft meiner Spezialverbindungseinheiten, die das Unternehmen »Husky« unterstützen sollten. »Husky« (Eskimo) war der Deckname für die geplante Invasion der Insel Sizilien.

Tedder setzte mich in Algier über die Kommandostruktur für »Husky« ins Bild. Ihm selbst unterstanden alle alliierten Luftstreitkräfte im Mittelmeerraum. Er schlug vor, ich solle die wichtigsten Befehlshaber des Unternehmens »Husky« in La Marsa bei Karthago treffen, wo sie sich in etwa zwei Wochen versammeln würden. Während meiner Inspektionsreise bemerkte ich, daß ein großer Teil der auf höchster Ebene gewechselten Funksprüche über die Stationen der SLUs liefen. So benutzten die Stabschefs in London für ihren Funkverkehr mit Eisenhower und Alexander SLU-Kanäle ebenso wie die verschiedenen Oberbefehlshaber auf dem Mittelmeer-Kriegsschauplatz. Das geschah hauptsächlich deshalb, weil ein Großteil der militärischen Planung für die Landungen auf Sizilien und in Italien auf Ultra-Informationen beruhte. Jede Änderung dieser Pläne mußte daher, zumindest soweit sie auf unseren Geheiminformationen beruhte, zwangsläufig über unser eigenes Netz laufen. Dazu kam, daß sowohl die militärische Führung als auch Churchill unsere Funkverbindungen für schneller hielten als die der normalen Verbindungsorganisation. Außerdem verführten gerade die außerordentlichen Geheimhaltungsvorschriften, denen der Ultra-Funk unterworfen war, dazu, Gespräche über hochgestellte Persönlichkeiten unserem Netz anzuvertrauen. Die SLUs standen daher unter ständigem Arbeitsdruck.

Während meines Besuchs auf Malta strich Lord Gort, der Gouverneur der Insel, die Bedeutung von Ultra während der Schlacht um Frankreich im Jahre 1940 nochmals heraus. (Lord Gort war Oberbefehlshaber der britischen Expeditionsstreitkräfte in Frankreich gewesen.) Während des Mittagessens im Regierungsgebäude sprachen wir über den Einfluß von Brauchitschs berühmtem Funkspruch (siehe das Kapitel »Schlacht um Frankreich«) auf die Entscheidung unserer Führung, die englischen Truppen so schnell wie möglich aus Frankreich herauszuziehen. »Ich glaube«, sagte Lord Gort, »es gibt viele, die eure Code-Brecher segnen würden, wenn sie wüßten, was diese Männer geleistet haben.«

Ich überließ die SLU 5, zusammen mit einer beträchtlichen Personalreserve, Tedder in La Marsa und veranlaßte, daß ein Teil dieser Einheit, die eine unserer erfahrensten darstellte, General Alexander nach Sizilien hinüberbegleiten sollte. Die Spezialverbindungseinheit, die während der letzten Monate mit dem Hauptquartier der 8. Armee zusammengearbeitet hatte, blieb im Dienste Montgomerys, während General Andersons frühere SLU als Verstärkung zur Verbindungseinheit des US-Generals Patton stieß. Später wurde sie Mark Clarks 5. Armee zugeteilt. Admiral Ramsey wurde direkt in seinem Hauptquartier in Alexandria unterrichtet, während Admiral Cunningham seine Ultra-Informationen von der starken SLU auf Malta und der Spezialverbindungseinheit in La Marsa erhielt.

Die Männer aller SLUs waren jetzt alte Hasen. Sie verstanden es, selbst bei schnellen Truppenbewegungen ständig in Kontakt mit den alliierten Befehlshabern zu bleiben, die auch nicht für Minuten auf Ultra verzichten wollten. Die Spezialverbindungseinheit in La Marsa bearbeitete beispielsweise innerhalb von 24 Stunden durchschnittlich 200 Funksprüche, darunter sehr umfangreiche.

Als ich General Alexander in seinem kleinen Zeltlager bei Karthago besuchte, schlug er einen Spaziergang zwischen den Sanddünen vor. Die Ultra-Story faszinierte ihn, und ich erzählte ihm viele Einzelheiten. Bis zu diesem Zeitpunkt hatte er nicht begreifen können, wie wir es fertig gebracht hatten, ihn so genau und schnell zu informieren. Selbstverständlich wollte er wissen, ob mit Ultra auch während des Feldzuges in Italien zu rechnen sei. Ich beruhigte ihn mit den Worten, daß nichts auf eine Änderung im Funkverkehr der Deutschen hindeute, und daß auch weiterhin wohl mit guten Ultra-Ergebnissen zu rechnen sei, falls uns nicht ein »Kamel« in den eigenen Reihen das Spiel verderbe. Ich wies auch darauf hin, daß die Entfernung zwischen dem Führerhauptquartier und Kesselrings Hauptquartier in Rom sehr groß sei und daß schon aus diesem Grund die meisten deutschen Befehle und Meldungen auf drahtlosem Weg ausgetauscht werden müßten.

Im Zusammenhang mit Kesselring hatte es übrigens schon im Juni einen interessanten Zwischenfall gegeben: Damals hatte Ultra herausgebracht, daß sich Kesselrings vorgeschobenes Hauptquartier auf Sizilien im San Dominico-Hotel befand, das auf der Steilküste bei Taormina lag. Die RAF hatte genau gezielt und eine Bombe mitten in das Gebäude geworfen, das im Altertum ein Kloster beherbergt hatte. Sie traf die deutsche Offiziersmesse, und es gab beträchtliche Verluste. Kesselring allerdings befand sich zu dieser Zeit wohl in Rom.

Noch vor meiner Abreise aus Tunis hielt es Kesselring für angebracht, das Oberkommando der Wehrmacht über die Aufstellung der italienischen und deutschen Streitkräfte auf Sizilien zu unterrichten. Für uns war dieser Funkspruch ein Geschenk des Himmels! Über etwaige deutsche Reaktionen auf den »Mann, den es nie gegeben hat«, war von Ultra allerdings nichts zu hören. Bei diesem geheimnisvollen Unbekannten hatte es sich um einen Leichnam gehandelt, der von uns mit falschen Plänen für die Sizilien-Invasion präpariert und am 9. Mai an der spanischen Küste »angeschwemmt« worden war.

Spätere Funksprüche deuteten aber darauf hin, daß keine großen Verstärkungen nach Sizilien geschickt worden waren. Lediglich die Panzerdivision »Hermann Göring« war auf die Insel verlegt worden. Es sah also so aus, als ob Hitler über den vermutlichen Ort der alliierten Landung noch im Ungewissen wäre. Manches deutete auch darauf hin, daß Kesselring, ohne seine eigene Lagebeurteilung zu berücksichtigen, sich den Ansichten seines Führers angeschlossen hatte. Kesselring versuchte offensichtlich verzweifelt, jeden Fehler zu vermeiden. Aus dem Funkspruch über die Dislozierung seiner Streitkräfte ließ sich allerdings unschwer herauslesen, daß er auf Sizilien selbst gewisse Vorbereitungen getroffen hatte.

Die Ultra-Informationen deuteten darauf hin, daß der deutsche Oberbefehlshaber eher mit einer Landung bei Palermo, an der Nordküste der Insel, rechnete; dort hatte er nämlich Teile der deutschen 15. Panzergrenadierdivision sowie zwei italienische Felddivisionen versammelt. Seine ganze Unsicherheit wurde für uns in begrüßenswerter Weise offenkundig, als er schließlich die Restc der 15. Panzergrenadierdivision und die Panzerdivision »Hermann Göring« in drei Kampfgruppen aufsplitterte und im Mittelteil der Insel konzentrierte, von wo aus sie in jeder Richtung vorstoßen konnten.

Offiziell lag die Verteidigung Siziliens in der Hand des italienischen Generals Guzzoni und seiner 6. Armee, die aus vier Felddivisionen und zwei Küstenschutz-Divisionen bestand.

In seinem Funkspruch hatte uns Kesselring die Stellung dieser italienischen Divisionen enthüllt. Aus seinen Meldungen war darüber hinaus abzulesen, daß die deutschen Verbände, obwohl sie offiziell Guzzoni unterstanden, befehlsgemäß selbständig operierten und daß Kesselring über den deutschen Verbindungsoffizier in Guzzonis Hauptquartier mit ihnen direkten Kontakt hielt.

Aus der Verteilung der Achsenverbände auf der Insel war zu ersehen, daß unsere vorgesehenen Landungsräume von italienischen Küstenschutz-Brigaden nur schwach geschützt wurden und daß kaum mit starkem Widerstand zu rechnen war, falls es uns gelang, die wenigen Straßen, die durch das gebirgige Gelände zur Küste führten, für die deutschen Panzertruppen zu blockieren.

Das sowohl Kesselring als auch Guzzoni in ihren Ansichten über Ort und Zeitpunkt der alliierten Landung schwankten, war ebenfalls deutlich zu erkennen. Mittlerweile hatten wir gelernt, daß die letzten Tage vor einer Invasion von See immer die spannendsten waren; wieder eimal mußte jetzt jede von Ultra abgefangene feindliche Meldung sorgfältig darauf geprüft werden, ob Kesselring Lunte gerochen hatte. Laut Ultra sind die Achsenverbände auf Sizilien und im westlichen Mittelmeer jedoch erst in Alarmbereitschaft versetzt worden, nachdem deutsche Flugzeuge am 9. Juli die aus Alexandria herandampfende Flotte der alliierten Schiffe entdeckt hatten. Die Ungewißheit der Deutschen und Italiener über die Ziele der Invasion hielt aber an, bis wir am 10. Juli unseren Fuß auf die Insel setzten. Dadurch hatten die Alliierten eindeutig einen strategischen Vorteil erreicht. Kesselring unterrichtete das OKW sofort nach Beginn der Landungsoperationen, und diesmal gab es von Hitler keinen Befehl, »zu siegen oder zu sterben«.

Da der deutsche Oberbefehlshaber mit seinen Panzerverbänden, die jetzt unabhängig kämpften, nicht direkt per Funk verkehrte, konnte uns Ultra zunächst nur wenige Einzelheiten über den Verlauf der Schlacht berichten. Erst Kesselrings Lageberichte und seine Meldung, er habe den britischen Vormarsch südlich von Catania gestoppt, ergaben neue Ultra-Informationen.

Die deutsche Luftwaffe brachte kaum etwas zustande. Göring war deswegen von Hitler kurz nach den Landungen wahrscheinlich schon kritisiert worden; denn er hatte seine Luftwaffenpiloten per Funkspruch schwer kritisiert, wobei er die Rüge allerdings rücksichtsvollerweise über Kesselring laufen ließ.

Am 12. Juli wurde Kesselring vom Oberkommando der Wehrmacht darüber unterrichtet, daß deutsche Fallschirmjäger am kommenden Tag als Verstärkung nach Sizilien eingeflogen würden, und daß darüber hinaus weitere Verstärkungen in Gestalt von Fallschirmjägerverbänden und einer Panzergrenadierdivision des XIV. Panzerkorps den Befehl erhalten hätten, vom italienischen Festland auf die Insel überzusetzen. Zusätzlich begannen Teile der 29. Panzergrenadierdivision vom 19. Juli an einzutreffen.

Wieder einmal hatte Kesselring keine Zeit verschwendet, nachdem er die Ziele des Gegners erkannt hatte, aber das half ihm alles nichts. Patton, der durch Ultra wußte, daß ihm keine starken Verbände des Gegners gegenüberstanden, nutzte die Ablenkung der deutschen Panzertruppen durch Montgomery aus und holte bereits zu seiner berühmten blitzschnellen Flankenoperation gegen Palermo und Messina über den Westteil der Insel aus. Am 8. August informierte Kesselring das OKW über seinen Rückzug aus Catania und ließ Berlin kurz darauf wissen, daß er sich zum Abzug aller Verbände von der Insel entschlossen habe. Offensichtlich hatte er sich vorher der Zustimmung des OKW versichert.

Die Eroberung Siziliens wurde am 17. August 1943 abgeschlossen. Ultra hatte einen entscheidenden Part gespielt, General Alexanders frühere Bemerkung, Ultra habe eine völlig neue Dimension der Kriegführung erschlossen, war voll bestätigt worden.

Der Feldzug in Italien

Churchill war schon immer der Ansicht gewesen, daß die Italiener das Handtuch werfen würden, sobald die Alliierten in Italien landeten. Mit der Zeit hatte sich auch Roosevelt davon überzeugen lassen. Nach dem vollen Erfolg des Unternehmens »Husky« in Sizilien mußte Mussolini jetzt mit dem Zusammenbruch seines Regimes rechnen. Seine Stellung war außerordentlich gefährdet, und Hitler machte sich über die Schwierigkeiten, Italien an Deutschlands Seite noch länger im Kriege zu halten, nicht die geringsten Illusionen. Mussolinis Überschwang während ihres letzten Treffens am 17. Juli hatte ihn nicht getäuscht; wahrscheinlich hatte Hitler jedoch nicht mit einem so schnellen Ablauf der Ereignisse gerechnet. Nur eine Woche später zwang der Faschistische Großrat Mussolini zum Rücktritt, einen Tag später stellte ihn der König unter Arrest.

Marschall Badoglio übernahm die Regierungsgewalt und versicherte Kesselring, Italien werde weiterkämpfen. Kesselring funkte Badoglios Worte an Hitler, der zu Recht kein Wort glaubte. Innerhalb einer Woche eröffneten die Italiener denn auch mit den Alliierten Geheimverhandlungen über einen Waffenstillstand. Hitler hatte das kommen sehen und für diesen Fall bereits die Entsendung deutscher Truppen nach Norditalien vorbereitet. Den ersten konkreten Hinweis darauf erhielten wir durch einen Funkspruch Hitlers an Kesselring in Rom, in dem er die Ankunft deutscher Divisionen in Norditalien mitteilte und ihm befahl, den Italienern diese Truppenverstärkungen als Aufstellung einer strategischen Reserve für den Balkan hinzustellen. Das paßte immerhin zu Hitlers früher geäußerten Erwartungen, die Alliierten würden nach Beendigung des Nordafrikafeldzugs möglicherweise gegen den Balkan vorgehen. Höchst unangenehm für Kesselring mußte es dabei sein, daß die

Verbände in Norditalien unter den Befehl Feldmarschall Rommels gestellt und als Heeresgruppe B bezeichnet werden sollten. Das bedeutete, daß Kesselring keinerlei Befehlsgewalt über sie ausüben konnte.

Die Lage in Italien verschlechterte sich rapide. Anfang August befahl Hitler Kesselring, die deutschen Truppen im Falle einer Kapitulation der Italiener nach Norden abzuziehen, sie mit Rommels Heeresgruppe zu vereinigen und eine Verteidigungslinie entlang des Nordrandes des Apennin und des Po zu halten; er fügte hinzu, daß Rommel dann den Oberbefehl über alle Verbände übernehmen würde.

Dieser Stich saß bestimmt sehr tief, aber Kesselring war nicht der Mann, die bittere Pille zu schlucken: Er hatte zu hart um seine Position als Oberbefehlshaber auf dem südlichen Kriegsschauplatz gekämpft. Wenn man Kesselring gut kannte, konnte man nicht überrascht sein, wie resolut er Hitlers Befehle zu umgehen begann und während des ganzen Feldzuges in Italien alle seine Kräfte einsetzte, um den Oberbefehl behalten zu können.

Im August fingen wir einen Funkspruch ab, der uns rechtzeitig die Ankunft von Rommels Divisionen in Norditalien ankündigte. Zur gleichen Zeit meldete Kesselring die Position seiner eigenen Verbände in Süditalien. Andere Funksprüche enthüllten die Marschroute der deutschen Verstärkungen und ihre Ankunftszeiten in Grenoble. Daraufhin hatte die 15. US-Airforce einen großen Tag und richtete unter den deutschen Verbänden schwere Schäden an.

Kesselrings Funkspruch war zu entnehmen, daß die Spitze des italienischen Stiefels von der 26. Panzerdivision und der 24. motorisierten Infanteriedivision verteidigt wurde, während rund um den »Absatz« Teile einer deutschen Fallschirmjägerdivision verteilt waren. Der Raum Salerno wurde von der 16. Panzerdivision gehalten, nördlich von Neapel stand die Panzerdivision »Hermann Göring«; Rom wurde von einer motorisierten Infanteriedivision und Teilen einer Panzerdivision umschlossen.

Hitler hatte Kesselring per Funkspruch befohlen, aus diesen Verbänden (mit Ausnahme der bei Rom stationierten) eine Armee unter dem Kommando des Generals von Vietinghoff-Scheel zu bilden, um – wie er es ausdrückte – Kesselring von taktischen Problemen zu entlasten.

Die Alliierten wußten jetzt genau, wo die feindlichen Streitkräfte auf dem italienischen Mutterland standen. Aufgrund eines abgefangenen Funkspruches, den Kesselring Ende August an das OKW abgesetzt hatte, waren sie aber auch darüber informiert, daß der deutsche Oberbefehlshaber den Rückzug der Verbände seiner 10. Armee aus dem äußersten Süditalien nach Norden befohlen hatte. Diese Rückzugsorder Kesselrings entsprach Hitlers Befehlen. Aber obgleich Anfang September der Zeitpunkt unserer Landung in Italien (Deckname: »Avalanche«) immer näher heranrückte, hatte Kesselring offensichtlich noch nicht die geringste Vorstellung, wo unser Hauptangriff stattfinden würde.

In einem Funkspruch an Hitler deutete er die Möglichkeit einer alliierten Landung nördlich von Neapel an, weil sich die Alliierten damit die kürzeste Route für den geplanten Vormarsch auf Rom eröffnen würden. Gleichzeitig meldete er, daß sich seine Panzerdivisionen jetzt aus der italienischen »Stiefelspitze« nach Norden zurückzögen. Aufgrund dieses Manövers konnte Montgomerys 8. Armee am 3. September 1943 von Messina aus auf das Festland übersetzen, ohne auf nennenswerten Widerstand zu stoßen.
Kesselring meldete nach Berlin, daß er diese Landung nicht als den Hauptangriff ansehe, den er nach wie vor näher bei Rom erwartete, und daß er seinen Rückzug nach Norden in Übereinstimmung mit Hitlers Befehlen fortsetze.

Angesichts unseres großen Wissens über Stärke, Verteilung und Absichten des Gegners muß man zu dem Schluß kommen, daß unsere späteren Schlappen bei Cassino und Anzio hätten vermieden werden können, wenn die alliierten Pläne flexibler gewesen wären und wir die Italiener noch etwas länger hingehalten hätten. Damit nämlich hätten wir Kesselring ausreichend Zeit gegeben, sich, wie er es geplant hatte, weiter nach Norden zurückzuziehen. Aber wie sich dann leider herausstellen sollte, hatte General von Vietinghoff noch nicht mit dem Abzug seiner Truppen aus dem Raum Salerno begonnen, als die herandampfende alliierte Invasionsflotte im Golf von Salerno von den Deutschen entdeckt wurde. Dennoch bedeutete die Landung der 5. Armee des Generals Mark Clark für die Deutschen eine komplette strategische Überraschung.

Gleich nach Eintreffen der ersten Meldungen von der Invasion rief Vietinghoff seinen Oberbefehlshaber Kesselring an und versuchte herauszubekommen, ob er sich nun gegen die Invasionsstreitkräfte wenden oder sich, in Übereinstimmung mit seinen früheren Befehlen, auf Rom zurückziehen solle.

Für uns war es nun lebenswichtig, wie sich die Deutschen entscheiden würden. Wir warteten und warteten, aber von Kesselring war nichts zu hören. Zweimal rief mich der Sekretär des Premierministers aus London an und fragte nach Kesselrings Antwort. Wahrscheinlich war Kesselring zu diesem Zeitpunkt mit den Kämpfen gegen die italienischen Verbände im Raum Rom voll beschäftigt, über die er später in einem Funkspruch nach Berlin berichtete. Inzwischen nahm Vietinghoff die Sache jedoch selbst in die Hand und faßte den Entschluß, stehenzubleiben und zu kämpfen. Seinem Panzerkorps erteilte er den Befehl, schnellstens auf die Landungzone vorzustoßen.

Gegen Mittag erhielt er einen Funkspruch Kesselrings, der seine Entscheidung billigte; das war wahrscheinlich die wichtigste Entscheidung, die Kesselring je gegen Hitler gefällt hat.

Das Resultat war, daß Vietinghoff die 5. US-Armee, die zunächst fast unbehelligt bei Salerno hatte landen können, schnell und heftig angriff. Nach viertägigen schweren Kämpfen sank die Stimmung in London auf den Nullpunkt, als Vietinghoff in einem Funkspruch an Kesselring meldete, der alliierte Widerstand im Brückenkopf sei am Zusammenbrechen und seine 10. Armee treibe den Feind auf breiter Front zurück.

Ich erfuhr erst später, daß Alexander damals Montgomery den Befehl erteilt hatte, den Amerikanern schnellstens zu Hilfe zu kommen. Obgleich die 8. Armee, die bei ihrem Vormarsch kaum auf Widerstand stieß, die schwer bedrängte 5. Armee nicht direkt unterstützen konnte, hielten die Amerikaner aus. Die indirekte Bedrohung durch Montgomerys Truppen dürfte jedoch zu Vietinghoffs Funkspruch vom 16. September beigetragen haben, mit dem er Kesselrings Genehmigung zum Rückzug erbat. Vietinghoff wies dabei auf das schwere Feuer der alliierten Schiffsgeschütze und das britisch-amerikanische Luftbombardement hin.

Kesselring erteilte die Genehmigung, wobei er Vietinghoff jedoch instruierte, den Vormarsch des Feindes nach Kräften zu verzögern und seine weichenden Verbände in West-Ost-Richtung, quer über den Stiefelschaft, zu verteilen. Kesselring teilte seinem Armeebefehlshaber auch mit, daß er eine Verteidigungslinie entlang des Volturno und des Bifurno aufbauen werde.

Von Kesselrings Können und seiner Strategie offensichtlich überrascht, ließ sich Hitler jetzt dazu überreden, seine eigenen Befehle für den Rückzug der deutschen Truppen nach Norden abzuändern. Er befahl Kesselring statt dessen, sich so lange wie möglich nördlich von Neapel zu halten.

Trotz seiner Loyalität gegenüber Hitler glaube ich nicht recht daran, daß Kesselring damit einverstanden war, sich mit seinen Streitkräften nach Norditalien zurückzuziehen und dann den Oberbefehl ohne Protest an Rommel zu übergeben. Die beiden Feldmarschälle hatten sich, als Rommel Tunesien verließ, nicht im Guten getrennt. Gewiß war Rommel Hitlers Favorit, aber Kesselring hatte sich sowohl in Tunesien als auch jetzt in Italien als ein Mann schneller Entschlüsse gezeigt. Er kannte das Terrain und die Möglichkeiten, die es dem Verteidiger bot, er hatte auch eine Zeitlang den Oberbefehl auf dem Mittelmeerkriegsschauplatz ausgeübt, und ich kann mir nicht vorstellen, daß ihn die Idee entzückte, in Zukunft hinter Rommel die zweite Geige zu spielen oder als Befehlshaber einer ausgebluteten Luftflotte an die russische Front verbannt zu werden.

Kesselrings Funkspruch an Vietinghoff hatte Alexander über die Gesamtsituation ins Bild gesetzt und ihn außerdem mit der willkommenen Neuigkeit beglückt, daß die Alliierten bald mit dem Hafen von Neapel rechnen konnten. Zwar war der Hafen schwer verwüstet worden, aber er sollte bald wieder einsatzfähig sein.

Jedenfalls mußten wir nun kaum mehr damit rechnen, daß Kesselring noch weitere gefährliche Gegenangriffe nach Süden starten würde.

Die 8. Armee machte auf ihrem Vormarsch entlang der italienischen Ostküste gute Fortschritte. Mittels eines glänzenden Angriffes von See her hatte sie am 5. Oktober den Hafen von Termoli genommen. Kesselring rechnete nach diesem britischen Erfolg offensichtlich mit der Möglichkeit eines alliierten Vorstoßes auf Rom aus östlicher Richtung und befahl daher Vietinghoff, die 15. Panzergrenadierdivision aus dem Volturno-Abschnitt, quer über den »Stiefelschaft« hinweg, an die Ostküste zu verlegen und Montgomerys Verbände zu stoppen. Der vorsichtige Montgomery hatte inzwischen jedoch seine Truppen selbst aufgehalten und reorganisierte sein Nachschubsystem.

Nach dem brillanten Übersetzmanöver über den Volturno durch die 3. US-Division unter dem Befehl von Generalmajor Lucian Truscott jr., hatte von Vietinghoff offensichtlich Urlaub genommen, denn auf den abgefangenen Funksprüchen tauchte plötzlich ein neuer Name, der des Generals Lemelsen, als Befehlshaber der 10. Armee auf. Wie ich General Alexander schon in La Marsa vorausgesagt hatte, hatte uns Ultra bisher ein klares Bild von Hitlers und Kesselrings Manövern und Absichten verschafft.

Ende November war Churchill nach Teheran gereist, wobei er sich während eines Zwischenaufenthalts in Kairo mit Roosevelt traf. Zweck dieser wichtigen Konferenz war die Auswahl der Befehlshaber für das Unternehmen »Overlord«, wie der Deckname für die alliierte Invasion Frankreichs lautete. Diesmal wollte Churchill nicht auf Ultra verzichten. Während der ganzen Konferenz von Teheran benutzte er die Nachrichtenverbindungen der Spezialverbindungseinheit, wenn er besonders schnell bestimmte Informationen brauchte. Bei einigen besonderen Gelegenheiten sollte später eine SLU sowohl von Churchill und Eisenhower als auch von Harry S. Truman benutzt werden, wenn sie einen streng geheimen Blitz-Funkspruch durchgeben wollten, den sie noch nicht einmal ihren eigenen Verbindungseinheiten anvertrauen wollten.

24. u. 25. Der Sieg in Nordafrika ermöglicht den Alliierten die Landung auf Sizilien (10.7.1943). »Ultra« entschlüsselt einen Funkspruch des Generalfeldmarschalls Kesselring, der die genaue Aufstellung der deutschen und italienischen Verbände auf der Insel enthält. Einheiten der 7. US-Armee bei der Landung.

26. Invasionstruppen der Amerikaner auf Sizilien.

27. u. 28. Die anglo-amerikanis Offensive gegen Italien führt zun Sturz Mussolinis. Der alliierte Vormarsch trifft in dem nach Ro führenden Tal von Cassino auf heftige deutsche Gegenwehr, die erst nach Monaten gebroche werden kann. – Die Stadt und da Kloster Cassino werden total zerstört.

29. Britische Infanterie kämpft sich in den Trümmern Cassinos voran.

30. Die Invasion in der Normar leitet die letzte Phase des Zweit Weltkrieges ein. »Ultra« verrät General Eisenhower, daß die Deutschen die Landung nicht be Caen und Saint-Lô, sondern am Ärmelkanal erwarten. – Landungsschiffe vor der Invasic im Hafen von Southampton.

31. Fallschirmjäger erhalten in England ihre letzten Anweisun für die Invasion.

D15
LCT 7008
U23

32. »D-Day« – die Landung, 6. Ju
1944.

33. Churchill und Montgomery
auf französischem Boden.

Das neue Jahr sah Eisenhower und Montgomery wieder in London und brachte den Anfang der Planungsarbeiten für das große Landungsunternehmen über den englischen Kanal. Wir wollen jedoch noch für einen Augenblick bei General Alexander bleiben, der sein Hauptquartier nach Caserta verlegt hatte und bei General Sir Oliver Leese, der als Nachfolger Montgomerys die 8. Armee übernommen hatte.

Was ist über die Agonie des alliierten Brückenkopfes bei Anzio zu sagen? Vor Beginn des Unternehmens hatten wir in London zumindest damit gerechnet, daß die Landungsoperation Kesselring zur Aufgabe der »Gustav-Linie« zwingen und den blutigen Kämpfen um Cassino ein Ende bereiten würde. Daher prüften wir damals jeden abgefangenen Funkspruch sorgfältig auf Hinweise, ob Kesselring den Braten gerochen hatte. Seine Funksprüche an das OKW machten deutlich, daß er die Alliierten, zumindest eine Zeitlang, bei Cassino aufhalten zu können glaubte. Es gab jedoch keinerlei Anzeichen für irgendwelche deutschen Truppenkonzentrationen im Gebiet von Anzio. Zwar machte sich Kesselring Sorgen über die wachsende Stärke der französischen Kolonialdivisionen, und es gab auch einige deutsche Verstärkungen im Raum südlich von Rom. Aber diese zusätzlichen Verbände waren bei weitem nicht stark genug, um unsere Landung bei Anzio in Frage zu stellen.

Im Augenblick der Landung (22. Januar 1944) konnte General Mark Clark mit einer völligen strategischen Überraschung des Gegners rechnen und sicher sein, daß die Deutschen erst nach Ablauf von 48 Stunden entscheidende Gegenmaßnahmen zum Tragen bringen konnten. Der Ablauf der Ereignisse ist leider nur zu gut bekannt: die erfolgreiche Besetzung des Brückenkopfes, dann aber das unentschlossene Taktieren des amerikanischen Befehlshabers, bis es zu spät war, ins Landesinnere vorzudringen und die Versorgungslinien der deutschen 10. Armee abzuschneiden; zu spät auch, um noch eine andere Wahl zu haben, als sich einzugraben und den unvermeidlichen Gegenschlag zu erwarten.

Es war allerdings nicht zu spät, Kesselrings Funksprüche nach Berlin mitzulesen, in denen er meldete, daß der alliierte Brückenkopf nunmehr abgeriegelt sei. Im Februar startete er einen um ein Haar erfolgreichen Versuch, die von den Amerikanern gehaltene Landungszone zu überrennen. Der Brückenkopf konnte von uns jedoch mit Mühe und Not gehalten werden. Danach begnügte sich der deutsche Oberbefehlshaber damit, den Brückenkopf mittels der neuen 14. Armee abzuschnüren. Kesselring verfügte jetzt zwischen Rom und Cassino über 22 Divisionen. Vier Monate lang hielt der enge, nur über See versorgte Brückenkopf aus, dann kündigte Ultra die Ankunft jener harten deutschen Gebirgsjäger an, die bereits in Kreta gekämpft hatten.

Rechtzeitig teilte Kesselring dem Oberkommando über Funk mit, daß er mit einem großangelegten Durchbruchsversuch der Alliierten bei Cassino rechne, sobald die überfluteten Flüsse und das verschlammte Gelände es erlaubten. Bisher hatte dieser zum Soldaten gewordene Flieger hervorragende Arbeit geleistet: Er hatte den alliierten Vormarsch auf Rom gestoppt und die Folgen des italienischen Verrats wettgemacht. Auch während der Wintermonate war er nicht müßig gewesen: Wie aus seinen Funksprüchen an das OKW zu ersehen war, hatte er die Adolf-Hitler-Linie bauen lassen, die das Liri-Tal sperrte, und eine letzte Verteidigungslinie, die Cäsar-Linie, in der die 10. und die 14. Armee gemeinsam Rom verteidigen sollten. Hitler schien mit diesen Vorbereitungen zufrieden zu sein.

Am 10. Mai funkte Kesselring, daß er über Zeitpunkt und Ort der erwarteten alliierten Großoffensive immer noch im Ungewissen sei. Ein Funkspruch an Vietinghoff, den Befehlshaber der 10. Armee, der sich gerade im Führerhauptquartier befand und zur sofortigen Rückkehr nach Italien aufgefordert wurde, enthüllte uns dann jedoch, daß der Zeitpunkt unseres Angriffs für Kesselring überraschend kam.

Am 12. Mai 1944, um Mitternacht, schlug General Alexander bei Cassino los. Kesselring meldete, daß der Hauptangriff auf Monte Cassino zurückgeschlagen, daß südlich der Stadt jedoch Gelände verlorengegangen sei. Am 13. Mai teilte er dem OKW mit, daß er bereits alle Reserven in die Schlacht geworfen habe. Am Mittag des 13., einem Sonntag, erhielt ich einen Anruf des Premierministers aus Chequers. Er befahl mir, um neun Uhr abends in seiner Wohnung zu sein und alle die Cassino-Front betreffenden Funksprüche mitzubringen. Ich fragte mich, was los sei. Kurz darauf rief mich jedoch der Privatsekretär des Premiers an und gab mir einen Tip.

Winston war anscheinend erst Samstagnacht von einem geheimen Besuch in Alexanders Hauptquartier in Italien nach Chequers zurückgekehrt. Ich wußte, daß der Premierminister wegen der Unfähigkeit der Alliierten, in Italien voranzukommen, außer sich war. Er wollte Rom unbedingt einnehmen, bevor er die Invasion Frankreichs startete. Das Fiasko von Anzio, das allerdings nicht Alexanders Schuld war, hatte die Moral der Deutschen gehoben. Am Vorabend der Landung in Frankreich mußten wir ihnen jetzt eine Niederlage beibringen.

Es war offenkundig, daß Churchill von Alexander genau unterrichtet worden war, ich dagegen verfügte im Augenblick nur über zwei oder drei Funksprüche, die geringe Geländegewinne der 8. Armee bei Cassino meldeten und Kesselrings Meinung kundtaten, den Angriff auf Monte Cassino abgeschlagen zu haben. Das war nicht gerade eine Sammlung, an der sich Churchill erfreuen konnte.

Es war ein kalter Abend. Der Premierminister saß in einem grünen Ledersessel am Kaminfeuer. Er trug seinen berühmten »Sirenenanzug« und sah müde und erschöpft aus. Er bat mich, Platz zu nehmen und ihm meine Neuigkeiten vorzutragen. Dabei paffte er eine riesige Zigarre. Ich hatte das quälende Gefühl, daß er von mir aufregende Neuigkeiten erwartete. Ich teilte ihm die unbedeutenden Einzelheiten mit, die ich während des Nachmittags über den Kampfverlauf erfahren hatte. Churchill fragte: »Ist das alles?« Ich antwortete, daß dem leider so sei. Wir gingen dann in den Kartenraum, wo die geringen Veränderungen der Lage, über die ich berichtet hatte, bereits mit Fähnchen markiert waren; aber Churchill war offensichtlich verwirrt und enttäuscht. Wie üblich dankte er mir aber für mein Kommen, bevor er mit breitem Lächeln sagte:

»Sehen Sie zu, daß ich morgen früh mehr auf den Tisch bekomme. Sie werden schon etwas Interessantes für mich ausgraben!«

Obwohl es schon spät war, rief ich sofort die Nachtschicht in Bletchley an und bat sie, auf der Hut zu sein. Nachts, gegen drei Uhr, als Mrs. Owens an meine Tür klopfte, war die Nachricht da: Die marokkanischen Truppen hatten den Gebirgszug südlich von Cassino überquert. Kesselring wirkte zwar gefaßt, schien über diese Glanztat in Wirklichkeit jedoch entsetzt zu sein: er meldete Hitler, daß »das gesamte Verteidigungssystem um Cassino jetzt in äußerster Gefahr« sei.

Ich schickte diesen Funkspruch sofort in Churchills Wohnung und informierte General Ismay. In der Nacht hatte ich ihn nicht gesehen. Wie er überhaupt jemals zu Schlaf kam, war mir unverständlich; denn Ismay blieb gewöhnlich mit Churchill bis zwei Uhr morgens auf und war bereits wieder um sieben Uhr in der Frühe auf den Beinen.

Die deutschen Funksprüche nach Berlin berichteten an diesem Tag, daß jetzt sowohl die Engländer als auch die Amerikaner Boden gewännen, und Kesselring wies erneut mit Nachdruck darauf hin, daß er über keine frischen Reserven mehr verfüge. Er war nun voller Sorgen; es hatte auch den Anschein, als sei er von Vietinghoff nicht ausreichend informiert worden; denn am Morgen des 14. Mai hatte er Vietinghoff bereits eine Rüge erteilt und ihm befohlen, ihn bis Mittag genauestens über die Lage zu informieren.

Am 15. Mai meldete Kesselring den Durchbruch einer weiteren starken französischen Einheit auf den gewaltigen Aurunci-Bergen, die das ganze Liri-Tal und die deutschen Versorgungslinien nach Cassino beherrschten. Am 16. Mai wurden Meldungen Kesselrings über Erfolge der britischen und polnischen Streitkräfte im Raum Cassino abgefangen, und am 17. Mai hielten wir schließlich die Meldung in Händen, auf die wir die ganze Zeit gewartet hatten: Kesselring befahl den Rückzug von der gesamten Cassino-Front, weil die Franzosen bereits knapp 40 Kilometer hinter den deutschen Linien standen. Sein Funkspruch an das OKW wurde wiederholt. Bletchley war an diesem Tag in guter Form, und Churchill,

Alexander und die Stabschefs in Washington hielten die entschlüsselte Meldung nur wenige Minuten, nachdem sie von Kesselrings Nachrichtenstationen abgesetzt worden war, bereits in Händen.

Der Umfassungsangriff der marokkanischen Truppen über das Gebirge hinweg war, wie Kesselring nach Berlin berichtete, völlig unerwartet über die Deutschen hereingebrochen. Um den 19. herum war es selbst mit Hilfe von Ultra kaum mehr möglich, die Lage zu durchschauen. Die deutsche 10. Armee, die das Gros von zwei Divisionen verloren hatte, bat verzweifelt um Verstärkung; auch die deutschen Nachrichtenverbindungen waren offensichtlich zusammengebrochen, denn Kesselring verlangte Auskunft, wie es eigentlich stehe. Von Vietinghoff aber schien mit seinen Divisionen keinen Kontakt mehr zu haben. Er antwortete überhaupt nicht.

Am 22. Mai befahl Kesselring den Rückzug aus dem Liri-Tal, und am nächsten Tag begannen die Alliierten aus dem Brückenkopf bei Anzio auszubrechen. Kesselring funkte nach Berlin, daß seine 10. und 15. Armee durch den alliierten Vorstoß auseinandergerissen worden seien. Er erbat Hitlers Genehmigung, die Adolf-Hitler-Linie, die etwa 15 Kilometer hinter der bereits verlassenen Cassino-Linie lag, ebenfalls räumen zu dürfen und zog sich auf die Cäsar-Linie zurück, etwa 30 Kilometer südlich von Rom. Gleichzeitig befahl er den Einsatz seiner letzten in Norditalien liegenden Reservedivisionen.

General Stewart Menzies erzählte mir, daß Churchill während seines Italienbesuchs General Alexanders Plan zugestimmt habe, die deutschen Armeen nach Möglichkeit schon südlich von Rom einzuschließen und zu vernichten und nicht erst zu versuchen, sie nach Norden zurückzuwerfen. Dieser Plan könne, so glaubte man, die Moral der ganzen Wehrmacht unmittelbar vor dem Unternehmen »Overlord« schwer treffen.

General Mark Clark, der Befehlshaber der 5. US-Armee, war über Alexanders Pläne sorgfältig unterrichtet worden und hatte den Befehl erhalten, mit den Verbänden, die zum Ausbruch aus dem Anzio-Brückenkopf bereitstanden, schnellstens nach Osten vorzustoßen, um die weichende 10. und 15. Armee Kesselrings abzuschneiden. (Ultra hatte ihm den zum Ausbruch geeignetsten Punkt in der deutschen Verteidigungslinie gezeigt.) Statt dessen beschloß Mark Clark jedoch, sich gar nicht um die deutschen Armeen zu kümmern und entlang der Westküste blitzschnell auf Rom vorzustoßen. Er schickte lediglich eine kleine Streitmacht zur Täuschung des Gegners nach Osten.

Das Ergebnis war, daß überhaupt nichts erreicht wurde: Clark öffnete weder die Eingangpforte nach Rom noch umzingelte er die Deutschen!

Am 2. Juni mußte Kesselring jedoch Hitler um die Erlaubnis bitten, Rom kampflos zu räumen. Hitler stimmte am 3. Juni zu, aber Kesselrings Streitkräfte zogen sich zu dieser Zeit bereits nach Norden zurück. Jetzt allerdings nahm General Mark Clark doch von Ultra Notiz: Da er aufgrund der Funksprüche Kesselrings wußte, daß Rom nicht verteidigt wurde, organisierte er zwei »fliegende Kolonnen« und zog im Triumphzug in die Ewige Stadt ein – und zwar vor allen anderen Truppen der Alliierten.

Daß Rom nicht in schwere Kämpfe verwickelt wurde, ist, so glaube ich, hauptsächlich Kesselrings Verdienst; vielleicht wollte er seinen Namen nicht mit dem Neros in Verbindung gebracht sehen. Ich glaube aber auch, daß unter der rauhen, harten Schale dieses Mannes viel Gefühl für Geschichte und Kunst stecken mußte, das ihn zur Rettung Roms und später auch von Florenz bewog. Churchill aber hatte »sein Rom« schließlich doch noch bekommen – zwei Tage bevor »Overlord« die Ruhe über dem englischen Kanal zerriß.

Rückblickend glaube ich, daß uns Ultra während des italienischen Feldzugs ein beinahe ebenso vollständiges Bild der deutschen Verteidigungsorganisation geliefert hat, wie wir es in Kesselrings Akten in seinem Hauptquartier in Rom hätten finden können. Meine Vorhersage, daß alle Funksprüche zwischen Kesselring, dem OKW und Hitler durch den Äther gehen müßten, war eingetroffen.

Ich kannte lediglich die grundsätzlichen strategischen Pläne für »Avalanche« und Anzio, und dennoch kam es mir in meinem Londoner Büro vor, als säße ich direkt neben Kesselring und würde an seiner Stelle den ganzen Feldzug völlig aus deutscher Perspektive erleben.

Nicht nur unsere Befehlshaber an der Front, sondern auch Churchill, Roosevelt und die alliierten Stabschefs hatten alle Karten, die im Spiel waren, aufgedeckt vor sich liegen. Möglicherweise gelangen einige Betrachter zu dem Schluß, daß unsere militärischen Befehlshaber diese Karten nicht richtig auszuspielen verstanden; daß sie ihnen die Gelegenheit verschafft haben, Alexanders Pläne auszuführen, kann jedoch nicht bezweifelt werden.

Schließlich glaube ich aber auch, daß mein Bericht klarstellt, daß Kesselrings Rückzugskämpfe von Sizilien bis Rom zu den historischen Meisterleistungen in der Kunst des geordneten Rückzuges zählen.

Vorspiel zur Invasion

Nach der Konferenz von Casablanca war Generalleutnant Freddie Morgan zum Stabschef (COSSAC) des Obersten Alliierten Befehlshabers ernannt worden. Sein Auftrag lautete, eine Organisation für die Planung der Invasion aufzubauen. Bereits im März 1943 nahm er seine Tätigkeit im leerstehenden Norfolk House auf, in dem Eisenhower vor der Landung in Nordafrika sein Hauptquartier eingerichtet hatte. Ich sicherte ihm zu, ihn über alle einlaufenden Informationen, die für ihn von speziellem Interesse sein könnten, zu informieren.

Die Geschichte der V 1, der deutschen »fliegenden Bombe«, ist bereits von einer ganzen Anzahl gut unterrichteter Leute geschrieben worden. Die Rolle, die Ultra bei den geheimen Nachforschungen nach Hitlers Geheimwaffe, vor allem bei der Suche nach den Entwicklungsstätten der V 1, und bei der Jagd nach ihren technischen Daten, gespielt hat, ist bisher jedoch noch nicht enthüllt worden. Die Ermittlungen wurden hauptsächlich von R. V. Jones durchgeführt, der im Secret Intelligence Service (SIS) auf dem Gebiet des wissenschaftlichen Nachrichtenwesens arbeitete. Die V 1 war zum erstenmal in einer Ultra-Meldung erschienen, als wir einen deutschen Funkspruch abfingen, der besonderen Flakschutz für eine »FZG 76«-Stellung an der Ostsee anordnete. Dabei hörten wir zum ersten Mal die korrekte offizielle Bezeichnung der V 1. Vor diesem Ultra-Signal hatten wir allerdings schon Anfang 1943 einige Agenten-Nachrichten über eine geheime fliegende Bombe erhalten. Es war offensichtlich, daß die Deutschen an irgendeinem Flugkörper arbeiteten.

Jones unternahm einen kühnen Versuch. Er nahm an, daß die Deutschen zur Verfolgung ihrer neuen Geschosse Radar benutzen würden. In diesem Fall, so schlußfolgerte er richtig, müßten sie auf ihre erfahrensten Radar-Bedienungsmannschaften zurückgreifen. Jones glaubte, daß sich die deutschen »Radar-Stars« in der 14. und 15. Kompanie des Luftnachrichten-Versuchsregiments befanden. Er bat daher Haus 3 in Bletchley, besonders sorgfältig nach Nachrichten, die diese beiden Kompanien betrafen, Ausschau zu halten und ihn sofort zu unterrichten, falls eine dieser zwei Kompanien an die Ostseeküste verlegt werden sollte.

Einen oder zwei Monate später wurde ein deutscher Funkspruch entschlüsselt: Die 14. Kompanie war tatsächlich verlegt worden und hatte bereits mit der Beobachtung und Verfolgung der fliegenden Bomben während der deutschen Versuchsschüsse begonnen. Zum Glück für uns wurden die Beobachtungsergebnisse der deutschen Radarstellungen in einem einfachen und leicht zu brechenden Code an die Abschußrampen und Versuchsabteilungen übermittelt. Aufgrund der durchgegebenen Daten der Radarstationen konnte Jones die Lage aller Beobachtungsstationen und detaillierte Daten der meisten Versuchsabschüsse ermitteln. Indem er die Radar-Meßergebnisse nach rückwärts verfolgte, gelang es ihm auch, die Koordinaten der Abschußrampe bei Peenemünde festzulegen. Daraufhin forderte er einen hochfliegenden Aufklärer an, der die Abschußrampe sowie eine zweite Abschußposition bei Zempin, die Jones ebenfalls identifiziert hatte, fotografierte.

Die Aufklärungsfotos ließen zwei Abschußstellungen erkennen; in Peenemünde – Glück muß man haben! – hatte unser »Spionageflugzeug« auch noch eine V 1 erwischt, die gerade auf der Abschußrampe lag. Peenemünde wurde im August 1943 von der RAF bombardiert. Die Schäden waren so schwer, daß die Produktion der V 1 um sechs Monate zurückgeworfen wurde. Die Meßdaten verschwanden eine Zeitlang aus dem Funkverkehr. Als die Abschußstellung nach Polen verlegt worden war und der Funkverkehr während neuer Versuchsschüsse wieder aufgenommen wurde, kam Ultra jedoch sofort wieder ins Spiel.

Als »Overlord« – die Landung in der Normandie – im Jahr 1944 näher rückte, erhielten wir immer mehr Agentenberichte über den Bau von Abschußstellungen an der französischen Küste. Diese Anlagen wurden aus der Luft fotografiert und laufend schwer bombardiert, so daß die Deutschen schließlich gezwungen waren, zu vorfabrizierten mobilen Abschußrampen Zuflucht zu nehmen.

Im April 1944 übermittelte Ultra dann den persönlichen Befehl Hitlers, ein spezielles Hauptquartier für die V 1-Operationen bei Amiens (Frankreich) einzurichten. Den Befehl übernahm Oberst Wachtel, dessen 155. Flakregiment die Abschußrampen besetzte.

Ende Mai 1944 meldete Wachtel 50 V 1-Stellungen einsatzbereit. Dieser Funkspruch bewog Churchill, auf die Eröffnung der Invasion im Juni zu drängen. Zeit wurde für uns jetzt offenbar zu einem sehr wertvollen Artikel. Genau am D-Day, dem 6. Juni 1944, dem Invasionsbeginn, erhielt Wachtel den Befehl, am 12. Juni die V 1-Offensive gegen England zu eröffnen. Wie sich herausstellte, sollte der erste Flugkörper jedoch erst am 13. Juni auf der Insel einschlagen.

Kehren wir aber noch einmal ins Jahr 1943 und zu den Invasionsvorbereitungen zurück: Im November erhielt General Morgan eine besonders wichtige Nachricht. Es handelte sich um einen Funkspruch des OKW an alle deutschen Verbände der Westfront, in dem eine Inspektion der deutschen Verteidigungsstellungen an den Küsten Frankreichs und Belgiens – Hitlers »Atlantikwall« also – durch Generalfeldmarschall Rommel angekündigt wurde.

Seit dem Jahr 1942, als Rundstedt die Ostfront verlassen hatte, um als Oberbefehlshaber West wieder auf der Szene zu erscheinen, hatte uns Ultra über die Ereignisse in den besetzten Westgebieten gut informiert. Die Stärke der etwa 60 deutschen Divisionen änderte sich wenig. Durch die abgefangenen Funksprüche erfuhren wir, daß Rundstedts Aufgabe hauptsächlich darin bestand, die von der Ostfront kommenden erschöpften und ausgebluteten Divisionen aufzufrischen und neu auszurüsten. Wir erhielten dadurch ein ungefähres Bild der deutschen Personal- und Materiallage und der Versorgungsschwierigkeiten, aber auch der Probleme, die sich durch die Einreihung von Kriegsgefangenen in deutsche Verbände ergeben hatten. Dabei erfuhren wir, daß die tatsächliche Stärke der neuen deutschen Divisionen im allgemeinen nur 50 Prozent der Soll-Stärke betrug. Wenn Rundstedt sich über Funk an das OKW wandte, was selten geschah, beschwerte er sich gewöhnlich sowohl über die ungenügende Personalstärke seiner Einheiten als auch über den schlechten Zustand der Verteidigungsanlagen. Diese Einzelheiten waren für unsere Invasionsplaner von größter Bedeutung.

Ein Thema, das Ende 1943 immer wieder zur Sprache kam und besonders für Morgan größte Wichtigkeit hatte, war Rundstedts Meinung über den mutmaßlichen Invasionsraum. Entsprechend der orthodoxen Denkweise der deutschen Militärs äußerte er die Ansicht, daß die Alliierten den kürzesten Seeweg bevorzugen und daher am Pas de Calais landen würden. Ich glaube nicht fehlzugehen, wenn ich annehme, daß dieser Funkspruch Rundstedts den Grundstein für jenes berühmte Täuschungsmanöver der Alliierten legte, das die Bildung einer »Geisterarmee« in Kent, unmittelbar gegenüber dem Pas de Calais, vorsah und das Ziel hatte, Rundstedt in seinen Erwartungen voll zu bestärken.

General Morgan hatte seinen ersten Operationsentwurf für die Landungen in Frankreich (»Overlord« für Nordfrankreich und »Anvil« für Südfrankreich) während der Konferenz von Quebec im August 1943 vorgelegt; aber erst im November stimmten Roosevelt und Churchill in Kairo der vorgesehenen Befehlsstruktur für die Invasionsstreitkräfte zu. Luftmarschall Tedder hatte mir bereits im Juli in Tunesien erzählt, daß er auf einen »Top-Job« bei Eisenhower hoffe, und jetzt erfuhr ich, daß er sogar zum Stellvertreter des Obersten Befehlshabers ernannt worden war.

Im Februar 1944 richtete Eisenhower sein Hauptquartier ein: SHAEF – Supreme Headquarters Allied Expeditionary Force (Oberstes Hauptquartier der Alliierten Expeditionsstreitmacht). Ich begann nun, meine eigenen Pläne für die Einrichtung eines neuen Netzes von Spezialverbindungseinheiten zu entwerfen und widmete mich der Aufgabe, die alliierten Befehlshaber und ihre Stäbe persönlich kennenzulernen:

General Bradley hatte bereits in Tunesien von der Existenz von

Ultra gewußt; jetzt konnte ich ihm jedoch eine umfassende Unterweisung geben, an der auch jene Mitglieder seines Stabes teilnahmen, die ich auf seinen Wunsch hin auf den Ultra-Verteiler gesetzt hatte.

Generalleutnant William Simpson, der die amerikanische 9. Armee befehligen sollte, verlegte sein Hauptquartier in das Cliffton-College bei Bristol. Simpson war ein großer, entgegenkommender und freundlicher Mann, der nie ein Wort verschwendete, niemals zweimal dasselbe fragte und sehr gut in den Lehnstuhl des Schuldirektors paßte. Später, in Frankreich oder in Deutschland, entdeckte ich, daß er sein Hauptquartier meistens in Schulhäusern aufschlug.

General George Patton war jetzt bereits ein alter Ultra-Kunde, obwohl er es nach wie vor vorzog, die Aufklärungsergebnisse seinem erstklassigen Intelligence-Stab zu überlassen. Der große Kämpfer sollte später aber nie eine Gelegenheit auslassen, die ihm Ultra eröffnete.

General Sir Miles Dempsey, Befehlshaber der britischen 2. Armee, begegnete ich zum erstenmal, als er mich in seine Londoner Wohnung einlud, um sich über Ultra informieren zu lassen. Mit Ultra hatte er bisher nichts zu tun gehabt, und ich nahm mir daher viel Zeit, um ihn peinlich genau zu unterrichten. Während wir unseren Scotch-Soda tranken, lachte er bei dem Gedanken, in Zukunft Hitlers Funksprüche lesen zu können, immer wieder lauthals los.

Von dem Stab des amerikanischen Fliegergenerals Lewis H. Brereton wurde ich großartig empfangen. Die Amerikaner waren noch nicht lange in England und hatten auch noch nicht viel mit RAF-Leuten zu tun gehabt. Sie hatten für mich eine große Tafel aufgestellt, und erwarteten zunächst offensichtlich eine richtige Schulstunde, aber wir begnügten uns statt dessen mit einem über einstündigen Vortrag, der sich voll bezahlt machte: Die US-Luftstreitkräfte gehörten zu den geschicktesten Ultra-Kunden, wenn sie auch manchmal ein bißchen zu impulsiv reagierten.

Generalleutnant Henry Crerar, der die kanadische 1. Armee

kommandierte, stieg ebenfalls ein ins Ultra-Geschäft. Er hatte sein Hauptquartier im Hause Lord Beaverbrooks, des Lordsiegelbewahrers, eingerichtet.

General Spaatz, aus Tunesien zurückgekehrt, führte die strategische Bomberflotte der Amerikaner. Ich kannte ihn nun schon recht gut und fand ihn in General Doolittles neuem Hauptquartier im Gebäude der Wycombe Abbey-Mädchenschule. Spaatz hatte nicht direkt mit »Overlord« zu tun, seine Bomber sollten jedoch Eisenhower zur Verfügung stehen, wenn es brannte.

Angesichts der vielen neuen Kunden und der noch zu erwartenden Anforderungen mußte ein umfangreiches Trainingsprogramm für die Spezialeinheiten begonnen werden. Ich brauchte zusätzlich etwa 60 Chiffrier-Experten der Royal Air Force im Feldwebelrang und ein Dutzend Offiziere. Jeder einzelne von ihnen mußte gründlich »durchleuchtet« werden, und erst wenn feststand, daß ein Mann nicht das geringste Sicherheitsrisiko darstellen würde, nahm ich ihn mir persönlich vor, um zu prüfen, ob er der richtige Typ für unseren außerordentlich verantwortungsvollen und anspruchsvollen Job war. In einer geräumten Schule im Norden Londons mußten diese Männer dann Tag für Tag Codes und Sicherheitsvorschriften pauken.

Im April erfuhren wir durch einen OKW-Funkspruch, daß Rommel der Befehl über die Heeresgruppe B übertragen worden war, die die Küste von Holland über die Normandie und Bretagne bis weit hinunter nach Nantes im Süden zu verteidigen hatte. Die Heeresgruppe G, die den größten Teil Südfrankreichs abdeckte, überwachte die französische Westküste von Nantes bis zur spanischen Grenze. Sobald Rommel sein Kommando übernommen hatte, begann er das ganze Gewicht seiner Persönlichkeit einzusetzen. Die von ihm durchgeführte Inspektion der Küstenstellungen war offensichtlich völlig unbefriedigend verlaufen; im April begann er nämlich leidenschaftlich die Lieferung von mehr Material und Arbeitskräften zu fordern, um Hitlers vielgerühmten Atlantik-Wall verteidigungsbereit machen zu können. Rommel hielt den größten Teil dieser Verteidigungslinie offensichtlich für ungenügend. Auf seine Bitten um Beton, Stahl, Bauholz und Geschütze schien jedoch nicht viel zu geschehen. Später warnte Rommel das OKW, daß alles, was bisher geschaffen worden war, das Werk der deutschen Verteidigungstruppen sei, deren Einsatzbereitschaft dadurch schwer gelitten hätte. Rommels ständige Forderungen wurden jetzt von den Aufnahmen unserer Luftaufklärer ergänzt: Beide zusammen ergaben einen guten Überblick über den Zeitplan der Bauarbeiten an den Verteidigungsstellungen an der französischen Küste. Die Luftaufnahmen ließen allerdings auch erkennen, daß Rommel aus dem wenigen, das er besaß, eine ganze Menge gemacht hatte.

Im Frühjahr 1944 fällten die Deutschen wahrscheinlich die bedeutungsvollste Entscheidung hinsichtlich des Unternehmens »Overlord«. Sie resultierte aus Auseinandersetzungen über die beste Taktik zur Bekämpfung der alliierten Invasion zwischen Hitler, von Rundstedt, Rommel, Guderian und von Schweppenburg, der die Panzergruppe West befehligte. Dieser Verband bildete die deutsche Panzerreserve im Westen, bestand aus vier Panzerdivisionen und war in der Nähe von Paris konzentriert. Meistens wurden die Diskussionen der deutschen Befehlshaber über die Bekämpfung der Invasion im persönlichen Gespräch mit Hitler in Berlin geführt; glücklicherweise befand sich der Führer jedoch zeitweise in seinem Hauptquartier bei Rastenburg in Ostpreußen. Der sich aus seiner Abwesenheit ergebende Austausch von Funksprüchen ermöglichte uns jene lebenswichtigen Einsichten in die deutschen Pläne, die wir so dringend brauchten.

Ich habe bereits über die Ansicht Rundstedts berichtet, die alliierte Invasion sei am Pas de Calais zu erwarten; nach dem Kriege erbeutete Dokumente beweisen jedoch, daß sowohl Hitler als auch Rommel, der – unglücklicherweise für uns – direkte Telefonverbindungen mit Hitler hatte, fest daran glaubten, die Briten und die Amerikaner würden in der Normandie landen.

Ob Hitler von jenen alliierten Invasionsplänen, die ein deutscher Spion im Januar 1944 dem britischen Botschafter in Ankara gestohlen hatte, doch mehr beeindruckt war, als er zugab, oder ob er und Rommel vom deutschen Geheimdienst jetzt besser informiert wurden, ist nicht festzustellen. Rommel jedenfalls war überzeugt, daß die Invasion nur am Strand abgeschlagen werden könne. Offensichtlich hatte er die amphibischen Techniken, die die Alliierten bei ihren Landungsoperationen im Mittelmeer angewendet hatten, sehr sorgfältig studiert.

Bereits Anfang 1944 hatte Rommel auch Pläne entworfen, die die Verlegung der starken Panzerreserve aus dem Raum Paris in die Normandie vorsahen, von wo aus er sie blitzschnell an die erwarteten Landungsgebiete heranbringen konnte. Angesichts des Fehlens eines deutschen Luftschirms, rechnete er nicht damit, diese Divisionen am Tage bewegen zu können. Er wußte auch, daß er nur wenig Zeit haben würde, um seine Panzerverbände, wie er es ausdrückte, »bis an den Strand« vorzuschieben.

Hitler vertraute damals Rommel und unterstützte dessen Lagebeurteilung und Taktik mehr als die des älteren und militärisch orthodoxeren von Rundstedt.

Jetzt aber schaltete sich auch Generaloberst Heinz Guderian, der im Jahr 1943 zum Generalinspekteur für die deutsche Panzerwaffe ernannt worden war, ein. Wie Rommel hatte auch Guderian direkten Zugang zu Hitler; im Gegensatz zu Rommel war er jedoch der Ansicht, daß der Einsatz der Panzer direkt am Strand zu riskant sei. Er war davon überzeugt, daß die Panzer im Falle weiterer alliierter Landungen an anderen Punkten nicht mehr aus den Kämpfen an der Küste herausgezogen werden könnten. Hitler, dessen Meinung offensichtlich schwankte, schlug Guderian daraufhin vor, dieses Problem im direkten Gespräch mit Rommel zu erörtern.

Guderian nahm zu seiner Unterstützung den Befehlshaber der Panzergruppe West, General Geyr von Schweppenburg, in Rommels Hauptquartier mit. Rommel weigerte sich jedoch, auch nur einen Fußbreit zurückzuweichen, und schickte einen Funkspruch ins Führerhauptquartier bei Rastenburg, in der er seine frühere Forderung, die Panzerdivisionen müßten direkt hinter der Normandieküste versammelt werden, nochmals unterstrich und Guderians

Vorstellung, die Panzerreserve sollte bei Paris in Bereitschaft gehalten werden, ablehnte. Besonders nachdrücklich wies er dabei auf die gewaltige Luftüberlegenheit des Gegners hin, die schnelle Bewegungen der deutschen Panzer verhindern würde. Die Richtigkeit der Ansichten Rommels sollte in den Kämpfen um den alliierten Brückenkopf in der Normandie bewiesen werden.

Das war für uns der entscheidende Fingerzeig! Wir wußten natürlich schon seit Monaten, wie stark die deutsche Panzergruppe war und wo ihre Verbände lagen; jetzt hörten wir jedoch zum erstenmal von der Möglichkeit, daß diese deutsche Panzerreserve in Richtung auf die Landungszonen von »Overlord« vorgeschoben werden könnte, falls Rommel mit seiner Ansicht durchdringen sollte. Für den Erfolg der Alliierten aber wurden folgende Faktoren als entscheidend betrachtet:

Ungestörte Überquerung des Kanals durch die Landungsflotte; zeitliche und örtliche Überraschung des Gegners; Fesselung der deutschen Infanteriedivisionen am Pas de Calais und der deutschen Panzerdivisionen bei Paris.

Unglücklicherweise konnten wir Hitlers Antwort an Rommel nicht abfangen. Aber wir wußten jetzt wenigstens, worum es ging, und jeder deutsche Funkspruch, der die Infanteriedivisionen am Pas de Calais oder die Verbände der Panzergruppe West betraf, wurde von uns sorgfältig geprüft, ob er Andeutungen auf eine Verlegung dieser Truppen nach Westen enthielt.

In welchem Umfange Pattons »Geisterarmee« in Kent – sie lag der starken deutschen Armee am Pas de Calais direkt gegenüber! – Rundstedts Urteil beeinflußt und Hitlers Zweifel vergrößert hat, steht immer noch nicht eindeutig fest. Der deutsche Geheimdienst muß auf jeden Fall die vielen Scheinfunksprüche abgehört und analysiert haben, die in dem Bereitstellungsraum dieser »Geisterarmee« herumschwirrten. General Patton ließ sich zusammen mit seinem weißen Bullterrier ständig in der Nähe seines Barackenlagers sehen, das mit einem Stabskader belegt war. Das Ablenkungsmanöver wurde darüber hinaus von deutschen Doppelagenten, die in Großbritannien arbeiteten, unterstützt.

Im Mai beantragte von Schweppenburg schließlich persönlich die Genehmigung Hitlers, das Gros seiner Panzertruppe im Raum Paris zurückhalten zu dürfen. Das Ergebnis war wieder einmal ein Kompromiß, und im Mai fingen wir eine Meldung Rundstedts an Hitler ab, die bestätigte, daß die vier deutschen Panzerdivisionen bleiben würden, wo sie waren, und zwar als eine Einsatzreserve, die direkt dem OKW unterstand. Das war natürlich die beste Nachricht, die wir überhaupt erwarten konnten.

Eine andere Entscheidung hätte die Erfolgschancen des Unternehmens »Overlord« gefährlich beeinträchtigt. Zusätzlich gab es aber auch weiterhin keine Hinweise auf eine bevorstehende Verlegung von Infanteriedivisionen der 15. Armee aus dem Raum des Pas de Calais.

Rommel hatte die angestrebte Befehlsgewalt über die stärksten Panzerverbände im Westen verloren, und erhielt auch nicht das Kommando über die deutschen Küstenbatterien. Sie unterstanden der Kriegsmarine, die im Westen lediglich über einige Zerstörer und Schnellboote verfügte, die selten im Einsatz waren. Seine Fliegerverbände – die Luftflotte 3 – waren, wie wir wußten, in ihrer Einsatzstärke auf etwa 50 Flugzeuge abgesunken. Feldmarschall Sperrle, der Luftflottenchef, und der Befehlshaber des deutschen Fliegerkorps, dessen zwei Jagdgruppen praktisch die ganze deutsche Luftflotte im Westen darstellten, verzichteten nach einiger Zeit sogar darauf, noch länger um Flugzeuge zu bitten. Hitler selbst war inzwischen, von verzweifelter Ungewißheit gequält, wieder Rundstedts Lagebeurteilung nähergekommen.

An der Ostfront waren die deutschen Truppen, wie die Lageberichte der deutschen Befehlshaber bewiesen, unter ständigem russischem Druck auf dem Rückzug. Nach dem er während des Winters sein Meisterstück in der Verteidigungskunst abgelegt hatte, mußte sich Kesselring in Italien jetzt aus dem Raum nördlich Cassino zurückziehen. Angesichts dieser Unglücksnachrichten an das OKW fragte man sich, ob Keitel und Jodl, Hitlers gläubige Helfer, ihrem Führer überhaupt noch die Wahrheit erzählten. Dennoch zeigte Hitler jetzt – aber viel zu spät! – mehr Interesse für die Verteidigung der Normandie, und zum erstenmal überhaupt tauchte in seinen Funksprüchen an Rommel jetzt auch das Wort Furcht auf. Das OKW übermittelte beispielsweise Hitlers Sorge, daß »die Alliierten möglicherweise nicht an der Küste niedergehalten« werden könnten. Wenig Trost für Rommel, der um seine Panzer gebracht worden war!

Unterschwellig deutete sich auch an, daß Hitler nicht mehr der Mann der schnellen eindeutigen Entscheidungen wie früher war. Vielleicht betrat er schon jene Welt des Scheins und der Phantasie, die zu seiner letzten Verteidigungslinie vor der endgültigen Reise ins Jenseits werden sollte. Ein Funkspruch an Rundstedt bestätigte jetzt wieder seine Furcht, daß die Invasion »doch am Pas de Calais kommen« würde, und rechtfertigte seine Entscheidung, die Panzertruppe West bei Paris zurückzuhalten.

Erwin Rommel mußte einem in diesen Wochen vor dem Beginn der Invasion einfach leid tun. Es war wie damals in der Wüste; statt Treibstoff und Ersatzteile forderten seine Funksprüche jetzt Soldaten, Beton, Stahl, Lastwagen und die Befehlsgewalt, die Verteidigung der Normandie nach eigenem Gutdünken vorbereiten zu können. Einmal bat er sogar um die Erlaubnis, Soldaten der Luftwaffe, die ja kaum mehr etwas zu tun hatten, als Bodentruppen einsetzen zu dürfen. Aber Göring, dessen Ruf in der Wehrmacht bereits ruiniert war und dessen Luftwaffe in Trümmern lag, hatte sich in sein Luxusleben nach Karinhall zurückgezogen und lehnte es rundweg ab, seine lahmgelegte Bodenorganisation nutzbringender einzusetzen oder die Befehlsgewalt über seine Flakbatterien abzugeben.

Langsam zeichnete sich vor uns das Bild eines enttäuschten, illusionslosen Rommel ab, der nicht mehr daran glaubte, den alliierten Großangriff zurückschlagen zu können; diejenigen von uns allerdings, die mit ihm ihre Erfahrungen gemacht hatten, waren sich immer noch seiner Fähigkeit bewußt, ein Kaninchen aus einem scheinbar leeren Hut zu zaubern.

Die mangelnde Unterstützung Rommels erzeugte bei uns gewisse Spekulationen über die Ziele der deutschen militärischen Führung.

Es gab Leute, die darauf hinwiesen, daß einige deutsche Generäle einen schnellen Vormarsch der Alliierten auf Berlin und jede Art von Frieden der Besetzung durch die Russen vorzögen. Aber Hitler lebte immer noch, und für mich gab es keinen Zweifel darüber, was er meinte, wenn er davon sprach, daß Deutschland niemals kapitulieren werde.

Die letzten Maitage strichen wieder einmal die »negative Rolle« von Ultra heraus. Jeder deutsche Funkspruch wurde nach Hinweisen auf Verstärkungen oder Truppenverschiebungen untersucht. Es wurde aber auch geprüft, ob die Deutschen unsere Angriffszeit und die Position unserer Landungszonen erfahren haben könnten. Aber wir entdeckten nichts. Glücklicherweise wagten keine deutschen Flugzeuge, angesichts des lückenlosen Luftschirms der RAF den Kanal zu überqueren, und das deutsche Spionagenetz in Großbritannien arbeitete in Wirklichkeit für uns. (Sir John Mastermans Buch *Double Cross System of the War of 1939–45* enthüllt dieses Kapitel der Invasionsgeschichte.) Dennoch waren die ersten Junitage des Jahres 1944 die spannungsgeladensten, die ich je erlebt habe.

Eisenhower schob sein Hauptquartier in die Nachbarschaft von Admiral Ramsays Marinehauptquartier bei Portsmouth vor. Die großen Tore in der Mauer, die das Gebäude umgab, ließen nicht erkennen, daß sich dahinter das Nervenzentrum der größten Landungsoperation der Geschichte befand. Die Straßen zwischen London und Portsmouth, auf denen sich Panzer, Lastwagen, Stapel von Granaten sowie schwere und leichte Geschütze drängten, waren so gut wie unpassierbar. Überall in Südengland bot sich mir das gleiche Bild, als ich in letzter Minute meine Spezialverbindungseinheiten besuchte. Dort, wo man über die riesigen getarnten Depots hinweg noch ein Stück offenes Gelände sehen konnte, lag Sommerfrieden über der grünen Landschaft. Dann aber brach plötzlich der Sturm los.

Die Schlacht um die Normandie

Bisher hatten wir den »weichen Unterleib« der Achsenmächte angegriffen; jetzt machten wir uns daran, den harten Panzer zu durchbrechen. Das schreckliche Wetter während der ersten Junitage war für jeden von uns eine Nervenprobe. Wir wußten, daß die mit Truppen vollgestopften Schiffe bereits auf See waren, und daß jede Verzögerung das Risiko, entdeckt zu werden, erhöhen mußte. Am 5. Juni rief mich Luftmarschall Tedder an und bat mich, sofort nach Portsmouth zu kommen. Vor meiner Abreise kämmte ich nochmals alle eingegangenen deutschen Funksprüche auf verdächtige Anzeichen durch. Aber ich konnte nicht den geringsten Hinweis auf eine Alarmierung der deutschen Verbände jenseits des Kanals finden.

Heute wissen wir, daß Rommel und seine Befehlshaber damals zwar der Überzeugung waren, daß die Invasion unmittelbar bevorstand; sie glaubten jedoch nicht im geringsten daran, daß wir angesichts der miserablen Wetterverhältnisse am 4. Juni auch nur den Versuch wagen würden, die Invasion zu beginnen. Daher war Rommel auch für einige Tage nach Deutschland gereist.

Am frühen Nachmittag des 5. Juni fuhr ich nach Portsmouth. Im Hauptquartier hörte ich, daß die entscheidende Konferenz am frühen Morgen in Eisenhowers Arbeitszimmer im Erdgeschoß des alten Herrensitzes stattgefunden hatte. Tedder war gerade beim Obersten Befehlshaber. Ich wartete in der riesigen Halle. Nach einiger Zeit kam er aus Eisenhowers Zimmer, war aber in schrecklicher Eile. Er nickte mir kurz zu und flüsterte das Wort »morgen!«, während ich lediglich den Kopf schütteln und ihm die Kurzbotschaft übermitteln konnte: »Absolut nichts!« Er lächelte und stürmte mit großen Schritten die Treppe hinauf.

Als ich Portsmouth verlassen hatte und die Umgehungsstraße bei Winchester erreichte, setzten sich gerade die Panzerkolonnen in Richtung Küste in Marsch. Es war immer noch sehr windig. Unsere Soldaten würden eine verdammt rauhe Seereise erleben!

Etwa um zwei Uhr in der Frühe des 6. Juni (D-Day), fingen wir den ersten deutschen Funkspruch ab: Er war vom Marinehauptquartier in Paris abgesetzt worden und galt sowohl Hitler in seinem Hauptquartier bei Rastenburg als auch dem deutschen Oberbefehlshaber West. Der Funkspruch teilte kurz und bündig mit, daß die Invasion begonnen hätte. Erst nach dem Kriege sollten wir erfahren, daß Rundstedt und das OKW diese Nachricht einfach nicht glauben wollten. Rundstedt soll angeblich behauptet haben, die Marine hätte einen Möwenschwarm auf ihrem Radar für den Feind gehalten. Dennoch alarmierte er über Funk die 15. Armee im Pas de Calais, da er nach wie vor von der Idee besessen war, die Alliierten würden auf jeden Fall die kürzeste Seeroute benutzen.

Seinen Funkspruch betrachteten wir als ein absolutes Geschenk des Himmels! Besonders wichtig aber war für uns, daß Rundstedt es offensichtlich nicht für nötig hielt, auch die 7. Armee in der Normandie in Kampfbereitschaft zu versetzen. Er schien entschlossen, die feindlichen Fallschirmtruppen, über deren Landung nun Berichte der 7. Armee in seinem Hauptquartier einliefen, für einen Bluff zu halten. Erst in der Morgendämmerung jagte Rundstedts Stabschef, General Günther Blumentritt, einen Funkspruch an das OKW los, in dem er den ganzen Ernst der Situation schilderte und gleichzeitig um die Freigabe der OKW-Panzerreserve durch Hitler bat.

Von Rommel selbst hatte es bisher jedoch nicht die geringste Nachricht gegeben, was uns sehr verblüffte. Erst am späteren Morgen fingen wir einen Funkspruch Rommels ab, in dem er General Speidel, seinem Stabschef, befahl, die 21. Panzerdivision gegen die alliierten Landungen westlich von Caen einzusetzen. Dieser Funkspruch war in Deutschland abgesetzt worden und bewies, das Rommel sich zur Zeit nicht am Schauplatz der Ereignisse aufhielt.

Für uns war es während dieser kritischen Phase der Invasion äußerst wichtig, jeden Zug Rundstedts, Rommels und Hitlers zu verfolgen und die Gedankengänge, die hinter ihren Befehlen standen, zu analysieren. Aus wichtigen deutschen Befehlen bestanden daher auch jene Informationen, die ich am Morgen des Invasionstages an den Premierminister schickte.

Von Hitler allerdings hatte es bis jetzt noch keine Nachricht gegeben. Der Grund war, wie wir heute wissen, daß Hitler am Morgen des 6. Juni noch schlief und daß Keitel und Jodl ihn erst am Nachmittag zu wecken wagten. Unter diesen Umständen konnte es nicht überraschen, daß der Führer erst am Abend des 6. Juni in einem Funkspruch an Rundstedt die Freigabe einer Panzerdivision der OKW-Reserve bestätigte. Aber da war es schon zu spät. Rommel hatte die alliierten Landungstruppen mit seinen Panzern am Strand schlagen wollen. Am Abend des ersten Invasionstages hatten sich die Alliierten jedoch bereits an der Küste eingegraben und die 12. SS-Panzerdivision konnte es angesichts der Schwärme alliierter Flieger nicht wagen, vor Anbruch der Dunkelheit vorzurücken.

Spät in der Nacht schickte Rommel seinen Lagebericht an das OKW und führte an, daß »der britische Vormarsch auf Caen aufgehalten worden wäre und daß die 21. und die 12. SS-Panzerdivision Verteidigungsstellungen westlich der Stadt bezogen« hätten. Die 12. SS-Panzerdivision »Hitlerjugend« mußte also nach Beginn der Dunkelheit mit bemerkenswerter Schnelligkeit vorgerückt sein.

Nach ihren ungeheuren Anstrengungen während der Landungen am Strand der Normandie schafften es die Briten angesichts des heftigen deutschen Widerstandes nicht, die wichtige Stadt Caen am 7. Juni einzunehmen. Rundstedt dagegen mußte Hitlers Befehl für die Freigabe der 12. SS-Panzerdivision überzogen haben, denn wir fingen einen Funkspruch des Oberbefehlshabers West auf, in dem er bereits eine weitere Division der Panzergruppe West, die Panzerlehrdivision, in den Raum Caen befahl. Rundstedt war darnach offensichtlich der Meinung, Rommel hätte nun genügend Panzer für seinen Gegenangriff erhalten, denn er befahl ihm am 9. Juni, schnellstens loszuschlagen. Die Panzergruppe West, über die in der Vergangenheit so viel diskutiert worden war, muß jedoch wohl im Schlaf erwischt worden sein. In einem Funkspruch an Rundstedt und das OKW zog Rommel am 9. Juni jedenfalls folgende Bilanz: »Die 12. SS-Panzerdivision leidet unter Benzinknappheit, und die Panzerlehrdivision ist noch nicht angriffsbereit.«

Am 10. Juni verlegte Montgomery sein Hauptquartier in die Normandie und gelangte schnell zu der Ansicht, daß die Chancen der Briten und Kanadier, Caen zu nehmen, angesichts der immer stärker werdenden deutschen Panzerkräfte nicht mehr groß sei. Darauf warf »Monty« den Originalplan völlig um: Statt weiter zu versuchen, Caen zu erobern, entschloß er sich, das Gros der feindlichen Panzerkräfte in diesem Gebiet zu fesseln und damit Bradleys 1. US-Armee die Möglichkeit zu geben, gegen schwächeren Feindwiderstand in Richtung Süden aus dem Brückenkopf auszubrechen. Ein Vorstoß der britischen 7. Panzerdivision auf Caen zog am 10. Juni dic deutschen Panzer in offenes Gelände, und Rommel mußte in der Nacht des 13. Juni melden, die Panzerlehrdivision hätte 100 Panzer verloren und könne daher nicht mehr zum Angriff auf den Brückenkopf eingesetzt werden. Montgomerys neue Stategie begann bereits wirksam zu werden. Für die Deutschen waren die Panzerverluste besonders gefährlich, da Ersatz nur langsam herankam, während die 7. Panzerdivision der Briten ihre Verluste in Höhe von 25 Tanks sofort wieder ausgleichen konnte.

Laut Ultra hielt Hitler nun die Kriegsführung im Westen in seinen Händen, und als sich die Amerikaner immer näher an den Hafen Cherbourg heranschoben, verlangte er in einem persönlichen Funkspruch an den deutschen Stadtkommandanten, General von Schlieben: »Selbst wenn es zum Schlimmsten kommen sollte, ist es Ihre Pflicht, auch die letzte Stellung zu verteidigen und dem Feind nur noch Ruinen zu hinterlassen. Das deutsche Volk und die ganze Welt sind Zeuge Ihres Kampfes; von ihm hängen der Verlauf und das Ergebnis unserer Operationen zur Vernichtung des alliierten Brückenkopfes ab.«

Alles, was Schlieben tun konnte, war die Durchgabe eines Funkspruches an Hitler: »Angesichts der gewaltigen feindlichen Überlegenheit an Flugzeugen, Panzern und Artillerie und der Wirkung der feindlichen Schiffsgeschütze, muß ich pflichtgemäß darauf hinweisen, daß auch weitere Opfer die Lage nicht mehr verändern können.« Von Schlieben mußte völlig verzweifelt sein. Rommels Antwort war kurz: »Gemäß den Befehlen des Führers werden Sie bis zur letzten Patrone weiterkämpfen!«

Es ist anzunehmen, daß Rommel dem General von Schlieben mehr freie Hand gegeben hätte, hätte er nicht selbst unter dem ständigen Druck Hitlers gestanden. Wie die späteren Ereignisse bewiesen, mußte Rommel jedoch schon damals jeglichen Anschein von Treulosigkeit um jeden Preis vermeiden. Trotz allem war Hitlers Macht immer noch ungebrochen.

Um Caen herum waren nun, wie Ultra berichtete, drei deutsche Panzerdivisionen in vollem Einsatz, wenn sie auch nicht mehr ihr Soll an Panzern erreichten. Dafür waren zwei weitere Panzerdivisionen, die 9. und 10. SS-Panzerdivision, auf dem Marsch von der Ostfront auf das Schlachtfeld von Caen. Daß Hitler tatsächlich Panzer von der unter schwerem Druck stehenden Ostfront in die Normandie verlegen ließ, bedeutete, daß er unseren Ausbruch aus dem Brückenkopf unter allen Umständen verhindern wollte. Auf diese schlechte Nachricht folgte kurz darauf eine weitere: Das OKW benachrichtigte von Rundstedt und Rommel, die 1. SS-Panzerdivision sei aus Belgien auf dem Anmarsch und die 2. SS-Panzerdivision von Toulouse aus nach St. Lo, am amerikanischen Teil des Brückenkopfes, unterwegs.

Diese Verstärkungen mußten Bradleys Chancen für einen erfolgreichen Ausbruch gefährlich schmälern, und Montgomery entschloß sich daher, schnell zu handeln. Dempseys 2. Armee schlug los. Die schottische 15. Division drang dabei so schnell vorwärts, daß General Paul Hausser, der Befehlshaber der deutschen 7. Armee, einen Funkspruch des Generals Sepp Dietrich (er befehligte das 1. SS-Panzerkorps) an Rommel weiterleitete, in dem Dietrich feststellte, ein alliierter Durchbruch sei unvermeidlich, wenn er nicht noch während der Nacht Verstärkungen erhalte. Die Deutschen steckten offensichtlich noch schlimmer in der Klemme, als wir vermutet hatten.

Rommel hatte pausenlos versucht, genügend Truppen zusammenzufassen, um Hitlers Befehle für einen Angriff auf Bayeux ausführen zu können. Jetzt aber mußte er der 7. Armee widerwillig den Auftrag erteilen, die 9. und die 1. SS-Panzerdivision zu Dietrichs Unterstütung einzusetzen. Noch wichtiger erschien uns, daß er gezwungen war, »Teile der 2. SS-Panzerdivision heranzuziehen«, die Bradley bei St. Lo gegenüberstand. Ultra hatte wieder einmal hervorragend gearbeitet und Dempsey gezeigt, wo er den Hebel ansetzen mußte.

Am 27. Juni hatte der Vorstoß der britischen 2. Armee weiter an Boden gewonnen; Rundstedt und Rommel befanden sich an diesem Tag offensichtlich jedoch in Berchtesgaden bei Hitler, denn der Befehlshaber der deutschen 7. Armee schickte in der Nacht seinen Lagebericht an diese Adresse. In seinem Funkspruch erläuterte er seine Absicht, am Morgen des 29. Juni, 7 Uhr, einen Gegenangriff gegen den Frontvorsprung der britischen 2. Armee zu starten. Unser Orakel arbeitete so glänzend, daß dieser abgefangene Funkspruch rechtzeitig an die Geschwaderführer der 2. Taktischen Luftflotte übermittelt werden konnte. Kurz vor 7 Uhr stürzten sich die alliierten Jagdbomber auf ihre Ziele, und Hausser mußte später Rommel berichten: »Unmittelbar nach der Bereitstellung wurden unsere Panzer von Jagdbombern schwer angegriffen. Der Angriff mußte daher um etwa sieben Stunden verschoben werden.«

Nach dem Kriege erfuhren wir, daß sich Rundstedt, Rommel, Hausser und Geyr von Schweppenburg Ende Juni getroffen und den Beschluß gefaßt hatten, Hitler einen stufenweisen Rückzug aus Caen vorzuschlagen, der ihre Divisionen außer Reichweite der schweren alliierten Schiffsgeschütze bringen sollte. Sie wollten außerdem um Verstärkungen von der 15. Armee bitten, die am Pas de Calais immer noch auf Pattons »Geisterangriff« wartete. Nach dieser Konferenz waren Rundstedt und Rommel nach Berchtesgaden gereist, um Hitler ihre Forderungen vorzutragen. Ohne

Zweifel wiesen sie mit Nachdruck darauf hin, daß sowohl Hausser als auch von Schweppenburg ihren Standpunkt teilten. Dennoch drangen sie bei Hitler nicht durch. Der Führer, der anscheinend immer noch eine weitere Landungsoperation am Pas de Calais befürchtete, lehnte ihre Vorschläge glattweg ab und wies lediglich darauf hin, daß den Alliierten der Übergang zum Bewegungskrieg unter allen Umständen verwehrt werden müsse.

Selbstverständlich kannten wir diese Einzelheiten nicht; einen Tag, nachdem Rundstedt und Rommel aus Berchtesgaden in ihre Hauptquartiere zurückgekehrt waren, empfingen sie jedoch, wie schon üblich, einen Funkspruch Hitlers, in dem er seine Entscheidung bestätigte und den Befehl erteilte: »Unsere gegenwärtigen Verteidigungsstellungen müssen gehalten werden!« Dieser von Ultra abgefangene Funkspruch war für uns der erste Hinweis, daß Rundstedt und Rommel den Ernst der Lage erkannt hatten und den Rückzug antreten wollten.

Ebenfalls erst nach Kriegsende erfuhren wir, daß Rundstedt später Keitel angerufen und ihm berichtet hätte, daß er Hitlers Befehl für den Angriff auf Bayeux nicht ausführen könne. Das folgende Gespräch ist bekannt. Keitel soll gefragt haben: »Was sollen wir tun?« Worauf Rundstedt die Antwort gab: »Macht Frieden, Ihr Idioten! Was könnt Ihr denn sonst tun?!« 24 Stunden später war Rundstedt seines Postens enthoben worden.

Den ersten Hinweis, den wir während der Schlacht auf Rundstedts Ablösung erhielten, war ein von Ultra abgefangener Funkspruch des Oberbefehlshabers West, den jedoch Feldmarschall Günter von Kluge unterzeichnet hatte. In seinem ersten Befehl wiederholte von Kluge prompt Hitlers Order: »Alle Stellungen müssen gehalten werden!«

Just in den Tagen dieser Umbesetzung des deutschen Oberkommandos im Westen entschloß ich mich, die Normandie zu besuchen und unsere Spezialverbindungseinheiten und die Sicherheitsvorschriften zu überprüfen. Bradley kam mit seinen Truppen kaum vorwärts, und es sah im Augenblick so aus, als hätten sich die Alliierten festgerannt. Montgomery lag unter schwerem Beschuß des Obersten Alliierten Hauptquartiers (SHAEF) und obwohl er, wie schon berichtet, die Existenz von Ultra verleugnete, wollte ich keine Wiederauflage der alten Angriffe gegen Ultra erleben. In dieser Hinsicht erwies sich wenigstens Churchill als ein starker Prellbock gegen alle Versuche von Frontbefehlshabern, ihre Mißerfolge auf eine ungenügende Information durch unsere militärischen Nachrichtendienste zu schieben.

Seit D-Day waren gerade drei Wochen verstrichen; im »Omaha«-Abschnitt aber waren die Spuren der erbitterten Kämpfe schon getilgt worden und auf dem Feldflugplatz direkt hinter der Küste wimmelte es von den allgegenwärtigen »Dakotas«. In einem Jeep fuhren wir zu Bradleys Hauptquartier, das wenige Kilometer westlich an der Küstenstraße lag. Wir kletterten über eine verschlammte Böschung, schlüpften durch eine der für die Normandie typischen dichten Hecken, und da lag auch schon die Karawanserei des Befehlshabers der 1. US-Armee vor uns. Meine SLU hatte es sich unter Apfelbäumen in ihren Zelten bequem gemacht; es hätte eine Campingidylle in einem der friedlichen Landstriche von Devon sein können, wäre nicht von Zeit zu Zeit das dumpfe Grollen der Geschütze im Süden zu hören gewesen, wo sich Bradleys Truppen Schritt für Schritt durch das schwierige Gelände der Bocage vorwärts kämpften.

Bradleys G 2, Monk Dickson, hatte mich bereits vorgewarnt, sein Chef sei über die Unfähigkeit seiner 1. Armee, echte Fortschritte zu machen, tief betrübt. Dennoch begab ich mich sofort in Bradleys riesigen Wohnwagen, wo mich der General höflich wie immer gegrüßte. Erfreulicherweise lobte er Ultra: »Ich hatte niemals damit gerechnet«, sagte Bradley, »so genaue Information über meine Gegner zu erhalten. Der einzige Ärger ist, daß es zu viele von ihnen gibt.« Einerseits war er glücklich darüber, daß die meisten deutschen Panzerverbände vor dem britischen Frontabschnitt versammelt waren, andererseits hätten seine »Boys« das ihnen gegenüberliegende deutsche Fallschirmjägerkorps als eine hart kämpfende Einheit kennengelernt. Die Deutschen verteidigten buchstäblich jede Hecke, und es gäbe sehr viele davon! Lägen irgendwelche Anzeichen vor, daß deutsche Panzerverbände in diesen Frontabschnitt verlegt werden würden?

Ich antwortete, daß die deutschen Panzer nach wie vor im Gebiet von Caen massiert wären, und daß Montgomery alles tun würde, um sie weiterhin zu fesseln.

Als ich mich verabschiedete, rief mir Bradley nach: »Passen Sie bloß auf, daß nicht mehr von diesen Panzern hierherkommen!« Anschließend widmeten sich Monk Dickson und ich der Aufgabe, die letzten Funksprüche zu analysieren.

Den Abend verbrachte ich mit den Männern meiner SLU unter den Apfelbäumen. Sie waren jetzt in höchster Form und genossen jede Minute ihrer Arbeit.

Als ich am nächsten Morgen aufwachte, war Bradleys Camp in heller Aufregung. Durch die halb geöffnete Tür meines Wohnwagens sah ich spärlich bekleidete Offiziere über den Rasen rennen. Sogar Bradley kam mit Riesenschritten herangestürmt. Ich schrie nach Monk Dickson, der im Nachbarwagen wohnte. Er war gerade bei einer Blitzrasur. Ich fragte ihn, ob der Feind durchgebrochen sei und ob das Lager schon evakuiert würde. Sein mit Rasierschaum bedecktes Gesicht erschien in der Wagentür, und er rief mir zu, daß Montgomery um 8 Uhr eintreffen würde. Ich weiß nicht, ob Montgomery Bradley mit seiner Fitness und Dynamik ebenso beeindrucken wollte, wie er es vorher schon bei Winston Churchill geschafft hatte.

Bradley dürfte jedenfalls nicht darauf gekommen sein, daß Montgomerys »Überfälle« im Morgengrauen genau diesen Zweck verfolgten. Ich weiß nicht, ob sich die beiden damals zum erstenmal begegneten, seit Montgomery sein Hauptquartier in Frankreich aufgeschlagen hatte. Auf jeden Fall löste das Treffen einen beträchtlichen Wirbel aus.

Später fand ich Monk Dickson in tiefen Gedanken vor. Auch Bradley war nachdenklich, aber jetzt lag ein gewisses Glitzern in seinen Augen. Und wie um sein Drängen nach mehr Aktion zu unterstreichen, erhielten wir durch die Spezialverbindungseinheit die Bestätigung, daß die zwei deutschen Panzerdivisionen von der Ostfront im Raum Caen eingetroffen waren. Das bewies zur Genüge, welch harte Aufgabe Montgomery sich aufgeladen hatte.

Gegen Mittag tauchte plötzlich Patton in Begleitung seines weißen Bullterriers im Lager auf. Es gab einen lärmenden Empfang, und Patton erzählte mit breitem Grinsen, daß er es nicht länger ausgehalten hätte, in England müßig herumzusitzen; so sei er eben einfach herübergeflogen. Der US-General hätte natürlich in Kent bei seiner Geisterarmee sein müssen, die den Deutschen nach wie vor mit einer Landung bei Calais drohte. Das ganze Täuschungsmanöver beruhte nämlich darauf, daß sich Patton ständig in seinem Phantom-Hauptquartier sehen ließ. Ein einziges Pressefoto, das ihn in Frankreich zeigte, konnte das ganze Spiel auffliegen lassen. Monk Dickson reagierte sofort. Er trommelte alle amerikanischen Kriegsberichterstatter zu einer Pressekonferenz zusammen. Die Journalisten kamen gleich angerannt. Ich nahm an, daß sie mit Neuigkeiten über Montgomerys Besuch rechneten. Statt dessen erlebte ich jedoch die kürzeste und ungemütlichste Pressekonferenz, der ich je beigewohnt habe.

»Meine Herren«, bellte Monk, »ich weiß nicht, ob irgend jemand von Ihnen etwas gesehen hat, was Sie für General Patton und seinen Hund gehalten haben können. Sie sind jedoch im Irrtum! Guten Morgen!«

Danach war alles in Ordnung. Patton und Bradley tauchten aus dem Wohnwagen auf und spazierten durch eine Lücke im Gebüsch in Bradleys persönliches Speisezelt.

Am Nachmittag machte ich mich auf die Suche nach Generalmajor Quesada, dem Kommandeur der 9. Taktischen Luftflotte der US-Luftwaffe. Die Leitung der Spezialverbindungseinheit in ihrem Hauptquartier hatte ich einem amerikanischen Offizier übertragen. Er verfügte über das übliche Team aus Chiffrierexperten der RAF und Funkern. Quesada wollte sich über die Ultra-Nachrichten fast totlachen, besonders über die abgefangenen Marschbefehle der Deutschen, die ihm die Ziele gewissermaßen auf dem Tablett präsentierten, ohne daß er nach den Deutschen überhaupt erst suchen mußte. Für jeden deutschen Panzer oder Lastwagen, der bei Tageslicht unter seiner Tarnung hervorzukommen wagte, bedeuteten die Ultra-Meldungen den Untergang. Quesada hatte für seine Jagdbomber und die amerikanischen Panzer ein brillantes Verbindungsnetz entwickelt. Beide arbeiteten praktisch auf die gleiche Weise zusammen wie die Stukas und die deutschen Panzer in der Schlacht um Frankreich im Jahr 1940. Die Männer von der US-Air-Force waren in bester Stimmung. Sie wußten, daß die Schlacht zwischen den normannischen Hecken bald zu ihrem Ende kommen mußte, und daß sie dann über offenem Gelände operieren könnten.

Quesada lud mich ein, die Nacht in seinem Hauptquartier zu verbringen. Ich erhielt eine Koje in einer Holzbaracke. Von dem Flugplatz aus waren bis zur Abenddämmerung Lufteinsätze geflogen worden, und beim ersten Büchsenlicht am nächsten Morgen starteten die Jagdbomber erneut. Es war fast wie in Frankreich im Jahr 1917, als ich ebenfalls in einer Holzbaracke in meiner eigenen Koje lag und auf den Motorenlärm des B-Schwarms lauschte, der zur ersten Morgenpatrouille in den Raum jenseits Arras startete.
Vielleicht war es der Geruch des heißen Öls oder der Lärm der Flugzeugmotoren oder einfach die ganze Stimmung der Normandie-Front; alles zusammen gab der Büroarbeit, der ich in London nachgehen mußte, plötzlich ein anderes Gepräge. Es war das gleiche Gefühl wie während meiner Besuche im Fliegerhorst Biggin Hill während der Luftschlacht um England. Ich verstand auch plötzlich, warum Churchill von Zeit zu Zeit einfach an die Front mußte.

In der altertümlichen Stadt Bayeux war das Leben beinahe schon wieder normal. Wer weiß, was aus ihr geworden wäre, wenn Rundstedt den von Hitler befohlenen Angriff wirklich durchgeführt hätte. Ich nahm mir die Zeit, die berühmten Wandteppiche zu besichtigen, bevor ich zu Montgomerys Hauptquartier fuhr, einem riesigen Zelt, das unter einem noch größeren Tarnnetz lag. Das Zelt klebte an der westlichen Flanke eines kleinen Hügels. Rund zweihundert Meter weiter, genau auf der Spitze der Erhebung, zog sich eine Reihe glockenförmiger brauner Zelte für die Besucher hin. Auch das kleine Messezelt lag dort. Das zerkochte kalte Fleisch, das mit Salat serviert wurde, störte mich wenig, wenn ich an das aufgewärmte Corned beef der Amerikaner dachte. Montgomery selbst war nicht zu sprechen. Aber da ich mich ohnehin nur überzeugen wollte, daß alles glatt lief und die Spezialverbindungseinheit keine Klagen über die Beachtung der Sicherheitsvorschriften hatte, machte es nicht viel aus.

Die SLU war auf ausdrücklichen Befehl des Oberbefehlshabers in einen einsamen Steinbruch verbannt worden, der einen Kilometer entfernt lag. Für mich bedeutete das einen langen Marsch durch die Dunkelheit. Ich beklagte mich über die Situation meiner SLU bei Generalmajor Graham, dem G3 des Stabes; aber Montgomery war offensichtlich unerbittlich. Wie es schien, befürchtete er, daß der Gegner die Funkstation anpeilen könne.

Wir benutzten jedoch Ultra-Kurzwellen; das Erkennungssignal unserer SLU war ebenfalls sehr kurz und wurde zu wechselnden Tageszeiten abgesetzt. Da sich außerdem in den vergangenen zwei Jahren der Gegner weder in Nordafrika noch in Italien um die Positionen unserer SLUs gekümmert hatte, mußte ich zu der Schlußfolgerung kommen, daß es die Anwesenheit von mit Geheimdienstarbeit beschäftigtem RAF-Personal war, die Montgomery störte. Ich bat Graham, meine Mitarbeiter bei einer Verlegung des Hauptquartiers etwas besser zu behandeln. Graham und der Stabschef, Generalmajor Freddie De Guingand, wußten zwar den Wert unserer Informationen zu schätzen, Montgomery aber verdroß wohl der Umstand, daß sowohl Churchill als auch Eisenhower, die ihm ständig im Genick saßen, die gleichen Geheimmeldungen erhielten wie er.

Am Nachmittag des nächsten Tages forderte mich Graham auf, in wenigen Minuten gen Himmel zu blicken; dann könne ich den Großangriff des RAF-Bomberkommandos auf die deutschen Verteidigungsanlagen bei Caen beobachten. Auf der Hügelspitze stehend, entdeckte ich 450 »Lancasters«, deren Umrisse sich schwarz gegen den Abendhimmel abhoben. Als sie über uns hinwegflogen, steigerte sich das tiefe Brummen ihrer Motoren zu einem brüllenden Crescendo und als ihre Bomben rund um die eingegrabenen deutschen Panzer vor Caen einschlugen, hörte es sich wie das Grollen des Donners an. Die Erde zitterte. Die Männer meiner SLU beobachteten neben mir den Angriff. Ich hatte ihnen vorher einen Tip gegeben, weil ich dachte, daß der Anblick einer Reihe von RAF-Uniformen mitten in der Schar des Stabspersonals, das sich ebenfalls auf dem Hügel versammelt hatte, ihre Moral ein wenig heben würde.

Das Zelt Generals Dempsey im Hauptquartier der 2. Armee war sehr viel bescheidener als das Montgomerys. Es war noch nicht einmal getarnt. Dempseys Behausung klebte direkt an der mit Gras bewachsenen Wand eines Steinbruchs. Die Station der SLU lag nur knapp 50 Meter neben der Behausung des Armeebefehlshabers, und Dempsey hatte persönlich befohlen, meine Leute jederzeit zu unterstützen. Er begrüßte mich sehr herzlich und berichtete mir begeistert, daß er sich voll auf Ultra verlasse. Vor Beginn der Invasion hätte er allerdings nicht die geringste Ahnung gehabt, daß er einmal so genau über die Absichten und Pläne des Gegners unterrichtet werden würde. Er erkundigte sich auch, wie Bradley seine Situation ertrage. Offensichtlich wußte er genau, wie frustriert Bradley angesichts seines Stellungskrieges war; verglichen mit den erbitterten Kämpfen, die seine Männer in der Ebene von Caen auszufechten hätten, bemerkte Dempsey, führe Bradley eben einen völlig anderen Krieg. Der Befehlshaber der 2. Armee fragte mich auch nach Feldmarschall von Kluge, dem ich vor dem Krieg leider nie begegnet war. Ich berichtete ihm jedoch, daß Kluge im Jahr 1940 in Frankreich und später auch in Rußland bemerkenswerte Leistungen vollbracht hätte.

Wie sich dann herausstellte, war Kluge ein methodisch arbeitender Feldherr. Als er sein neues Kommando von Rundstedt übernahm, inspizierte er zunächst die vielen Einheiten, die unter seinem Befehl standen, sehr genau. Er erfaßte sie sorgfältig und übermittelte die genaue Aufstellung seiner Streitkräfte per Funk an das Oberkommando der Wehrmacht und das Oberkommando des Heeres in Berlin. Diesen Funkspruch konnten wir auffangen und entschlüsseln. Da er uns nicht nur in die gegenwärtige Stärke der deutschen Kampfeinheiten einweihte, sondern uns auch Hinweise auf die bisherigen Verluste der Deutschen lieferte, war er von besonders großem Wert. Offensichtlich war von Kluge vor Hitlers Eigenart gewarnt worden, nicht mehr existierende oder nicht einsatzfähige Verbände in die Schlacht zu werfen. Die von Kluge vorgenommene Überprüfung seiner Verbände zu Beginn des Monats Juli zeigte, daß dem Oberbefehlshaber West die deutsche Heeresgruppe in Südfrankreich und Rommels Heeresgruppe B in der Normandie unterstanden und daß die deutsche 5. Panzerarmee im Raum Caen nicht weniger als neun Panzerdivisionen konzentriert hatte. Die deutsche 7. Armee, die den Amerikanern gegenüberstand, verfügte über das II. Fallschirmjägerkorps bei St. Lo und das LXXXIV. Korps im Südteil der Halbinsel Cotentin. Am wichtigsten für uns war jedoch, daß – laut Kluges Funkspruch – die 5. Panzerarmee über weniger einsatzfähige Panzer verfügte, als wir geschätzt hatten.

In den Kämpfen gegen das erwähnte II. Fallschirmjägerkorps waren alle Versuche Bradleys, St. Lo zu nehmen, zu einem vorübergehenden Stillstand gekommen. Jetzt war es für die Alliierten lebenswichtig, diesen strategisch wichtigen Verkehrsknotenpunkt als Absprungbasis für die bevorstehende Ausbruchsoperation »Cobra« zu erobern, und zwar noch bevor die Deutschen eine ihrer Panzerdivisionen weiter nach Westen verlegen konnten.

Bradley nahm seinen steckengebliebenen Angriff am 10. Juli wieder auf und schloß die Eroberung von St. Lo am 17. Juli ab. Erst dann bat das hart kämpfende II. Fallschirmjägerkorps um die Genehmigung zum Rückzug. Diesen Funkspruch, der vom Befehlshaber der deutschen 7. Armee an Rommel abgesetzt worden war, fingen wir ab. Wir waren allerdings sehr überrascht, als Rommel nicht antwortete. Eigentlich hatten wir den üblichen kompromißlosen Befehl erwartet: »Kein Rückzug!« Das Fallschirmjägerkorps zog sich auch ohne Genehmigung zurück, aber wir erfuhren erst sehr viel später, was sich nach dem Empfang von General Haussers Funkspruch im Hauptquartier der Heeresgruppe B ereignet hatte.

Anstatt befehlsgemäß das Rückzugsersuchen sofort an Hitler

weiterzuleiten, hatte der Stabschef der Heeresgruppe B sofort Hausser angerufen und ihm alle Maßnahmen überlassen. Hausser muß sehr überrascht gewesen sein. Wie sich herausstellte, ging es zu dieser Zeit in der Zentrale der Heeresgruppe B drunter und drüber, was allerdings nur zu verständlich war.

Als Ultra nämlich einen Funkspruch Kluges aufnahm, er habe auch den Befehl über die Heeresgruppe B übernommen, wurde uns klar, daß Rommel etwas zugestoßen sein mußte. Die ganze Geschichte wurde uns allerdings erst einige Tage später durch Mitglieder der französischen Widerstandsbewegung mitgeteilt: Rommels Kraftfahrzeug war von einem allierten Jagdbomber beschossen und der schwerverletzte Feldmarschall aus dem sich überschlagenden Wrack des Wagens auf die Straße geschleudert worden. Die Franzosen glaubten zunächst sogar, daß der ehemalige »Wüstenfuchs« getötet worden sei. Später erfuhren wir jedoch, daß er noch lebte, aber schwere Verletzungen erlitten hatte.

Für uns war es, als hätten wir plötzlich einen alten Vertrauten verloren. Mit diesem unbezähmbaren General hatten wir die ganzen Jahre hindurch gelebt, seit ihm unsere Tanks im Mai 1940 in Frankreich zum erstenmal begegnet waren, wobei er, wie ich glaube, zum ersten- und letztenmal in seinem Leben durchgedreht hatte. Wir hatten alle seine Tricks während des Feldzugs in Nordafrika kennenlernen müssen; wir hatten miterlebt, wie sich seine anmaßende Tollkühnheit in bittere Ernüchterung verwandelte, als er nach der Niederlage bei El Alamein sich nach Tunesien zurückziehen und nach der Meinungsverschiedenheit mit Kesselring sogar deprimiert nach Berlin retirieren mußte. Im November 1943 waren wir ihm erneut begegnet und hatten seine Auseinandersetzung mit dem OKW um die Genehmigung, die Invasion nach seinen Vorstellungen bekämpfen zu können, verfolgt. Gut möglich, daß die Ausführung von Rommels Plänen das Unternehmen Overlord in die Katastrophe geführt hätte! Und jetzt war für Rommel alles zu Ende. Er würde noch nicht einmal erfahren, wie nützlich er, angesichts seines engen Kontaktes zu Hitler, für uns gewesen war. Wir sollten seine Funksprüche noch sehr vermissen.

Die Geschichte seiner geheimen Verwicklung in das Komplott gegen Hitler und seines erzwungenen Selbstmords ist bekannt. Ich wäre ihm jedenfalls gerne begegnet und wäre es nur zu dem Zweck gewesen, überprüfen zu können, ob ich mir von ihm das richtige Bild gemacht hatte.

Auch von Rundstedt war von der Bühne abgetreten. Für uns war er glücklicherweise gut einzuschätzen gewesen; als ein typisches Erzeugnis des deutschen Generalstabs hatte er sein Geschäft strikt und ausschließlich nach dem »Textbuch« gelernt und betrieben.

Viele, die nie in einem Weltkrieg gekämpft haben, werden kaum verstehen können, daß die Eigenschaften des Gegners von lebenswichtiger Bedeutung sein können. Für diejenigen von uns jedenfalls, die den Feind mit Hilfe von Ultra beobachteten, waren die Absetzung eines deutschen Feldherrn, die Krankheiten seiner Befehlshaber, seine Kämpfe um Nachschub und die Befehle des Führers, die jeden Rückzug verboten und »Kampf bis zur letzten Patrone« forderten, von größter Bedeutung. Diese Hinweise erlaubten es uns, das Potential und die Moral des Gegners richtig einzuschätzen. Der Unterschied zwischen dem Zweiten Weltkrieg und anderen Kriegen war der, daß wir uns jetzt diese Informationen beschaffen konnten. Den Generalfeldmarschall von Kluge allerdings mußten wir erst noch kennenlernen.

Als Bradley schließlich in St. Lo eindrang, wurde Montgomery wieder die Aufgabe übertragen, im Raum Caen scharfen Druck auf die Deutschen auszuüben und ihre Panzerverbände zu fesseln. Der geplante Ausbruch der 1. US-Armee aus dem großen Brückenkopf in der Normandie schien jetzt nämlich möglich zu sein. Die Angriffe der Briten und Kanadier waren so erfolgreich, daß am 18. Juli die Umgebung von Caen vom Feind gesäubert war. Wie erfolgreich Montgomerys Strategie tatsächlich gewesen war, bewiesen deutsche Funksprüche: Die beiden SS-Panzerdivisionen, die aus Polen abgezogen worden waren und offenbar der gegen Bradley kämpfenden deutschen 7. Armee zugeteilt werden sollten, wurden jetzt ebenfalls im Gebiet von Caen eingesetzt. Das bedeutete, daß es die Briten und Kanadier immer noch mit neun deutschen Panzer-

und Panzergrenadierdivisionen zu tun hatten. Zwar waren die Deutschen schwer angeschlagen, aber sie stellten immer noch eine vorzügliche gepanzerte Streitmacht dar.

Hitlers falsche Wunder

Die Nachricht über den Bombenanschlag auf Hitler im Hauptquartier »Wolfsschanze« bei Rastenburg wurde an jenem schicksalhaften 20. Juli 1944 über den Rundfunk verbreitet. Es konnte nicht überraschen, daß ein Großteil der deutschen Generäle Hitlers Tod wünschte. Von wenigen Ausnahmen abgesehen, wußten sie, daß das Ende des Dritten Reiches immer näher rückte. Die Bombe von Rastenburg war nichts anderes als das logische Ergebnis des tiefen Mißtrauens und der Feindschaft, die zwischen den Nationalsozialisten und den Generälen immer geherrscht hatten.

Hitlers Rettung wurde als ein Wunder bezeichnet. Vielleicht half sie ihm sogar, seine geschwundene Entschlußkraft wiederzugewinnen; auf jeden Fall war er jetzt soweit, jene »Wunder« ins Spiel zu bringen, auf die seine schwer bedrängten Armeen in der Normandie schon so lange warteten.

Das Unternehmen »Cobra«, Bradleys Ausbruch aus dem Brükkenkopf in der Normandie, schlug am 25. Juli durch. Am Abend des gleichen Tages fingen wir von Kluges Alarmmeldung an das OKW ab: »In diesem Augenblick reißt die Front . . .«

Ich übermittelte diesen Funkspruch sofort per Telefon an den Premierminister. Er hob selbst ab, und ich vernahm ein zufriedenes Grunzen.

Am 27. Juli brach der deutsche Widerstand im südlichen Teil der Halbinsel Cotentin zusammen. »Cobra« verwandelte den deutschen Rückzug in eine wilde Flucht. Für Bradley muß es ein erhebender Augenblick gewesen sein; denn er hatte schwere Zeiten hinter sich. Während des amerikanischen Vormarsches wurden starke deutsche Verbände an der linken Flanke abgeschnitten und umzingelt. General Hausser, der Befehlshaber der deutschen

7. Armee, befahl ihnen, nach Südosten auszubrechen. Sein Funkspruch wurde offensichtlich von Kluge mitgelesen, der in Sorge um seinen zusammenbrechenden linken Flügel Haussers Ausbruchsbefehl sofort widerrief. Kluges Funkspruch bewies uns nicht nur, daß der Oberbefehlshaber West keine Übersicht über die Lage mehr hatte, sondern daß wir das deutsche Oberkommando völlig aus dem Gleichgewicht gebracht hatten. Aufgrund der Nachrichten von Ultra flogen General Quesadas Jagdbomber erfolgreiche Einsätze. Nur wenige Deutsche sollten der Falle entkommen; ihre Fahrzeuge und ihre schwere Ausrüstung blieben vernichtet im Kessel zurück. Der deutsche Rückzug lief immer schneller, gleichzeitig wurde es jedoch auch immer offensichtlicher, daß von Kluge sich keinen Rat mehr wußte. Seine Befehle an Haussers 7. Armee, sofort die Lage zu melden, blieben unbeantwortet. Erst am 31. Juli konnte Kluge seinem Führer melden, daß die Amerikaner bereits Avranches besetzt hätten. Tatsächlich war die Stadt jedoch schon am Vortag gefallen. Kluge ging in seinem Funkspruch sogar so weit, Hitler mitzuteilen, daß die gesamte deutsche Westfront von den Amerikanern aufgerissen worden sei.

Das war genau die Sorte von Nachrichten, auf die wir so lange gewartet hatten. Die Bretagne war den Amerikanern ausgeliefert, und der Weg nach Paris schien offen. Sogar für George Patton waren die Wochen des Nichtstuns in seinem leeren Camp in Kent vorüber, und seine 3. Armee wurde endlich eingesetzt. Ein Besuch genügt, um einem die Bedeutung der mittelalterlichen Stadt Avranches klarzumachen. Sie liegt auf einem runden hohen Hügel, der das ganze Land im Umkreis beherrscht. Jetzt strömten Pattons Soldaten und Panzer durch die alte Festungsstadt mit dem wohlgepflegten kleinen Park und den alten Cafés und Geschäften, die den weitflächigen Marktplatz auf der Spitze des Hügels säumen. Einige Verbände der 3. US-Armee wandten sich nach Westen und marschierten in die Bretagne ein, Pattons Gros jedoch schwenkte nach Osten und stieß auf die Seine vor.

Genau in diesem Augenblick teilte Hitler, das unfehlbare militärische Genie, Kluge mit, daß er persönlich den Oberbefehl über die gesamte Westfront übernommen hätte. Im Lichte unserer afrikanischen und italienischen Erfahrungen stellte dieser Funkspruch die beste Neuigkeit dar, die wir bisher überhaupt gehört hatten. In seinem nächsten Funkspruch befahl Hitler der Organisation Todt, den Bau der Abschußrampen für die V 1 und V 2 im Pas de Calais einzustellen und statt dessen im Hinterland Verteidigungsstellungen anzulegen. Anschließend ließ er Befehle an alle Verbände in der Westfront funken, in denen es hieß: »Wenn ein Rückzug befohlen wird, müssen alle Eisenbahnlinien, Lokomotiven, Brücken und Reparaturwerkstätten vernichtet werden; die Kommandanten der befestigten Häfen haben die Pflicht, bis zum letzten Mann zu kämpfen und den Alliierten den Gebrauch der Hafenanlagen zu verwehren.« Es sah so aus, als wäre Hitler aus seiner Welt der Träume und Selbsttäuschungen wieder zurückgekehrt.

Am 2. August forderte er in einem langen Funkspruch, der zwei volle Seiten meiner Ultra-Formulare bedeckte, von Kluge auf, »dem amerikanischen Ausbruchsmanöver, das später zurückgeschlagen werden wird, keine Aufmerksamkeit zu widmen«. Kluge erhielt aber Befehl, vier Panzerdivisionen und eine ausreichende Zahl Infanteriedivisionen von der Front bei Caen abzuziehen, Avranches in einem entschlossenen Gegenangriff zurückzuerobern und auf diese Weise die amerikanischen Streitkräfte an der Basis der Halbinsel Cotentin aufzuspalten. Anschließend sollte er die Amerikaner nach Norden und auf die Küste zurückwerfen. Das Ganze sah wie eine Neuauflage der erfolgreichen Strategie Hitlers im Frankreichfeldzug von 1940 aus. Hier lag jetzt also der ureigene Meister-Plan des Führers vor, der persönlich die Leitung der offensichtlich entscheidenden Schlacht des Krieges im Westen übernommen hatte.

Ich wollte gerade zum Essen in meinen Club gehen, als die Übersetzung dieses enorm wichtigen Funkspruchs eintraf. Ich wußte, daß Churchill Hitlers Order sofort auf den Tisch haben wollte und schickte ihm die Nachricht, zusammen mit der Mitteilung, weiteres Material würde sofort nach Eingang folgen. Eisenhower hielt über seinen Stabschef, General Bedell Smith, schon seit langem engste Verbindung mit Churchill. Daher war es äußerst wichtig, daß Churchill mit Bedell Smith auf gleicher Wellenlänge sprechen konnte, wenn wichtige strategische Entscheidungen anstanden.

SHAEF, das Oberste Hauptquartier der Alliierten Expeditionsstreitkräfte, befand sich immer noch auf seiner alten Position in der Nähe von Portsmouth. Luftmarschall Tedder, Eisenhowers Stellvertreter, rief mich daher ungewöhnlicherweise persönlich an und fragte mich »angesichts der extremen Bedeutung von Hitlers Funkspruch«, ob es sich nicht doch um einen Bluff handeln könne. Er wiederholte mehrfach, die Nachricht sei so bedeutungsvoll, daß Eisenhower auf keinen Fall irgendwelche Risiken eingehen wolle. Ich rief sofort Haus 3 in Bletchley Park an und prüfte, ob die Originalversion des Funkspruchs tatsächlich in Hitlers charakteristischem Stil und in seiner typischen Sprache abgefaßt war. Haus 3 antwortete, in dieser Hinsicht gäbe es überhaupt keine Zweifel, und der Funkspruch sei mit Sicherheit vom Führerhauptquartier abgesetzt worden.

Uns stellte sich nun die vieldiskutierte Frage, wieviel Zeit wir für die Vorbereitung der Abwehr dieses Blitzangriffes zur Verfügung hätten und wo und wann die Deutschen losschlagen würden. Zwei oder drei Tage Frist würden Patton genug Zeit verschaffen, um die Südflanke der Deutschen zu umgehen und nach Osten vorzustoßen. Für Bradley wiederum würde diese Frist ausreichen, um eine Verteidigungsposition bei Avranches vorzubereiten.

Vielleicht war Hitler wirklich aus seiner lähmenden Tatenlosigkeit erwacht; Kluge jedoch mußte sofort die enormen Gefahren der vom Führer verordneten Roßkur entdeckt haben. Nur 24 Stunden später sprach unser »Orakel« glücklicherweise erneut, und wir entdeckten zu unserem Erstaunen, daß Feldmarschall von Kluge die Tollkühnheit besessen hatte, den Führer in einem ebenfalls sehr langen Funkspruch auf alle möglichen Konsequenzen des geplanten Angriffes hinzuweisen. Abgesehen davon, so erläuterte Kluge, daß mit den Panzerdivisionen das Gros der deutschen Verteidigungskräfte von Caen abgezogen werden würde, könne ein solcher Angriff – falls er nicht sofort erfolgreich wäre – alle Angriffsverbände in äußerste Gefahr bringen, abgeschnitten zu werden. Genau dies plante Eisenhower natürlich! Er hatte Bradley bereits aufgefordert, alle Vorbereitungen zu treffen, um Pattons 3. Armee schnellstens nach Osten zu verlegen und dann hinter den angreifenden deutschen Verbänden sofort nach Norden einschwenken zu können. Ein einziges amerikanisches Korps sollte in der Bretagne stehenbleiben, um dort die letzten deutschen Widerstandsnester auszuräumen.

Die entscheidende Frage lautete: Setzt sich Hitler durch oder Kluge? Ich tippte auf Hitler; denn dies war die Chance, seinen zweifelnden Truppen wieder einmal die eigene Größe zu beweisen und die alte Hitler-Legende zu erneuern. Ich war mir sicher, daß er auf die Ausführung seines Angriffsplanes dringen würde. SHAEF war der gleichen Ansicht.

Bradley erhielt den Befehl, tief gestaffelte Verteidigungsstellungen im Raum Avranches vorzubereiten, Patton eine Vorwarnung, die Verlegung eines Korps aus dem Raum Le Mans nach Norden in die Wege zu leiten. Aber würde die Zeit noch ausreichen?

Nicht nur in London, sondern auch in Washington stieg die Spannung auf Siedetemperatur. Alle Eingeweihten warteten auf eine Nachricht unseres »Orakels von Bletchley«. Hitler ließ uns nicht lange warten. Bereits einen Tag später wurde ein langer Funkspruch aus seinem Hauptquartier aufgefangen, in dem er zwar von Kluges Argumente anerkannte, danach aber feststellte: »Die Lage erfordert kühne Entschlüsse. Der Angriff, der die Front der Amerikaner aufsplittern soll, muß ausgeführt werden!«

Dank Kluges Widerstand hatten wir bereits drei Tage gewonnen, und Eisenhower, der das Ganze als eine einmalige Gelegenheit von Hitlers Gnaden betrachtete, bereitete nun eine Änderung seines Planes vor, der einen breiten frontalen Vormarsch quer durch Frankreich vorgesehen hatte. Statt dessen packte er die Chance am Schopf, das Gros der deutschen Armeen im Westen einzukreisen und zu vernichten. Es war eine unglaubliche Situation: Eisenhower und Ultra sollten mit Hilfe Hitlers das Schicksal der deutschen Verbände entscheiden!

General Menzies berichtete mir in London, daß Montgomery

trotz Hitlers Befehl nach wie vor auf breiter Front zur Seine vorstoßen wolle; Eisenhowers Befehl laute jedoch, die deutschen Streitkräfte durch Verbände der 21. Heeresgruppe von Norden her zu umschließen, während die 12. US-Heeresgruppe von Westen und vom Süden die Einkreisung vollenden solle. Montgomery war damals immer noch der offizielle Oberbefehlshaber der alliierten Landstreitkräfte in der Normandie. Erst nach der Verlegung von SHAEF auf französischen Boden sollte Eisenhower selbst das Kommando über beide Heeresgruppen übernehmen. Erst dann würden auch Bradley und Montgomery als die jeweiligen Befehlshaber der beiden Heeresgruppen einander gleichgestellt sein. Angesichts dieser Sachlage mußten die detaillierten Befehle für die Einkreisungsoperation also von Montgomerys Hauptquartier erteilt werden. Die Gelegenheit, die uns geboten wurde, war jedoch von so außergewöhnlicher Bedeutung, daß Eisenhower selbst die Entscheidung traf, die gesamte Strategie der Alliierten auf den Kopf zu stellen. Ich nehme allerdings an, daß seine Entscheidung auch von den Vereinigten Stabschefs der Alliierten unterstützt wurde.

Churchill war offensichtlich völlig außer sich, und am Telefon klang seine Stimme beinahe fröhlich. Der Premierminister hatte Hitlers Funksprüche bereits innerhalb einer Stunde nach ihrer Durchgabe vom Führerhauptquartier auf dem Tisch. Eisenhower flog nach Frankreich, offenbar um Bradley zu besuchen. Wir zählten die Stunden. Inzwischen drehten die deutschen Streitkräfte im Raum östlich von Avranches grimmig die Daumen. Zweifellos hatten sie den Befehl erhalten, abzuwarten und Verstärkungen nachrücken zu lassen. Der hartnäckige Kluge allerdings wollte immer noch nicht aufgeben und versuchte am 5. August, Hitler per Funkspruch nochmals umzustimmen. Churchill war zu dieser Zeit auf seinem Landsitz Chequers, und ich verbrachte daher fast das ganze Wochenende am Telefon. Wir alle, von den Männern des »Schatten-OKW« in Bletchley bis zum Premierminister, verfolgten mit tiefer Anteilnahme das sich zwischen Hitler und seinem Feldmarschall entwickelnde Drama. Ich dachte nicht daran, mein Büro zu verlassen, bevor der Schlußakt nicht über die Bühne gegangen war.

Beim Versuch, den deutschen Gegenangriff zu verhindern, setzte Kluge seine ganze Laufbahn aufs Spiel. In seinem letzten Funkspruch nahm er keinerlei Rücksichten mehr und wies kühn darauf hin, daß der Angriff in einer Katastrophe enden könne. Es war nicht schwierig, sich vorzustellen, was diesen mutigen Mann bewegen mußte; aus seinen Meldungen sprach eine totale Hoffnungslosigkeit. Er mußte wissen, daß er, so oder so, am Ende seines Weges angelangt war. Die Antwort aber war ein neuer Vorwärts-Befehl Hitlers. Von Kluge hatte nun keine Wahl mehr, und auch Eisenhower wußte, in welche Richtung er gehen mußte.

Als ich diese letzten Funksprüche am Telefon dem Premierminister vorlas, spürte ich deutlich, wie er mit der Erregung kämpfte. Ich glaube, wir fühlten alle, daß wir am Anfang vom Ende des Krieges standen.

Rechtzeitig am 6. August erteilte Montgomery jenen Befehl, der drei alliierte Großverbände – die britische 2. Armee, das kanadische II. Korps und die 1. US-Armee – in die Flanken der deutschen Angriffstruppen führen und die 3. US-Armee an die südliche Front des Angriffsraumes verlegen sollte. Am gleichen Tag führte Feldmarschall von Kluge die Befehle seines Führers ergeben aus. Die Zähigkeit, mit der er mit Hitler über den geplanten Angriff gestritten hatte, und unsere Fähigkeit, die deutschen Funksprüche mitzulesen, hatten uns die lebenswichtige Frist von vier Tagen verschafft.

Generalleutnant Guy Simonds, der kommandierende General des II. kanadischen Korps, stand bereit, in Richtung Süden loszuschlagen und Falaise zu nehmen; Dempsey stieß zur Rechten von Simonds ebenfalls nach Süden vor, und die 1. US-Armee (sie wurde jetzt von General Hodges kommandiert) begann ihr nördliches Korps nach Südosten zu verschieben und gleichzeitig Vorbereitungen zu treffen, um Kluges Angriff bei Mortain (knapp nördlich von Avranches) abzufangen. Patton dagegen schlug seinen berühmten »rechten Haken«, der die deutschen Divisionen von Süden her flankieren sollte.

Für mich waren diese Operationen ein Test auf unsere Geheimhaltungsvorschriften und die Sicherheit von Ultra. Per Funkspruch forderte ich alle Spezialverbindungseinheiten zu äußerster Wachsamheit auf. Ich wußte, wie schwierig es für die Frontbefehlshaber sein würde, ihre Untergebenen in die deutschen Angriffsabsichten einzuweihen und dabei zu verschweigen, daß wir schon vor dem ersten Schuß die Angriffspläne der Deutschen gekannt hatten. Besonders kritisch war dabei der frühzeitige Aufbau unserer Verteidigungsposition bei Mortain. Angesichts der komplizierten Manöver, die unsere Truppen mit äußerster Schnelligkeit durchführen mußten, wurde das Geheimnis jedoch fast mustergültig bewahrt.

Am 7. August war ich bereits um fünf Uhr in der Frühe auf und wartete auf die erste Meldung über den Beginn des deutschen Angriffs. Zur besseren Übersicht gebe ich hier zunächst ein Bild der Schlacht, das sich auf alliierte und deutsche Berichte stützt:

Im ersten Büchsenlicht dieses 7. August überrollten die Panzer der deutschen 4. Panzerdivision die vorderen amerikanischen Straßensperren und brachen in die kleine Stadt Mortain ein. Ihr enormer Angriffsschwung trug die deutschen Einheiten noch etwa zwölf Kilometer über die Stadt hinaus. Dann begann jedoch der Angriff der alliierten Flugzeuge. Quesadas Jagdbomber und die britischen »Typhoons«, die Salven von Raketen abschossen, müssen unter den ahnungslosen deutschen Panzereinheiten ein Chaos ausgelöst haben. Kurz darauf rannten die Deutschen mitten in Bradleys massiertes Artilleriefeuer hinein. Die bestürzten deutschen Kommandeure stoppten ihre Panzer; die Verluste stiegen so rapide an, daß sich die Angreifer gegen Mittag eingraben mußten. Zwar muß das schreckliche amerikanische Artilleriefeuer den Verdacht geweckt haben, daß der Angriff erwartet worden sei; in den deutschen Funksprüchen war davon jedoch nicht die Rede. Die meisten deutschen Einheiten gingen in volle Deckung und verbargen ihre Panzer unter Tarnnetzen, und nur wenigen Verbänden gelang es, in die amerikanische Hauptverteidigungsstellung einzudringen.

Am Abend des 7. August standen sieben amerikanische Divisionen zum Gegenangriff bereit. Am Nachmittag hatte von Kluge, der die Schlacht offensichtlich genau verfolgte, noch seinen ersten Lagebericht an das OKW abgesetzt. Er funkte: »Unser Angriff ist zum

Stehen gebracht worden, und wir haben über die Hälfte unserer Panzer verloren.« Er schlug außerdem vor, die Reste seiner Streitkräfte von Mortain abzuziehen, um den britischen Angriff auf Falaise zu bekämpfen.

Für Kluge gab es nur noch die Hoffnung, östlich von Falaise vorübergehend eine Verteidigungslinie aufzubauen, bevor der allgemeine Rückzug eingeleitet werden konnte. Diesen Vorschlag hatte er bereits in seinen Funksprüchen an Hitler während der letzten beiden Tage gemacht. Die Antwort war jedoch ein glattes Nein gewesen. In Hitlers nächstem Funkspruch lasen wir: »Ich befehle die Fortsetzung des Angriffes in Richtung auf die See ohne Rücksicht auf etwaige Risiken.« Er instruierte von Kluge, daß General Eberbachs Panzergruppe bei Falaise nicht verstärkt werden dürfe; statt dessen habe von Kluge sogar Kräfte von Eberbach abzuziehen und mit ihnen den Angriff auf Avranches zu verstärken, um, wie es Hitler ausdrückte, »die alliierte Normandiefront durch einen Stoß in die tiefe Flanke und die rückwärtigen Verbindungen der feindlichen Verbände, die der 7. Armee gegenüber stehen, zum Einsturz zu bringen«. Der Führer, der nicht die geringste Ahnung hatte, daß wir alle Details seines Angriffs so frühzeitig erfahren hatten und Bradley alle Vorbereitungen für die Vernichtung der Deutschen treffen konnte, blieb bei seiner schon fast hysterischen Sprache: »Jeder Offizier und jeder Soldat der Truppe muß an den Sieg glauben. Die Säuberung der rückwärtigen Kampfgebiete und der Bretagne kann bis später warten.« Wenn Kluge jetzt nachgab, hatten wir die Deutschen im Sack!

Von Downing Street No. 10 war nichts zu hören. Ich schickte die deutschen Funksprüche hinüber, wie sie einliefen. Ich glaube, daß Churchill besonders über den letzten begeistert gewesen sein muß. Diesmal war Hitler dran, die Nation mitzureißen; aber was er bot, war nur eine armselige Imitation von Churchills einzigartigem Stil.

Am frühen Abend befahl von Kluge dem Befehlshaber der deutschen 5. Panzerarmee, General der Panzertruppen Eberbach, drei seiner wertvollen Panzerdivisionen, die Falaise verzweifelt gegen die Briten verteidigten, nach Mortain zu verlegen, um Hitlers Befehle zu erfüllen. Er ließ Eberbach nicht im Zweifel darüber, daß ein Fehlschlag der Angriffe auf Avranches zum Zusammenbruch der gesamten deutschen Front in der Normandie führen konnte. »Der Befehl des Führers ist so eindeutig, daß er unter allen Umständen ausgeführt werden muß«, setzte der Feldmarschall hinzu.

Die Übersetzung von Kluges Funkspruch erreichte unsere Frontbefehlshaber noch in den letzten Stunden des Tages. Als die deutschen Panzerdivisionen gerade die Bereitstellung für den Vorstoß auf Mortain beendet hatten, startete General Simonds jenen berühmten kanadischen Angriff, der die gepanzerten Sicherungskräfte der Deutschen entlang der Straße nach Falaise zerschlagen sollte. Rund 1000 alliierte Flugzeuge legten Bombenteppiche zu beiden Seiten des Korridors, durch den die Kanadier die Stadt zu erreichen versuchten. Es war ein tapferer Versuch, aber er war vergeblich: Die deutschen Panzertruppen schlugen den alliierten Angriff zwölf Kilometer vor Falaise ab. Vielleicht wäre es besser gewesen, wenn Montgomery Eberbachs Panzer noch vor dem kanadischen Angriff hätte nach Westen abmarschieren lassen; der Großangriff unserer Bomber machte eine Verlegung des Angriffstermins jedoch unmöglich. Als der kanadische Ansturm begann, hatte eine von Eberbachs Panzerdivisionen gerade den Vormarsch in Richtung Mortain begonnen, und Kluge stoppte die Bewegung sofort. Um Mitternacht schickte der Oberbefehlshaber West einen Funkspruch an Hitler, daß der deutsche Angriff nun beginnen könne. Doch die deutschen Truppen, die rund um Mortain mit aller Kraft kämpften, warteten vergebens auf ihre Panzerdivisionen aus Falaise, die nie mehr eintreffen sollten. Die Funksprüche des OKW, von Kluges, Eberbachs und Haussers bewiesen, daß dem deutschen Oberkommando die Situation endgültig aus der Hand geglitten war.

Eisenhowers Hauptquartier sollte erst am 9. August von Portsmouth nach Granville an der Westküste der Halbinsel Cotentin verlegt werden; aufgrund der Ultra-Informationen befand sich Eisenhower jedoch bereits in Bradleys Hauptquartier und setzte von dort aus jene große Operation in Bewegung, die drei deutsche Armeen einschließen sollte.

Hitler war Hunderte Kilometer entfernt, und alles, was von Kluge befürchtet hatte, schien Wirklichkeit zu werden. Hitler jedoch war immer noch nicht bereit, auf andere zu hören. Einsichtslos beantwortete er den Funkspruch des Oberbefehlshabers West mit dem Befehl: »Unser Angriff ist zu früh und mit zu schwachen Kräften begonnen worden: Ein neuer Angriff muß am 11. August durchgeführt werden.«

General Eberbach, der diesen »massierten Angriff mehrerer Korps« führen sollte, antwortete persönlich, daß er nicht vor dem 20. August antreten könne. Aber schon am 10. August meldete von Kluge dem OKW, daß die Amerikaner nordwärts auf Argentan vorstießen, wobei er zum erstenmal das Oberkommando der Wehrmacht auf die Gefahr einer Einkreisung seiner Verbände hinwies.

Dies war einer jener Funksprüche, der mir wieder einmal die ungeheure Bedeutung von Ultra für unsere Operationen klarmachte. Wir waren während der vergangenen vier Tage über alle Ereignisse auf der Feindseite voll ins Bild gesetzt worden, während von Kluge lediglich erfahren hatte, daß seine schlimmsten Befürchtungen jetzt Wirklichkeit zu werden begannen.

Kein Wunder, daß Eisenhower nach dem Kriege in einem Brief an General Stewart Menzies die Rolle von Ultra als »entscheidend« bezeichnen sollte.

Während die Funksprüche ein- und ausgingen und den alliierten Frontbefehlshabern übermittelt wurden und der Pendelverkehr der roten Geheimkoffer mit Downing Street No. 10 auf Hochtouren lief, drängten sich die Eingeweihten in meinem Fernschreibraum, bis sie schließlich von Mrs. Owen hinausgeworfen wurden. Soweit ich feststellen konnte, arbeitete in Whitehall niemand. Die Ärmel ihrer blauen Uniformhemden bis zu den Ellbogen hochgerollt, waren alle meine Luftwaffenhelferinnen (WAAF) im Einsatz. Das »Orakel von Bletchley« arbeitete wie nie zuvor.

Am frühen Abend dieses 10. August empfahl von Kluge in einem Funkspruch an das OKW seinem Führer, die 7. Armee schleunigst von Mortain abzuziehen und den von Süden vorstoßenden Amerikanern entgegenzuwerfen. Das OKW antwortete rasch: Hitler sei zwar ebenfalls der Ansicht, daß der amerikanische Vorstoß schnelle Gegenmaßnahmen erfordere, er wünsche jedoch trotz allem einen weiteren Angriff auf Avranches. Es fiel uns auf, daß Hitler diesmal nicht persönlich geantwortet hatte. Offensichtlich hatte er sich selbst in eine so bedrohliche Lage gebracht, daß er keinen Ausweg mehr finden konnte.

Trotz der Antwort des OKW begann Hausser jedoch, seine 7. Armee von Mortain zurückzuziehen. Hitlers Mythos war am Ende! Am 11. August berichtete Hausser seinem Oberbefehlshaber, daß er rund 100 Panzer verloren hätte. Eberbach wiederum, dem Kluge befohlen hatte, den Vorstoß des amerikanischen XV. Armeekorps von Süden abzuschlagen, meldete, er habe kaum noch Munition und Treibstoff: »Infolge der alliierten Luftherrschaft kann ich mich am Tage nicht bewegen, und einige meiner Divisionen existieren nur noch dem Namen nach.«

Tatsächlich griff Eberbach nicht mehr an, sondern baute eine Verteidigungslinie auf, auf die die Amerikaner beim Eindringen in die Außenbezirke von Argentan am 13. August prallen sollten.

In dem Einkreisungsring um die Deutschen war jetzt nur noch eine einzige, etwa 50 Kilometer breite Lücke zwischen den Kanadiern und den Amerikanern. In dem sich nach Westen erstreckenden »Sack«, der unter den Angriffen der 1. US-Armee und der britischen 2. Armee immer mehr zusammengepreßt wurde, steckten alle Verbände der deutschen 7. Armee und der 5. Panzerarmee. Die deutschen Armeestäbe hatte von Kluge schon gewarnt, die Heeresgruppe müsse beide Armeen abschreiben, wenn die Front nicht schnellstens zurückgezogen würde. Dieser Funkspruch, der auch an das OKW ging, muß Jodl einige scheußliche Minuten bei Hitler beschert haben. Wie konnte die Eingebung des Führers die deutschen Armeen so in die Irre führen?

Wir wußten bereits, daß die Reste von Eberbachs Panzertruppen praktisch unbeweglich waren; sie verfügten kaum mehr über Munition und Treibstoff. Es sah auch so aus, als ob die Amerikaner die Lücke in dem stählernen Ring um die deutschen Verbände bei Falaise und Mortain noch rechtzeitig schließen würden.

Da ich von unserer Seite keinerlei Informationen über den Stand der Dinge erhalten konnte, fragte ich General Stewart Menzies, wie es an der Front jetzt genau aussähe. Er lächelte lediglich ausweichend. Auch das Luftfahrtministerium schien nicht genau im Bilde zu sein. Ich rief Haus 3 in Bletchley Park an, aber auch dort hatte man keine Ahnung. Unsere Entschlüsselungsexperten warteten fieberhaft auf Eberbachs Bericht über die Schlacht um Argentan gegen die Amerikaner. Aber Ultra schwieg. Es sollte noch lange dauern, bis ich die ganze Geschichte von den Amerikanern erfuhr.

Offensichtlich hatte General Haislip gerade sein XV. Korps für den Angriff auf Argentan bereitgestellt, als er von Bradley Befehl erhielt, die Angriffsvorbereitungen zu stoppen, Verteidigungspositionen zu beziehen und weitere Befehle abzuwarten. Haislip muß in diesem Augenblick wirklich verblüfft gewesen sein. Wenn Montgomery im Norden nicht rasch genug vorstoßen und die Lücke schließen konnte, was konnte dann Bradley veranlaßt haben, die völlige Einkreisung der Deutschen von Süden her zu stoppen? Schließlich sickerte durch, daß die Pläne für Overlord eine Trennlinie zwischen den Operationszonen der britischen und amerikanischen Streitkräfte vorsah, die ausgerechnet mitten durch Argentan lief. Unter normalen Umständen hätte Montgomery, aufgrund der damaligen Befehlsverhältnisse, Bradley erst die Genehmigung erteilen müssen, diese Linie von Süden her überschreiten zu dürfen. Da sich Eisenhower in dieser kritischen Lage bei Bradley befand, mußte er ihn zweifellos darauf hinweisen, diese Abmachung einzuhalten und die Operationsgrenze nicht zu überschreiten, bevor Montgomery dies vorschlug. Ich vermute jedoch, daß weder Eisenhower noch Bradley damit gerechnet hatten, daß Montgomery diesen Vorschlag nicht vorbringen würde. So verstrichen 24 lebenswichtige Stunden, während Bradleys Divisionen Gewehr bei Fuß stehen mußten.

Am 14. August wiederholten die Kanadier ihren Angriff auf Falaise. Diesmal kamen sie bis auf knapp fünf Kilometer an die Stadt heran. Immer noch lagen aber zwischen den aufeinander zustoßenden alliierten Armeen etwa 25 Kilometer. Aus der Perspektive meines Londoner Büros wirkte die ganze Situation ebenso unwirklich wie ein neuer Funkspruch Hitlers, in dem es hieß: »Die Situation im Rücken der Heeresgruppe ist das Ergebnis des Fehlschlags unseres Angriffs auf Avranches. Ein neuer Angriff muß durchgeführt werden.«

Ich konnte mir nur vorstellen, daß Keitel und Jodl es einfach nicht wagten, Hitler die Wahrheit über Lage und Zustand der Heeresgruppe B zu sagen. Vielleicht war in den letzten Tagen einfach zu viel schiefgegangen, und sie wollten nicht das Risiko eingehen, ihre roten Kragenspiegel möglicherweise mit einem Hanfseil vertauschen zu müssen.

Bradley, der 24 wertvolle Stunden hatte vergeuden müssen, befahl jetzt Patton, die Hälfte des XV. Korps bei Argentan stehen und den Rest mit größter Geschwindigkeit nach Osten auf die Seine vorstoßen zu lassen. Damit wollte Bradley eine Falle für die deutschen Verbände aufbauen, falls sie doch noch den Ausbruch aus dem Einkreisungsring bei Falaise schaffen sollten. Pattons XII. und XX. Armeekorps waren bereits auf dem Vormarsch nach Osten.

Wir wissen heute, daß von Kluge sich am 15. August, am nächsten Tag also, zu den bei Falaise eingeschlossenen deutschen Truppen begab und mit Hausser und Eberbach die Lage besprach. Dabei verschwand der Oberbefehlshaber West für mehrere Stunden spurlos in dem Chaos auf den Straßen und konnte weder von Berlin noch von seinem Stab erreicht werden. Zu diesem Zeitpunkt konnten wir lediglich vermuten, daß mit Kluge etwas geschehen sein mußte, weil Funksprüche der 7. Armee an den Oberbefehlshaber unbeantwortet blieben und Kluges Stab schließlich sogar bei der 7. Armee nachfragte, wo der Feldmarschall denn nun stecke. Während die eingeschlossenen deutschen Verbände sich auf den von zerstörten Fahrzeugen und toten Soldaten blockierten Straßen nicht mehr bewegen konnten, drückten die britische 2. und die amerikanische 1. Armee den »Sack« langsam zusammen.

Hitler, der per Funk von Kluges Verschwinden unterrichtet worden war, ernannte am Abend den SS-Oberstgruppenführer Paul Hausser zum vorläufigen Oberbefehlshaber West und befahl ihm die Vernichtung der bei Argentan alle drei deutschen Armeen mit der völligen Einkesselung bedrohenden amerikanischen Streitkräfte. Zuletzt hatte Hitler also doch noch begriffen. Wir fragten uns allerdings, ob Hausser überhaupt noch Zeit hatte, diesen Funkspruch zu lesen. Er konnte ohnehin nichts mehr ausrichten.

Kluge war am 16. August offensichtlich wieder aufgetaucht, denn er ließ sofort Funksprüche absetzen. Später erfuhren wir, daß er den Tag in einem Graben verbracht und daß sein Funkgerät nicht mehr funktioniert hatte. Jetzt empfahl er dem OKW den sofortigen Rückzug aller deutschen Verbände durch die Lücke bei Argentan-Falaise. Er setzte hinzu, daß »jegliches Zögern unvorhersehbare Konsequenzen nach sich ziehen« würde.

Aufgrund des starren Grundsatzbefehls, nach dem jeder Rückzug erst von Hitler genehmigt werden mußte, verlor die Heeresgruppe B jedoch einen kostbaren Tag, der einige ihrer Verbände noch hätte retten können; denn erst am 16. August nahmen die Kanadier schließlich Falaise, das nur noch aus einem Berg von Trümmern bestand. Erst dann aber schlug auch Montgomery General Bradley vor, daß ihre Verbände jetzt den Einkreisungsring endlich schließen und sich auf halbem Wege zwischen Falaise und Argentan treffen sollten.

In der Nacht des 16. August versuchte Eberbach noch einmal verzweifelt, die Amerikaner wieder aus Argentan hinauszuwerfen und damit einen Korridor offenzuhalten, der breit genug war, um den fünf in der Falle steckenden deutschen Armeekorps die Flucht zu ermöglichen. Die Lücke war immer noch etwa 25 Kilometer breit, und nach Einbruch der Dunkelheit begannen die Deutschen, aus dem »Sack« zu entweichen.

Da der Führer niemals im Unrecht sein konnte, mußte er die Schande der Niederlage von Kluge anlasten. Der Feldmarschall wurde denn auch am gleichen Tage über Funk unterrichtet, daß Generalfeldmarschall Model den Oberbefehl im Westen und zugleich das Kommando über die Heeresgruppe B übernehmen werde. Kluge muß gewußt haben, daß Hitlers verrückte Strategie jetzt unweigerlich am Ende war. Für uns aber gab es kaum einen Zweifel, daß Ultra in erster Linie für den gewaltigen Sieg der Alliierten verantwortlich war.

Bereits am 15. August hatte die Operation »Anvil« (Amboß), die Invasion Südfrankreichs durch amerikanische und freifranzösische Truppen, begonnen. Am 17. August hatte Hitler der Heeresgruppe G, die die südliche Hälfte Frankreichs verteidigte, den Befehl erteilt, Südfrankreich aufzugeben und nach Norden auf die Seine zurückzufallen. Am 18. August nahmen die Kanadier jenes Dorf Trun ein, das Montgomery als Treffpunkt für die britischen und amerikanischen Streitkräfte vorgeschlagen hatte. Die Amerikaner standen zu dieser Zeit bereits bei Chambois und waren nur noch wenige Kilometer von der britischen Spitze entfernt. Dennoch entkamen in der Nacht des 19. August unter dem Schutz von Nebel und Sprühregen noch Tausende deutsche Soldaten, und auch am Morgen des 20. August strömten die Deutschen immer noch in Massen durch die schmale Lücke zwischen den britischen und amerikanischen Verbänden. Erst am 20. August, um Mitternacht, wurde das Loch endlich geschlossen.

Pattons bittere Bemerkungen zu Bradley über Montgomerys Verhalten während der Operationen bei Falaise und Mortain durften erst später veröffentlicht werden. Aber selbst dann stellte man sich in London immer noch die alte Frage, warum denn Patton nicht selbst die Lücke von Süden her geschlossen hätte.

Dennoch war es ein großes Kapitel der Kriegsgeschichte. Die Entschlüsselung der Funksprüche zwischen Hitler und Kluge, die zu der Schlacht von Falaise und der Vernichtung eines Großteils des deutschen Heeres im Westen geführt hatte, stellt wahrscheinlich Ultras größten Triumph da. Die »Eierköpfe« von Bletchley waren große Klasse gewesen.

Die Schlacht von Falaise war auch für Hitler der Anfang vom Ende des Krieges im Westen, woran selbst der Umstand nichts ändern konnte, daß 20000 bis 30000 deutsche Soldaten, darunter viele Veteranen der Panzertruppe, den Ausbruch aus der Falle noch geschafft hatten. Für Generalfeldmarschall von Kluge bedeutete die Niederlage tatsächlich das Ende. Er schrieb einen Brief an Hitler, der von uns nach dem Kriege gefunden wurde. In ihm teilte er dem Führer die wahren Umstände der Schlacht mit und wies zurückhaltend darauf hin, daß die großartigen und kühnen Operationspläne Hitlers nach Lage der Dinge einfach nicht auszuführen gewesen seien. In der Nacht des 18. August begab sich der Feldmarschall, der die Befehle des Führers in Frage zu stellen gewagt hatte, auf die Reise nach Deutschland. Von Kluge kam nicht an; unterwegs beging er Selbstmord.

Der Anfang vom Ende

Das Unternehmen »Overlord« hatte die Besetzung Roms durch die alliierten Truppen doch überschattet. Auch der Premierminister beschäftigte sich im Augenblick nur mit der Invasion Frankreichs; die Flut der Ultra-Meldungen an unsere Befehlshaber auf dem italienischen Kriegsschauplatz hielt aber weiter an. Kesselrings zwei Armeen, die sich von Rom nach Norden zurückzogen, waren inzwischen in eine brandgefährliche Situation geraten, und in der zurückfallenden deutschen Front klaffte eine breite Lücke. Aus Kesselrings Funksprüchen erfuhren wir, daß er und seine Armeebefehlshaber voller Furcht mit einem Vorstoß der Alliierten in die offenen Flanken der deutschen Verbände rechneten. In einer über Funk abgesetzten Lagebeurteilung für Hitler wies Kesselring darauf hin, daß er sich um einen koordinierten Rückzug auf die »Albert-Linie« bemühe und sich danach auf die »Goten-Linie«, die zur Zeit befestigt wurde, zurückziehen wolle. Bei der »Albert-Linie« handelte es sich offensichtlich um eine improvisierte Verteidigungsstellung; sie lag auf halbem Weg zwischen Rom und der »Goten-Linie« im Norden. Kesselrings 14. Armee hatte praktisch drei Infanteriedivisionen verloren, während die übrigen deutschen Verbände nur noch etwa die Hälfte ihrer Soll-Stärke aufwiesen. Auch die Materialverluste waren hoch gewesen, und schließlich erwies sich der Rückzug über die Küstenstraße als außerordentlich schwierig.

General Mark Clark, der inzwischen sein Hauptquartier in Rom aufgeschlagen hatte, setzte mit seiner 5. Armee jedoch nicht hinter den abrückenden Deutschen her, obwohl er über Kesselrings Schwierigkeiten durch Ultra genau im Bilde war. Aus einem abgefangenen Funkspruch des deutschen Generals von Vietinghoff an

Kesselring ging hervor, daß Clark nicht nur die Chance vertan hatte, die deutsche 14. Armee zu überrennen, sondern auch die Möglichkeit verpaßt hatte, die deutsche 10. Armee zu umzingeln. Zwar handelte es sich dabei lediglich um die Behauptung eines auf dem Rückzug befindlichen Gegners; aber daß wir Kesselring wieder einmal hatten entwischen lassen, stand fest. In der Tat gab der deutsche Oberbefehlshaber in einem Funkspruch an das Oberkommando der Wehrmacht zu, daß die deutsche Front endgültig auseinandergerissen worden wäre, wenn die 5. US-Armee sich auf die Nahtstelle zwischen den zwei deutschen Armeen geworfen hätte.

Die »Goten-Linie«, auf die sich Kesselring nun zurückzog, stellte für die Alliierten ein gewaltiges Hindernis dar. Sie stützte sich hauptsächlich auf die Berge des Apennin, die sich in West-Ost-Richtung über Norditalien erstrecken. Durch Ultra wußten wir, daß das OKW den Bau starker Befestigungsanlagen befohlen hatte; da sich die Deutschen jedoch auf italienische Arbeiter stützen mußten, war nicht damit zu rechnen, daß die deutschen Pläne ausgeführt werden würden.

Über die Berge führten nur wenige Pässe; Sümpfe und Seen an der Ostflanke des Apennin bereiteten einem Angreifer weitere Schwierigkeiten.

Zu unserem Glück hatten uns die von Ultra abgefangenen Funksprüche Kesselrings die Nahtstelle zwischen den beiden deutschen Armeen enthüllt. Genau diesen Punkt wählte General Clark nun klugerweise als Ziel seines Hauptangriffes. Am 8. September 1944 war einer der üblichen Funksprüche Hitlers im deutschen Hauptquartier eingetroffen, in dem es hieß, der Futa-Paß müsse »bis zum letzten Mann und bis zur letzten Patrone gehalten« werden. Aufgrund dieser Ultra-Information griff Clark prompt am 10. September über einen anderen Paß östlich des Futa an. Nach schweren Kämpfen drang die amerikanische 5. Armee bis zu den Nordhängen des Apennin durch, die die weite Ebene der Lombardei und den Po überragen.

Der Feldzug in Italien war damit im Grunde genommen abgeschlossen. Ultra hatte die schwachen Punkte der deutschen Verteidigungsstellungen im Apennin ausgemacht, und Mark Clark hatte schließlich doch noch auf die Hinweise unseres »Orakels« reagiert.

In Frankreich war der alliierte Wettlauf zur deutschen Grenze in vollem Gange. Feldmarschall Model hatte die Reste seiner fliehenden Armeen über die Seine zurückgeführt. In einem leidenschaftlichen Appell an das OKW bat er um die Zuführung von 30 neuen Infanteriedivisionen und zwölf frischen Panzerdivisionen; außerdem forderte er als Ersatz für seine Verluste Personal für neue Armee- und Korpsstäbe an. Es ist allerdings schwer zu sagen, mit wieviel Verbänden Model wirklich gerechnet hat.

Immerhin bewirkten die Funksprüche des deutschen Oberbefehlshabers West doch einiges; denn das OKW befahl die Aufstellung und Entsendung von etwa 100 Festungsbataillonen, die hauptsächlich aus kaum ausgebildeten alten und kranken Soldaten bestanden.

Dieser Funkspruch brachte die Erinnerung an das deutsche Kriegsgefangenenlanger in Schlesien zurück, wo ich die letzten Monate des Ersten Weltkrieges verbracht hatte. Im Oktober 1918 waren die alten Reservisten und die verwundeten Soldaten, die uns bewacht hatten, ebenfalls zum Dienst bei der kämpfenden Truppe befohlen worden. Sie boten einen Mitleid erregenden Anblick. Einem alten Mann, der uns immer geholfen hatte, gab ich ein Stück Seife als Abschiedsgeschenk. Er weinte beinahe, als er sein Eisernes Kreuz abriß und mir in die Hand drückte.

Das Oberkommando der Wehrmacht befahl aber auch Kesselring, zwei seiner Divisionen an die Westfront abzugeben. Als nächstes ordnete das OKW die Auskämmung aller Einheiten im Hinterland an, um Personal zur Aufstellung von 25 neuen Divisionen zu erhalten. Zum Schluß mußte sogar der widerspenstige Göring seine Luftwaffensoldaten freigeben.

Trotz aller Notmaßnahmen, die das Oberkommando der Wehrmacht jetzt einleitete, war Hitler selbst jedoch ganz offensichtlich mit der wirklichen Situation an der Front nicht vertraut. Er schickte ausführliche Funksprüche an alle Stäbe, in denen er die Errichtung und Verteidigung einer Abwehrlinie hinter der Somme und der Marne befahl.

Damals entschloß ich mich, nach Frankreich zu fliegen, weil einige Geheimdienstabteilungen des amerikanischen Heeres zu viel Ultra-Informationen in ihre Nachrichtenzusammenfassungen einfließen ließen. Für sie war es offensichtlich eine große Versuchung, ihren »Kunden« klarzumachen, wie gut sie informiert waren. Mein Besuch bei den verschiedenen Hauptquartieren sollte zu einer besseren Beachtung der Sicherheitsvorschriften führen. Obwohl an der Westfront das Ende des Krieges bereits in Sicht war, wollten wir das Geheimnis von Ultra dennoch weiter bewahren. Schließlich wurde auch im Pazifik gekämpft, wo sich Ultra ebenfalls als besonders nützlich erwies.

Bradley war nun viel zuversichtlicher und längst nicht mehr so sorgenvoll wie damals am Strande von »Omaha«. Er dankte mir besonders für die tolle Leistung von Ultra während der Einschließung der deutschen Panzerverbände bei Falaise. Auch Patton war offensichtlich ganz in seinem Element. Wir hatten einen ganzen Tag lang nach ihm gesucht und waren dabei an vielen amerikanischen Panzern vorbeigekommen, die aus Spritmangel an den Straßenrändern festlagen. Neben den Panzern schliefen die erschöpften Besatzungen. Vor wenigen Tagen hatten sie noch das Glück gehabt, einen deutschen Versorgungszug mit vollen Tankwagen zu erobern, aber der erbeutete Treibstoff reichte natürlich nicht endlos. Nach langem Suchen und vielen Fragen stießen wir am späten Nachmittag schließlich auf eine von der Straße wegführende Kettenspur, die in einem Wald endete. Von einigen Bulldozzerbesatzungen erfuhren wir, daß Patton in dem Wäldchen die Nacht verbringen würde. Die amerikanischen Pioniere schlugen mit ihren Bulldozzern Schneisen in den Wald, um eine gute Tarnung der Wohnwagen von Pattons Hauptquartier sicherzustellen.

Leider hatten die Bulldozzer-Fahrer kurz zuvor einen Champagner-Zug auf dem nächsten Bahnhof geleert. Daher schlugen sie jetzt kurvenreiche Straßen durch den Wald, die zwar wie Kunstwerke wirkten, jedoch von keinem Caravan befahren werden konnten.

Unsere Spezialverbindungseinheit (SLU) war kurz vor uns eingetroffen. Wir wurden mit großem Geschrei begrüßt. Irgend jemand kam plötzlich auf die Idee, die Bewohner des nächsten Ortes um Benzin zu bitten. Als gute Franzosen hatten sie in den vergangenen Jahren selbstverständlich eine ganze Menge des kostbaren Treibstoffes organisiert und gehortet. Jetzt tauschten Amerikaner und Franzosen – und zwar Liter für Liter – Benzin gegen Veuve Cliquot. Bei Tagesanbruch würden die amerikanischen Tanks wieder vorwärts rollen können – zumindest einige Kilometer . . . Patton selbst war in Ferienstimmung. Jetzt durfte er offensichtlich »seinen« Krieg führen. Er fragte mich, wo die Deutschen steckten. Ich berichtete ihm, es sehe so aus, als würden sie sich mit größter Geschwindigkeit auf den Westwall zurückziehen. Patton war gleicher Ansicht und meinte: »Ich muß versuchen, vor ihnen dort zu sein. Wenn ich nur etwas Sprit auftreiben könnte . . .«

Wenige Tage nach meiner Rückkehr nach London fingen wir Hitlers Befehl an seine Truppen im Westen ab, in dem er forderte »solange wie möglich vor dem Westwall auszuhalten und dann erst den Westwall selbst zu besetzen«. General Jodl, der Chef des Wehrmachtsführungsstabes, hatte offensichtlich endlich einmal die Fähnchen auf seiner Lagekarte richtig gesteckt. Danach traf ein Funkspruch ein, der wieder Hitlers wichtigsten Schlachtruf enthielt: »Alle deutschen Streitkräfte in den Festungen am Kanal und in der Scheldemündung müssen bis zum letzten Mann kämpfen!« Er wies außerdem darauf hin, daß ein neues Hauptquartier in den Niederlanden alle deutschen Truppen sammeln werde, daß die 5. Panzerarmee mit Hilfe zweier Divisionen aus Italien neu aufgestellt werde, und daß ein entscheidender Gegenangriff gegen die amerikanische 3. Armee geführt werden müsse. Für Montgomery und Bradley waren das äußerst wichtige Nachrichten. Montgomery wußte nun, daß er in Holland mit starkem deutschen Widerstand rechnen mußte, und auch Bradley und Patton hatten sich vor einem deutschen Angriff in acht zu nehmen. Fast zur gleichen Zeit setzte Hitler den Feldmarschall von Rundstedt wieder als Oberbefehlshaber West ein. Für uns war Rundstedts Ernennung ein Hinweis darauf, wie sehr Hitler in der Wehrmacht und im ganzen Volk Zuversicht und Vertrauen erneuern mußte. Wieder einmal suchte er bei dem orthodoxen alten Soldaten Zuflucht.

Arnheim

Anfang September 1944 war eine britische Panzerdivision im Raum Antwerpen einsatzbereit versammelt, und Montgomery begann Eisenhower zu drängen, ihm einen schnellen Vorstoß durch Holland zu erlauben. Montgomery wollte den Versuch unternehmen, bis zum Rhein zu gelangen und möglichst den Fluß zu überqueren, so lange sich die geschlagenen deutschen Verbände noch nicht reorganisiert hatten. Verständlicherweise mußte Eisenhower jedoch die Nachschublage aller alliierten Verbände im Auge behalten, und er hielt sie einfach für zu kritisch, um eine große militärische Operation durchzuführen. Nach wie vor konnten wir nämlich eine Reihe von Häfen am Kanal, die von deutschen Truppen immer noch gehalten wurden, nicht benutzen, und unser gesamter Treibstoff und alle sonstigen Versorgungsgüter mußten über Hunderte von Kilometern per Bahn oder LKW aus der Normandie herangebracht werden. Schließlich kamen die Deutschen auch schneller wieder auf die Beine, als zu vermuten gewesen war.

Dennoch stimmte Eisenhower schließlich Montgomerys Plan zu, mit Panzer- und Luftlandetruppen durch Holland vorzustoßen, die Rheinbrücken zu nehmen und die deutsche Verteidigung auf diese Weise auszumanövrieren. Es war ein kühner Plan; viele alliierte Militärs befürchteten jedoch eine Unterschätzung der deutschen Widerstandskraft, die die neu aufgefüllten deutschen Verbände seit kurzem wieder zu zeigen begannen. General Bradley stand Montgomerys Idee kritisch gegenüber; was Montgomery als ein Sprungbrett für einen »kraftvollen Stoß mitten in das Herz Deutschlands« beschrieb, wurde von Bradley als ein »hundert Kilometer tiefer Vorstoß über eine Nebenstraße des Reiches« kommentiert.

Montgomery hatte nur einen Teil der Zugeständnisse erlangt, die er gefordert hatte. Allerdings bestand damals ein starker Druck, endlich die Kampfkraft und den hohen Ausbildungsstand der Fallschirmjägerverbände der Vereinigten Staaten und Großbritanniens zum Tragen zu bringen. Verständlicherweise waren diese seit langem nicht eingesetzten Einheiten unruhig geworden; sie befürchteten auch, in Zukunft womöglich nur noch als Infanterie eingesetzt zu werden, wie es mit den Truppen des deutschen Fallschirmjägerkorps geschehen war. Die alliierten Luftlandungen zu Beginn der Invasion hatten jedoch gezeigt, daß es außerordentlich schwierig war, Fallschirmtruppen bei Nacht präzise und vor allem konzentriert abzusetzen, gleichgültig, wie gut diese Verbände auch ausgebildet sein mochten. Außerdem mußten wir feststellen, daß unsere Transportmaschinen nicht ausreichten, um alle verfügbaren Fallschirmjägereinheiten gleichzeitig abzusetzen. Das bedeutete, daß die britischen Fallschirmjäger in drei Wellen abgesetzt werden mußten; schließlich mußte auch noch die Entscheidung gefällt werden, die Fallschirmjäger bei vollem Tageslicht abzusetzen, um den Schwierigkeiten einer Landung bei Nacht aus dem Wege zu gehen. Der Bomberkommando wies in diesem Zusammenhang warnend darauf hin, daß in der vorgesehenen Absetzzone mit intensivem Flakfeuer gerechnet werden müsse. Trotz der Einwände des ruhigen, tüchtigen Befehlshabers der britischen 2. Armee, General Dempsey, der richtigerweise die Durchführbarkeit der ganzen Operation von vornherein bezweifelte, wurden die Angriffspläne hastig vorangetrieben.

Vor diesem Hintergrund mußten wir Aufklärungsergebnisse zu beschaffen versuchen, die eine Einschätzung des wahrscheinlichen deutschen Widerstandes in der Absprungzone ermöglichten und klarstellten, ob wir mit dem lebenswichtigen Faktor der Überraschung rechnen konnten. Ultra konnte dazu jedoch nur wenig beitragen; wir wußten lediglich, daß sich Holland zu einem Auffanglager für Models geschlagene Armeen entwickelte. Andererseits konnten wir überhaupt nur wenige Funksprüche deutscher Befehlsstellen in Holland auffangen. Aber es gab natürlich auch andere Informationsquellen. Wir hatten beispielsweise einen oder zwei gute

Spione in Holland, die von Zeit zu Zeit Nachrichten über deutsche Truppenbewegungen durchgaben.

Unglücklicherweise war die holländische Widerstandsbewegung, wie wir wußten, von den Deutschen stark unterwandert, und unser Secret Intelligence Service hatte sich bereits gezwungen gesehen, die Spezialoperationsabteilung (Special Operations Executive), die die Widerstandsbewegungen auf dem Kontinent unterstützte, zu warnen, daß viele unserer über Holland abgeworfenen Waffen direkt bei den Deutschen gelandet seien. Dennoch entschloß sich die SOE, angesichts der bevorstehenden Luftlandung zur Verstärkung der Widerstandsbewegung ein besonders starkes Waffenarsenal abzusetzen. Unser Geheimdienst war allerdings der Ansicht, daß dadurch die Nationalsozialisten nur gewarnt werden würden.

Die gleichen Agenten in Holland, die uns mit Informationen über deutschen Truppenbewegungen versorgt hatten, hatten uns in den zurückliegenden Wochen auch darüber informiert, daß in Holland abgekämpfte deutsche Verbände von der Ostfront aufgefrischt und neu ausgerüstet werden würden. Zuletzt hatte das Oberste Alliierte Hauptquartier (SHAEF) erfahren, daß Verbände der 9. und 10. SS-Panzerdivision, die der »Falle von Falaise« entronnen waren, in unserem vorgesehenen Operationsgebiet konzentriert seien und dort auf Waffen und neue Ausrüstungen warteten. Mitglieder der holländischen Widerstandsbewegung bestätigten diese Nachricht durch die Meldung, Teile der 9. SS-Panzerdivision seien am 15. September 1944 im Raum Arnheim gesichtet worden. Entgegen der optimistischen Voraussage der alliierten 21. Heeresgruppe schien dieses Gebiet doch nicht so stark von deutschen Truppen entblößt zu sein.

Die Lage wurde noch komplizierter, als ein Mitglied des holländischen Geheimdienstes, der unter der Aufsicht der niederländischen Exilregierung von Großbritannien aus operierte, kurz vor unserer Luftlandeoperation zum Feind überlief und nach Holland entkam. Es handelte sich um einen gut getarnten holländischen Nazi, und es kann keinen Zweifel geben, daß er von unserem bevorstehenden Angriff wußte. Die Lage war nun außerordentlich ernst, und die 21. Heeresgruppe muß sich darüber im klaren gewesen sein.

Nachdem die Entscheidung über die Luftlandeaktion gefallen war, wollten auch die amerikanischen Fallschirmjägerdivisionen und die polnische Fallschirmjägerbrigade teilnehmen. Am 17. September 1944 wurde dann die »Operation Market Garden« ausgelöst. Etwa 1500 Flugzeuge und knapp 500 Lastensegler starteten von ihren britischen Luftstützpunkten.

Der Einsatzplan für die Fallschirmjägerverbände sah die Einnahme zahlreicher Brücken über verschiedene Kanäle und Flüsse in Holland vor, wobei der Schwerpunkt auf der Eroberung der großen Eisenbahn- und Straßenbrücke über den Rhein in Arnheim lag. Sie stellte den Schlüssel für jeden Durchbruchsversuch in Richtung auf das Ruhrgebiet dar. Britische Panzerverbände sollten den Angriff der Fallschirmjäger unterstützen und die eingenommenen Brücken sichern.

Die Schlacht um die lebenswichtigen Brücken wurde zu einem traurigen Kapitel; die vermutete Anwesenheit starker deutscher Truppen im Angriffsgebiet sollte sich als nur zu wahr herausstellen. Die Deutschen reagierten sofort und heftig und ließen den alliierten Fallschirmjägern keine Chance. In und um Arnheim, wo die Deutschen die wichtige Brücke erfolgreich verteidigten, starben 1200 alliierte Fallschirmjäger, 3000 mußten in Gefangenschaft gehen. Nach achttägigem tapferen, aber fruchtlosen Widerstand mußten die Überreste der gelandeten Fallschirmjägerverbände zurückgezogen werden.

Wir wissen heute, daß Generalfeldmarschall Model von der alliierten Luftlandung überrascht wurde, als er in einem Hotel schlief. Andererseits verfügte General Willi Bittrich, der Kommandierende General des II. SS-Panzerkorps, im Raum Arnheim über etwa 8000 kampferprobte, fanatisch kämpfende Soldaten. Einer seiner Funksprüche an Hitler, in dem er darauf hinwies, daß »wir beinahe noch bevor die Engländer den Boden berührt hatten, bereit waren, sie zu vernichten«, läßt allerdings den Verdacht aufkommen, als hätte er die alliierten Fallschirmjäger geradezu erwartet.

Tatsächlich wimmelte es im ganzen Landungsraum förmlich von deutschen Truppen. Auch der deutsche Fallschirmjägergeneral Student war in diesem Gebiet gerade dabei, seine Fallschirmjäger zu versammeln und zu reorganisieren; wahrscheinlich handelte es sich auf der von den Alliierten ausgewählten Landungszone auch um ausgerechnet jenes Gebiet, das Hitler in einem früheren Funkspruch als Standort für das Hauptquartier seiner neu aufzustellenden Panzerarmee ausgesucht hatte. Für Montgomery allerdings dürfte es nicht ohne Ironie gewesen sein, daß der nur begrenzte Erfolg seines Planes ausgerechnet auf die Soldaten jener Elite-SS-Panzerdivisionen zurückgeführt werden mußte, die man aus dem Kessel von Falaise hatte entweichen lassen.

Churchill hatte sich in der Zwischenzeit zu einer Konferenz mit Roosevelt nach Quebec begeben, und ich war dafür sehr dankbar; andernfalls hätte er sicher Ultra-Informationen über den Ablauf der Operation bei Arnheim erwartet, die jedoch nicht eingegangen waren. Trotz der Tragödie von Arnheim wurde das Unternehmen allerdings nicht als ein völliger Fehlschlag verurteilt, da mehrere Brücken über einige der zahlreichen holländischen Flüsse eingenommen worden waren und der Wunschtraum, die Deutschen seien geschlagen und verstreut, endlich zerstört war.

Während des ganzen Monats September kämpften britische und kanadische Verbände um die von den Deutschen noch gehaltenen Kanalhäfen. Hitler hatte diese Häfen zu Festungen erklärt und ihren Kommandanten in Funksprüchen befohlen, sie bis zum letzten Mann zu verteidigen. Glücklicherweise hatte er den Funkspruch für Dieppe einen Tag zu spät abgeschickt, und die Kanadier stießen dort auf keinen Widerstand mehr. In den anderen Kanalhäfen setzten die Deutschen jedoch ihren heftigen Widerstand fort.

Die Ardennen-Offensive

Die Nachricht erreichte mich bei meiner Rückkehr in London im Dezember 1944: Feldmarschall von Rundstedt hatte alle ihm verbliebenen Truppen in eine massierte Angriffsschlacht in den Ardennen geworfen, von der die Amerikaner völlig überrascht worden waren. Es hatte bittere Kämpfe und schwere Verluste gegeben. Ich erfuhr, daß es zu gefährlichen Meinungsverschiedenheiten zwischen Eisenhower und Montgomery gekommen war, und daß die Stabschefs der amerikanischen Streitkräfte Eisenhower beauftragt hatten, die Angelegenheit endlich aus der Welt zu schaffen.

Auf dem Höhepunkt dieser Entwicklung bat mich Luftmarschall Tedder, eine persönliche Botschaft Eisenhowers an Churchill zu übermitteln. Aus zuverlässigen Quellen verlautete damals, Eisenhower habe sich bereits darauf eingestellt, den Vorsitzenden der US-Stabschefs, General Marshall, vor die Wahl zu stellen: Entweder Montgomery oder ich! Ich bezweifle, daß sich Montgomery über seine gefährdete Situation wirklich im klaren war, geschweige denn darüber, daß er seinen Premierminister in die Zwangslage gebracht hatte, mit den Amerikanern um den Kopf eines britischen Generals zu kämpfen.

Dies war wirklich nicht die beste Zeit, um die alliierten Hauptquartiere zu besuchen. Als ich schließlich im März meine Rundreise antrat, brauchte ich mir jedoch keine Sorgen mehr zu machen. In Eisenhowers Stab wie auch in den Hauptquartieren Bradleys, Pattons, Simpsons und Hodges' wurde ich, trotz der zurückliegenden schweren Zeiten, so freundlich wie immer begrüßt. Bei SHAEF dankte mir Tedder für die Übermittlung der zwischen Eisenhower und Churchill gewechselten Funksprüche. Auf seine Fragen, warum Ultra uns nicht vor der deutschen Offensive in den Ardennen gewarnt hätte, vermochte ich ihm keine endgültige Erklärung zu geben. Ich konnte lediglich darauf hinweisen, daß wir während der kritischen Wochen vor Angriffsbeginn augenscheinlich nicht fähig gewesen waren, Funksprüche der deutschen Führung abzufangen oder zu entschlüsseln. Ich berichtete Tedder auch, daß die außerordentliche Geheimhaltung, die Rundstedt vor Beginn des Angriffs durchgesetzt hatte, offensichtlich sorgfältig geplant gewesen war, und daß diese besonderen Sicherheitsmaßnahmen sowohl der Geheimhaltung des Angriffstermins innerhalb der Wehrmacht als auch gegenüber der alliierten Aufklärung gegolten hätten. Ich stellte aber auch klar, daß wir immerhin jene Befehle Hitlers abgefangen und entschlüsselt hätten, in denen er die Aufstellung einer neuen Panzerarmee und die Vorbereitung und Durchführung einer Offensive durch Rundstedt befohlen hatte. Zugegebenermaßen hatte das alles für uns zunächst jedoch nur wie einer der vielen Wunschträume Hitlers ausgesehen.

Das ganze Ausmaß der deutschen Sicherheitsmaßnahmen wurde erst später enthüllt, als wir von Kriegsgefangenen erfuhren, wie die deutschen Truppen und Panzer sich nur bei Dunkelheit und mit gelöschten Scheinwerfern zur Front bewegt hatten und daß alle Befehle und Nachrichten ausschließlich von Kradmeldern überbracht worden waren. Ich glaube, Tedder stimmte mit mir auch darin überein, daß sich einige Geheimdienststäbe der Alliierten nur noch auf Ultra verlassen hatten. Zweieinhalb Jahre lang waren unseren Heeresgruppen und Armeen die Pläne des Gegners gewissermaßen auf dem Tablett serviert worden, und die Briten hatten sogar viereinhalb Jahre Funksprüche der höchsten deutschen Befehlsstellen mitgelesen. Vielleicht war es die Gewohnheit, die sie dazu verführt hatte, sich so ausschließlich auf Ultra zu verlassen, daß sie sich, als Ultra keine positiven Hinweise auf den bevorstehenden deutschen Gegenschlag liefern konnte, nicht gründlich genug mit den anderen Anzeichen befaßten. Ich glaube jedenfalls, daß mir das völlige Schweigen Ultras – hätte ich mich zu jener Zeit in England aufgehalten – verdächtig erschienen wäre.

Tatsächlich hatten sich in den Feindlagenachrichten, die von den

G 2-Offizieren der alliierten Stäbe in den Wochen vor der Ardennen-Offensive herausgegeben worden waren, genügend Hinweise aus Gefangenenaussagen und erbeuteten Dokumenten sowie Aufklärungsfotos befunden, die zumindest einen Mann zu der richtigen Schlußfolgerung geführt hatten. Dieser Offizier, Monk Dickson, G 2 im Hauptquartier Bradleys, schilderte mir den Verlauf der Schlacht und zeigte mir auch seine Feindlagebeurteilung vom 10. Dezember 1944. Ich zitiere daraus:

1. »Es ist bemerkenswert, daß die Moral unter den in letzter Zeit gefangengenommenen deutschen Soldaten wesentlich besser ist ... Es ist offensichtlich, daß von Rundstedt, der seine Truppen sorgfältig geschont hat, den Einsatz jeder verfügbaren Waffe zur rechten Zeit und an einem Brennpunkt vorbereitet, um dem Gegner eine möglichst schwere Niederlage zuzufügen und damit die Verteidigung des Reiches westlich des Rheins sicherzustellen. Alles deutet bis jetzt darauf hin, daß sich dieser Brennpunkt zwischen Roermond und Schleiden befindet. (Anm. d. Verfassers: Im Raum Aachen und nördlich der Front des VIII. Korps also, wo der deutsche Angriff dann tatsächlich stattfand.)

2. Der Feind ist fähig, einen konzentrierten Gegenangriff mit Flugzeugen, Panzern, Infanterie und Geheimwaffen an einem ausgewählten Punkt durchzuführen, und zwar zu einem Zeitpunkt seiner eigenen Wahl.«

Dickson schloß seine berühmte »Feindlagebeurteilung Nr. 37« mit der Erklärung: »Die ständige Verstärkung seiner Verbände westlich des Rheins deutet logischerweise darauf hin, daß der Feind auf eine Gegenoffensive setzt, wie sie unter Punkt 2 ausgeführt wird.«

Auch Pattons G 2 bei der 3. Armee, Colonel Oscar Koch, besaß jene Mischung von Spürsinn und Enthusiasmus, die sehr gut zu Pattons Temperament gepaßt haben muß. Kochs Lagebeurteilung vom 9. und 10. Dezember 1944 führte aus, daß Eisenbahntransporte auf eine Konzentration feindlicher Truppen und Nachschubgüter gegenüber der Nordflanke der 3. Armee hinwiesen und daß massierte Panzerkräfte dem Gegner die Fähigkeit für einen vernichtenden Angriff verliehen.

Ich bin der Ansicht, daß diese beiden Offiziere die ihnen zur Verfügung stehenden Feindnachrichten zu einem korrekten Bild zusammengesetzt haben, obwohl ihnen die Funksprüche Hitlers und des OKW nicht, wie üblich, zur Verfügung standen und trotz der außergewöhnlichen Sicherheitsmaßnahmen, die Rundstedt zur Verschleierung seiner Truppenbewegungen ergriffen hatte. Sie hatten sich auch nicht durch die alliierten Siege zu der Meinung verführen lassen, die Deutschen könnten nicht mehr kämpfen.

Nach Beginn des deutschen Angriffes hatte Ultra sofort die Anwesenheit unserer alten Gegner aus der Normandie, der 5. Panzerarmee, der 7. Armee und der SS-Panzerdivisionen enthüllt. Über Ultra liefen in der Folgezeit auch genügend Nachrichten ein, die es uns ermöglichten, Richtung und Ziele der deutschen Offensive abzuschätzen.

Weihnachten schickten die drei deutschen Befehlshaber (Rundstedt, Model und von Manteuffel), die den Angriff geführt hatten, einen Funkspruch an Hitler, in dem sie unverblümt erklärten, daß Antwerpen nicht mehr erreicht werden könne; mit einem Sieg sei nur noch dann zu rechnen, wenn die 5. Panzerarmee und 6. SS-Panzerarmee über die Maas hinweg auf Lüttich angesetzt würden und darnach auf der Linie Lüttich-Aachen zur Verteidigung übergegangen werde. Das war eine lebenswichtige Nachricht für Eisenhower, der jetzt wußte, daß die Deutschen ihr Pulver verschossen hatten. Wie üblich wollte Hitler davon jedoch nichts wissen und teilte seinen Generälen in einem Funkspruch mit, es habe unerwartete Rückschläge gegeben, weil sein Plan nicht buchstabengetreu ausgeführt worden sei.

Würde der alte von Rundstedt jetzt den gleichen Weg gehen müssen wie vor ihm von Kluge?

Die Erfahrung hatte uns gelehrt, daß auf deutscher Seite alles schief zu laufen begann, sobald Hitler die Vorschläge seiner Generäle ablehnte. Das sollte auch diesmal der Fall sein:

Hitler befahl jetzt, am Neujahrstag im Elsaß einen zweiten Schlag zu führen, um die 3. US-Armee von dem Kampfgebiet in den Ardennen abzulenken. Auch dieser von uns abgefangene Befehl war für Eisenhower und Bradley außerordentlich wichtig. Zweifellos war jetzt die Zeit für einen amerikanischen Gegenangriff gekommen.

In Bradleys Hauptquartier sollte ich übrigens kurze Zeit später erfahren, daß Hitlers Order, die deutsche Heeresgruppe G müsse im Elsaß die 7. US-Armee unter Generalleutnant Patch angreifen, Eisenhower die Chance zu einigen schnellen Entscheidungen gab: Die 7. US-Armee hatte einen gefährdeten Frontvorsprung noch rechtzeitig räumen und in einer verkürzten Verteidigungslinie dann den deutschen Angriff abschlagen können.

Die amerikanischen Armeen waren jetzt dabei, die zweite Schlacht in den Ardennen zu gewinnen. Von Manteuffel bat Model um die Genehmigung, seine Linien in den Raum östlich von Bastogne zurückziehen zu dürfen. Das bedeutete die Aufgabe von mehr als der Hälfte des deutschen Geländegewinns. Sowohl Model als auch Rundstedt stimmten zu; Hitler jedoch sträubte sich wieder einmal, bis er am 8. Januar keine andere Möglichkeit mehr sah, als ebenfalls einem Teilrückzug zuzustimmen, allerdings auf eine Position, die sich noch westlich der von Model vorgeschlagenen Verteidigungslinie befand. Wie üblich hatten sich die Auseinandersetzungen um einen deutschen Rückzug in einer Art von Handel zwischen Hitler und seinen Generälen entwickelt. Jetzt übernahm der Führer den Befehl und ordnete die Vereinigung der 6. SS- und 5. Panzerarmee unter Manteuffel an, um die Flanken des deutschen Frontvorsprungs gegen jeden Versuch der Amerikaner zu sichern, die vorgestoßenen deutschen Kräfte abzuschneiden. Eisenhower hatte jedoch bereits den Entschluß gefaßt, den deutschen Frontvorsprung nicht abzuschneiden, sondern zusammenzuquetschen. Eisenhower und Hitler arbeiteten also nun praktisch an dem gleichen Plan. Die ganze Operation wurde durch einen Panik-Befehl Hitlers noch beschleunigt, der plötzlich die Verlegung der gesamten 5. Panzerarmee an die Ostfront anordnete.

Im Februar übermittelte uns Ultra die Zusammensetzung und Stärke der drei deutschen Heeresgruppen, die uns nun gegenüberstanden. Wir entschlüsselten auch von Rundstedts Lagebeurteilung für Hitler, in der der Feldmarschall voraussagte, daß der alliierte Hauptangriff auf den Westwall auf der Höhe des Ruhrgebiets erfolgen würde, auf der orthodoxen Direktroute also.

Rundstedts Funkspruch sollte zwei alliierte Operationen auslösen: Als erstes wurde den Deutschen ein Ablenkungsplan zugespielt, der mit Rundstedts Vorhersage übereinstimmte und ihn in Sicherheit wiegen sollte. Darüber hinaus beauftragte Eisenhower General Montgomery, den Westwall im Norden zu umgehen. Als Montgomery am 8. Februar mit der 1. Kanadischen Armee losschlug, überraschte er die Deutschen denn auch völlig. Während die Kanadier und die Engländer weiter vorstießen, informierte uns Ultra, daß neun deutsche Divisionen von Süden her an diesen nördlichen Frontabschnitt herangezogen wurden. Ultra fing auch einen Funkspruch Rundstedts an Hitler vom 10. Februar ab, in dem der deutsche Oberbefehlshaber zugab, daß der britische Angriff im Norden das Ruhrgebiet und die gesamte deutsche Front schwer bedrohe. Daß von Rundstedt die alliierte Offensive an einem falschen Platz erwartet hatte, sollte sich später als tödlich erweisen. Schließlich bat er Hitler über Funk um die Genehmigung zum Rückzug, da der Westwall auf breiter Front durchbrochen worden sei. Zum erstenmal stimmte Hitler ohne Zögern zu. Vielleicht war sich Rundstedt schon die ganze Zeit der hoffnungslosen Lage seiner Armeen bewußt gewesen und hatte diesmal so lange gewartet, bis die Situation einfach keine andere Antwort Hitlers mehr zuließ.

Götterdämmerung

Anfang März 1945 reiste ich auf den Kontinent und besuchte den amerikanischen General Simpson, der sein Hauptquartier im Schulgebäude eines kleinen Dorfes eingerichtet hatte. Bradley hatte Simpsons 9. US-Armee durch mehrere Divisionen verstärken lassen, um den Angriff jener neun deutschen Divisionen nach Norden abzublocken, über den uns Ultra rechtzeitig unterrichtet hatte. Simpson war mit dem Gang der Ereignisse voll zufrieden.

Am Nachmittag des 7. März erfuhr Simpson durch einen Telefonanruf die sensationelle Nachricht von der Einnahme der Rheinbrücke bei Remagen durch die 1. US-Armee des Generalleutnants Hodges. Das war eine Aufregung! Simpson wollte so schnell wie möglich über den Rhein hinüber und die Deutschen packen, bevor sie wieder ins Gleichgewicht gekommen waren. Ich glaube, er machte Montgomery auch diesen Vorschlag; Montgomery hatte jedoch seit Monaten die Operationen für die Überquerung des Rheins so sorgfältig vorbereitet, daß er Simpsons Vorschlag, jetzt alle Pläne über den Haufen zu werfen, ablehnte.

Models Funkspruch an seine verzweifelten Kommandeure, die ihre Verbände retten und sich über den Rhein zurückziehen wollten, lauteten: »Kein Rückzug!« Hitlers Befehle nicht auszuführen, bedeutete zu diesem Zeitpunkt offenbar immer noch, mit dem Exekutionskommando zu spielen. Eine Woche später war das Westufer des Rheins jedoch vom Feind gesäubert, und die deutschen Verbände begannen, wie Ultra enthüllte, ihre Menschen- und Materialverluste zu zählen – trübselige Meldungen an das OKW, die uns zu einer ziemlich genauen Einschätzung der Feindverluste verhalfen.

In Luxemburg traf ich Bradley in einem Hotel, das jetzt als

Hauptquartier der 12. Heeresgruppe diente. Auch er gab sich beinahe fröhlich. Ich hatte mit einem Anpfiff wegen der Ardennen-Offensive gerechnet, aber Bradley winkte ab; nachdem der Angriff erst einmal eröffnet war, so sagte er, hätte er alle Funksprüche Hitlers erhalten und sei dadurch bestens informiert gewesen. Das stimmte mit Tedders Schilderung überein, besonders mit seinem Hinweis auf jenen von Ultra abgefangenen Funkspruch Hitlers, der Eisenhower genügend Zeit gegeben hatte, sich auf die unerwartete deutsche Offensive im Elsaß vorzubereiten.

So wie sich mir die Lage an diesem Nachmittag in Bradleys Hauptquartier darstellte, konnte uns auch der Rhein nicht länger aufhalten. Aber Hitler war immer noch der erste Mann des Dritten Reiches, und es gab niemand in Deutschland, der ihn zum Teufel jagen und um Frieden bitten konnte.

Bradley berichtete, wie Patton in einem für ihn charakteristischen Panzervorstoß in rund zweieinhalb Tagen zum Rhein gelangt war. Ultra hatte ihn über die Position der deutschen Streitkräfte unterrichtet, und er war ihnen einfach ausgewichen. Dieses Manöver hatte einen panischen Funkspruch General Haussers von der Heeresgruppe G ausgelöst, der Rundstedt mit Nachdruck warnte, ein verspäteter Rückzug würde wahrscheinlich zur Einschließung und Vernichtung der deutschen 1. Armee führen. Dennoch wurde Hausser wieder einmal umzingelt.

Angesichts dieser kritischen Entwicklung hatte Hitler von Rundstedt schließlich entlassen und Albert Kesselring als Oberbefehlshaber aller deutschen Streitkräfte an der Westfront eingesetzt. So hatte Kesselring zuletzt doch noch die Spitze der Karriereleiter erreicht, allerdings nur, um herauszufinden, daß er völlig verlassen war. Als er seinen Posten übernahm, hatte er eine schnelle »Inventur« der ihm noch verbliebenen Verbände angeordnet. Die Funksprüche, die er auf diesen Befehl hin von den Befehlshabern seiner Truppen erhielt, wurden von Ultra abgefangen und entschlüsselt, und ich konnte sie Bradley kurz vor meinem Abschied präsentieren. Seine Augen hinter den Brillengläsern lächelten verschmitzt, und er bedachte Ultra mit wohlwollenden Worten.

Funksprüche von Hitler, Kesselring oder den Kommandeuren der deutschen Heeresgruppen waren für uns in diesem Stadium des Krieges kaum mehr von irgendwelchem strategischen Wert; sie zeigten uns lediglich, wie unrealistisch die deutsche Führung im Westen arbeitete. Die deutsche Kriegsmaschine war eben auf Sieg ausgerichtet gewesen, in der Niederlage funktionierte sie einfach nicht mehr.

Montgomerys mächtiger Aufmarsch für den Rheinübergang konnte es durchaus mit dem Kräfteaufgebot für die Invasion Frankreichs im Juni 1944 aufnehmen. Durch Ultra wußten wir, daß den britischen Streitkräften die Reste der deutschen 1. Fallschirmjägerarmee und der 5. Panzerarmee gegenüberstanden, bei denen es sich wahrscheinlich um die härtesten Verbände handelte, die die Deutschen im Westen noch besaßen. Dennoch wurde der britische Angriff über den Rhein zu einem Riesenerfolg.

George Patton, der entschlossen war, sich nicht noch einmal von seinem alten Rivalen Montgomery ausstechen zu lassen, hatte jedoch bereits einen Tag vor Montgomerys Großangriff den Rhein nördlich von Mainz in Ruderbooten überquert. Ohne Vorbereitung überrumpelte er mit diesem Handstreich die Deutschen vollständig.

Diese beiden Ereignisse waren typisch für die beiden in Charakter und Kampfführung so verschiedenen Männer. Montgomery forderte stets die absolute Überlegenheit an Menschen- und Kriegsmaterial über den Gegner, bevor er angriff. Patton dagegen studierte jede Ultra-Meldung genau, und da er immer wußte, wo der Gegner stand, konnte er sich durch die feindlichen Verbände hindurchschlängeln oder die Positionen des Gegners umgehen. Mit dieser Taktik war er in Sizilien und während des ganzen Vormarsches von der Bretagne bis zum Rhein gut gefahren. Andererseits verstand er es aber auch, seine ganze Armee plötzlich in einem »rechten Haken« nach Norden abschwenken und den deutschen Angriffsverbänden in den Ardennen in die Flanke stoßen zu lassen – und all das mit einer Geschwindigkeit, die Eisenhower und die Deutschen gleichermaßen überraschte!

Kesselring funkte jetzt an Hitler in Berlin: »Die Alliierten haben den Rhein von Wesel bis Mainz überschritten, und es ist ungewiß, wie lange wir noch Widerstand leisten können.« Darum aber ging es gar nicht mehr; denn das Ende war nun gekommen. In Reims entdeckte ich, daß die Offiziere des Obersten Alliierten Hauptquartiers über den schnellen russischen Vormarsch im Osten sehr beunruhigt waren. Auch der Umstand, daß die Russen die auf der Konferenz von Jalta geschlossenen Vereinbarungen völlig mißachteten, empörte sie. Ich traf dort auch meinen alten Freund, den amerikanischen Fliegergeneral Spaatz. Sein riesiger Wohnwagen parkte in der Einfahrt eines weiträumigen Herrensitzes. Er begrüßte mich mit einer Flasche eiskalten Champagners von bestem Jahrgang und bester Marke und erzählte mir augenzwinkernd, daß er sie als Dank von der Dame des Hauses erhalten habe. Der Besitzerin der Villa gehörte nämlich nicht nur die berühmte Champagnermarke; die Flaschen lagerten auch gleich in großen Kellern genau unter der Stelle, wo Spaatz' Wohnwagen geparkt war. Ich begegnete ihm zum letztenmal in meinem Leben, aber es hätte kein fröhlicherer Abschied sein können.

Als ich nach London zurückkehrte, erfuhr ich, daß sich Hitler in Berlin aufhielt und immer noch Armeen führte, die zum größten Teil längst zu existieren aufgehört hatten. Von Ultra erhielten wir den Aufschrei dieses verzweifelten Mannes: »Warum befolgen Sie nicht meine Befehle? Warum antworten Sie nicht?« Etwa eine Woche nach meiner Rückkehr, am 15. April, empfingen wir Hitlers letzten Tagesbefehl. In ihm hieß es: »Der Bolschewist wird dieses Mal das alte Schicksal Asiens erleben, das heißt, er muß und wird vor der Haupstadt des Deutschen Reiches verbluten . . . Berlin bleibt deutsch! Wien wird wieder deutsch und Europa wird niemals russisch . . .«

Zum letztenmal fing Ultra auch einen Funkspruch Görings ab. Er lautete: »Mein Führer! Sind Sie einverstanden, daß ich nach Ihrem Entschluß, im Gefechtsstand in der Festung Berlin zu verbleiben, gemäß Ihrem Erlaß vom 29. 6. 1941 als Ihr Stellvertreter sofort die Gesamtführung des Reiches übernehme mit voller Handlungsfreiheit nach innen und außen? Falls bis 22.00 Uhr keine Antwort erfolgt, nehme ich an, daß Sie Ihrer Handlungsfreiheit beraubt sind. Ich werde dann die Voraussetzungen Ihres Erlasses als gegeben ansehen und zum Wohle von Volk und Vaterland handeln. Was ich in diesen schwersten Stunden meines Lebens für Sie empfinde, wissen Sie, und kann ich durch Worte nicht ausdrücken. Gott schütze Sie und lasse Sie trotz allem baldmöglichst hierher kommen. Ihr getreuer Hermann Göring.«

Er hätte es besser wissen müssen. Hitler befahl sofort seine Verhaftung.

Durch Ultra konnten wir uns bis etwa Mitte April ein Bild dieses Hitlers machen. Heute wissen wir, daß in den letzten zwei Tagen vor seinem Selbstmord Hitlers Raserei nachgelassen zu haben scheint, daß er mit seiner Entscheidung, aus dem Leben zu gehen, eine gewisse Fassung zurückgewonnen hatte und wieder normal, vernünftig und ruhig wirkte.

Still wurden jetzt auch die Fernschreiber in meinem Büro. Obwohl die Arbeit von Ultra in Europa beendet war, war es noch im Krieg im Pazifik dabei, bis die Atombombe auch ihm ein Ende bereitete. Ich gab General Menzies den Schlüssel für die roten Koffer zurück, die so oft zwischen meinen Büros und Downing Street No. 10 hin- und hergewandert waren.

Schlußfolgerungen

»Die Kenntnis nicht nur der genauen Stärke und Verteilung der gegnerischen Streitkräfte, sondern auch der Taktik, des Ortes und des Zeitpunktes, mit deren Hilfe der Feind seine Ziele erreichen will, hat eine neue Dimension der modernen Kriegsführung erschlossen.« So kennzeichnete General Alexander im Jahr 1943 in Tunesien die Bedeutung von Ultra. Er hätte hinzufügen können, daß Überraschung der wichtigste Bestandteil der Kriegführung ist; die Fähigkeit, dem Gegner dieses Überraschungsmoment unmöglich machen und es jederzeit selbst für sich einsetzen zu können, sind die Grundlagen des Sieges.

War Ultra, das uns zu diesen entscheidenden Faktoren verhalf, also der wahre Architekt der alliierten Siege des Zweiten Weltkrieges? Bei der Beantwortung dieser Frage ist zu berücksichtigen, daß eine noch so erfolgreiche Geheimdienst- und Feindaufklärungstätigkeit allein noch keinen entscheidenden Erfolg garantieren kann, wenn die eigenen Streitkräfte schwach oder nicht einsatzfähig sind, wie es in jenen düsteren Tagen des Jahres 1940 der Fall war, als Ultra in Bletchley erst mit seiner Arbeit begann, und Hitler dank der Sturheit der französischen Generale bei Sedan zu seinem Überraschungserfolg kam. Immerhin war es damals bereits Ultra zu verdanken, daß die britischen Expeditionsstreitkräfte aus Frankreich evakuiert werden konnten. Für Großbritannien, das allein der gewaltigen siegreichen deutschen Kriegsmaschinerie gegenüberstand, ging es nun eher ums Überleben als ums Siegen. In der Luftschlacht um England aber half Ultra unserem Jagdfliegerkommando dann, Görings Versuche, die Royal Air Force am Boden und in der Luft zu vernichten, abzuschlagen.

Auch während des langen Rückzuges unserer Streitkräfte in

Nordafrika von El Agheila nach Ägypten wären Wavell oder Auchinleck ohne Ultras Hilfe wohl kaum in der Lage gewesen, den scharf nachdrängenden Rommel so geschickt zum Stehen zu bringen.

Auf Kreta brachte Ultra den Luftangriff des deutschen Generals Student um sein Überraschungsmoment; obwohl die Insel schließlich verlorenging, bewahrten die Ultra-Informationen das Gros unserer Streitkräfte jedoch zweifellos vor der Gefangennahme.

Man muß sich auch fragen, was wirklich geschehen wäre, wenn Rommels letzte Offensive bei El Alamein für uns überraschend gekommen wäre und ohne Vorwarnung Montgomerys linken Flügel getroffen hätte. Günstigstenfalls hätte sie unseren Aufmarsch für den Großangriff bei El Alamein völlig zerschlagen. Aufgrund unserer genauen Kenntnis der Pläne Rommels wurde die deutsche Offensive jedoch erkannt und abgeschlagen. Für uns bedeutete El Alamein den Wendepunkt des Krieges: Jetzt ging es nicht länger ums nackte Überleben, sondern darum, den Krieg zu gewinnen.

Ultra verhinderte aber auch, daß Rommels zurückweichende Armee durch Geleitzüge versorgt und verstärkt werden konnte und zwang ihn damit zum Rückzug bis nach Tunesien.

In Nordwestafrika lieferte Ultra uns und unseren neuen Verbündeten, den Amerikanern, buchstäblich die Garantie, daß wir den Gegner mit unseren Landungen völlig überraschen und unsere Geleitzüge auf so gut wie keinen Widerstand stoßen würden. Während der letzten Schlachten in Tunis wußten wir dank Ultra genau, wann und wo Rommel und von Arnim ihre Gegenangriffe starten würden und kannten sogar die Details des gegnerischen Verteidigungssystems.

Gerade vor unseren Landungen in Algerien erwies sich auch die »negative Rolle« Ultras erstmals als außerordentlich wertvoll; damit meine ich, daß wir aufgrund der Funksprüche zwischen den deutschen Befehlshabern und Berlin annehmen konnten, daß unsere Invasionsvorbereitungen dem Gegner völlig unbekannt geblieben waren. Die Tatsache, daß Ultra »nichts Neues« erfahren konnte, verriet uns, daß wir die Deutschen und die Italiener völlig überraschen würden. Der Gegner wußte tatsächlich nie genau, wo die Alliierten in Nordafrika, Sizilien und Italien an Land gehen würden. Es stimmt, daß unsere Pläne für die einzelnen Landungsoperationen auf Ultra-Hinweisen beruhten, wo der geringste Widerstand des Feindes zu erwarten sei; wenn man daher einmal die Rolle, die Ultra spielte, umdreht, wird schnell klar, daß unsere amphibischen Invasionen im Mittelmeer oder in der Normandie ohne das »Orakel von Bletchley« kaum jene großen Erfolge erzielt hätten, die ihnen tatsächlich beschieden gewesen sind.

Was aber ist zu unseren Versäumnissen und Mißerfolgen zu sagen? Die erwähnte neue Dimension der Kriegführung forderte von unseren Befehlshabern auch eine neue Dimension des Denkens und Planens. Die Art und Weise, wie sie die ihnen von Ultra gebotenen Gelegenheiten ausnützten oder versäumten, sagt viel über diese Männer aus. Bei einigen von ihnen führte möglicherweise das Wissen, daß ihre Oberbefehlshaber und sogar Churchill und Roosevelt über die gleichen geheimen Informationen verfügten, dazu, daß sie sich bewußt an die orthodoxen Grundsätze der Kriegführung klammerten und nur dann angriffen, wenn sie an Menschen und Material dem Gegner weit überlegen waren. Andere dagegen benutzten die Informationen von Ultra dazu, den Gegner auszumanövrieren und von hinten zu packen. Damit ist natürlich auch der klassische Gegensatz zwischen den beiden Generälen Montgomery und Patton beschrieben, der zuletzt in eine tödliche Rivalität münden sollte. Nach dem Fehlschlag von Rommels letzter Offensive bei El Alamein hatte Churchill Montgomery mehrfach gedrängt, die ihm durch Ultra gebotene Chance beim Schopfe zu packen und ohne Verzögerung über Rommels schwer angeschlagene Streitkräfte herzufallen. Montgomery ließ die Gelegenheit jedoch verstreichen und wartete, bis alle Vorbereitungen für den seit langem geplanten Großangriff getroffen worden waren. Diese sechswöchige Verzögerung gab Rommel Zeit, eine starke Verteidigungsposition auszubauen. Vor dem entscheidenden Durchbruch waren unsere blutigen Verluste denn auch beträchtlich.

Auf Sizilien dagegen schlüpfte Patton, den Ultra auf die genaue

Position der deutschen Panzereinheiten und ihrer Angriffsrichtung hingewiesen hatte, geschwind um die deutsche Flanke herum und hätte um ein Haar noch Messina erreicht, bevor die Deutschen aufs italienische Festland übersetzen konnten.

Es war der amerikanische General Mark Clark, der während des quälend langsamen Vormarsches durch Italien gleich dreimal große Gelegenheiten ausließ, die ihm Ultra verschafft und die Alexander für ihn vorbereitet hatte: Zuerst bei Anzio, dann nach dem Fall von Cassino und schließlich nördlich von Rom. Jedesmal hätte er Kesselrings Armeen abschneiden und einschließen können.

General Alexander dagegen plante aufgrund seiner genauen Kenntnisse über die Aufstellung der deutschen Verbände bei Cassino jenen Überraschungsangriff über die Berge hinweg, der von dem französischen General Juin so brillant durchgeführt wurde. Alexander nutzte Ultra auf dem Kriegsschauplatz im Mittelmeerraum eben aufs äußerste aus.

Die jahrelange Lektüre der Funksprüche Hitlers, von Rundstedts, Rommels, Kesselrings und anderer deutscher Befehlshaber in Europa verschaffte den meisten von uns, die ständig mit Ultra zu tun hatten, einen hervorragenden Einblick in die Denkweise dieser Männer, in die Einstellung vieler Generäle zu Hitler und in die Grundlagen ihrer Voraussagen für das OKW, wann und wo mit alliierten Offensiven zu rechnen sei. Gerade letztere präsentierten uns unbezahlbare Gelegenheiten, die deutschen Kommandeure mittels zahlreicher Täuschungsmanöver von unseren wahren Plänen abzulenken.

Vielleicht das beste Beispiel dieser Art stellt Rundstedts Voraussage im Jahr 1943 dar, die alliierte Invasion Frankreichs werde über den Pas de Calais vorgetragen werden. Dieser eine Funkspruch löste eine ganze Kette von Ereignissen aus, beeinflußte den Großteil unserer Pläne für »Overlord« und führte zur Bildung jener »Geisterarmee« Pattons in Kent, die Rundstedts Lagebeurteilung bestätigen sollte und schließlich eine ganze deutsche Armee bei Calais gefesselt und vier deutsche Panzerdivisionen von unseren Landungszonen ferngehalten hat.

Durch Ultra erfuhren wir aber auch, daß Hitler, sobald deutsche Operationen fehlschlugen, vom fernen Berlin oder Rastenburg aus den Oberbefehl übernahm, was für uns ein besonderer Pluspunkt war, da die meisten seiner Befehle durch den Äther gingen und daher von uns abgefangen werden konnten. Obwohl weder Hitler noch seine Spitzengeneräle jemals den Verdacht äußerten, der deutsche Geheimschlüssel könne unsicher sein, müssen sie sich doch oft gewundert haben, warum ihre sorgfältig ausgearbeiteten Pläne immer wieder fehlschlugen.

Den Höhepunkt erreichte Ultra vor und während des Unternehmens »Overlord«, der Invasion Frankreichs: Ohne Ultra wäre die Planung dieser gewaltigen amphibischen Operation, die auf einer präzisen Einschätzung der deutschen Verteidigungsstellungen, Truppenstärke und Materiallage beruhte, zu einem einzigen großen Ratespiel geworden, trotz aller Informationen, die uns die französische Widerstandsbewegung übermittelte. Auch nach geglückter Landung wären wertvolle Zeit und Menschenleben in gewaltsamen Spähtruppunternehmen und Erkundungsangriffen zur Aufklärung der gegnerischen Verteidigungspositionen und der Feindstärke vergeudet worden. Ohne Ultra hätte die britische 2. Armee sich durch die deutschen Panzerkonzentrationen rund um Caen durchschlagen müssen; so aber wußte Dempsey genau, wo die Deutschen standen und wie stark sie waren, und diese genaue Kenntnis des deutschen Panzeraufmarsches bei Caen ermöglichte es Montgomery schließlich, die strategischen Pläne umzuwerfen und Bradley Gelegenheit zum Ausbruch aus dem Brückenkopf bei Avranches zu geben, während Dempsey die deutschen Panzerdivisionen durch geschickte Angriffe fesselte. Rommel mußte in der Normandie wie ein Mann kämpfen, dem man eine Hand auf den Rücken gebunden hat.

Den größten Triumph von Ultra stellt, wie ich glaube, jedoch die Einschließung der deutschen Armeen bei Falaise in der Normandie dar. Unser frühzeitiges Wissen um Hitlers Angriffspläne sowie unsere Kenntnis der Stärke aller beteiligten deutschen Einheiten trieben den Erfindungsreichtum und die schöpferische Planungsarbeit Eisenhowers und der amerikanischen Generäle auf einen Höhepunkt. Patton wiederum erhielt die Chance, seine auf höchster Beweglichkeit beruhende Panzertaktik anzuwenden. Falaise markierte den Anfang vom Ende des Krieges im Westen.

Nach der Vernichtung der deutschen Armeen bei Falaise-Mortain half Ultra, den Krieg dadurch zu verkürzen, daß unser »Orakel« die alliierten Frontbefehlshaber über die schwachen Punkte der deutschen Kriegsmaschine und ihre schwindenden Nachschubquellen ins Bild setzte. Die Geschwindigkeit des alliierten Vormarsches nach Deutschland hinein wurde jetzt eigentlich mehr von dem Terrain und dem Wetter bestimmt. Ultras Tätigkeit war besonders angesichts des schnellen russischen Vormarsches an der Ostfront wichtig. Ohne die Hilfe unseres »Orakels« hätte es durchaus geschehen können, daß wir den Russen schon am Rhein, statt an der Elbe, begegnet wären.

Allen jenen aber, die in dem Glauben aufgewachsen sind, den Alliierten sei der Sieg über die faschistischen Mächte – auch dank Allahs Hilfe – verhältnismäßig leicht gefallen, haben die ersten Kapitel dieses Buches vielleicht zu der bewegenden Einsicht verholfen, daß dieser Sieg um ein Haar nicht errungen worden wäre. Sie mögen sich jetzt selbst ein Urteil bilden, in welchem Umfang erst Ultra unseren Sieg ermöglicht hat.

Ich glaube jedenfalls, daß die meisten unserer höchsten Befehlshaber, zusammen mit Winston Churchill und Präsident Roosevelt, das Urteil General Eisenhowers bekräftigt hätten: »Ultra war entscheidend!«

Personenregister

Bildnachweis

Associated Press, Frankfurt/Main 1, 2, 3, 4, 5, 6, 21, 24, 26

Keystone, Hamburg 25

Ullstein Bilderdienst, Berlin 7, 8, 9, 10, 11, 12, 13, 14, 15, 16, 17, 18, 19, 20, 22, 23, 27, 28, 29, 30, 31, 32, 33